Épisodes des journées de juin 1848

Ouvrage publié avec le concours du Centre national du livre.

François Pardigon

Épisodes des journées de juin 1848

présentation d'Alix Héricord

La fabrique
éditions

Utopie et liberté
série dirigée par Maurizio Gribaudi et Michèle Riot-Sarcey
coordonnée par Stéphane Passadéos
publiée avec le concours de la région Île-de-France

© **La Fabrique éditions, 2008**
Conception graphique :
Jérôme Saint-Loubert Bié
Révision du manuscrit :
Stéphane Passadéos
Impression : Floch, Mayenne
ISBN : 978-2-91-337278-8

La Fabrique éditions
64, rue Rébeval
75019 Paris
lafabrique@lafabrique.fr
Diffusion : Harmonia Mundi

Sommaire

Une mémoire d'outre-tombe
Alix Héricord*

C'est le cri d'un exilé, d'un revenant.
Qu'on l'appelle, si l'on veut, une voix de la tombe.
Qu'on n'y cherche pas de plan.
Jours d'exil, *Ernest Cœurderoy, Londres, 1854*

Oui, ce beau nom de républicains, proscrit
et bafoué jadis par la contre-révolution,
elle nous l'a impudemment volé comme,
avec la même audace, notre sublime devise :
Liberté, Égalité, Fraternité, si longtemps outragée
par elle et couverte de boue comme un symbole
de sang et de mort.
Auguste Blanqui, 28 novembre 1848[1]

Les *Épisodes des journées de juin 1848* de François Pardigon ramènent la politique à ce qu'elle ne cesse jamais d'être tout à fait : une guerre. Ils sont là pour rappeler le sang qui a séché sous la Seconde République et défaire la belle unité d'un moment que l'histoire officielle, cette amoureuse des téléologies et des grandes continuités, tend à homogénéiser. Ils ne sont pas, ou à peine, une méditation sur les causes du conflit qui opposa une partie du peuple de Paris aspirant à une « République sociale » aux hommes d'un régime qui s'affirme lui aussi républicain ; la cause selon Pardigon est entendue : la trahison des pro-

* Je tiens à remercier les services de la *Library of Virginia* à Richmond, ainsi que Guillaume Lachenal pour m'avoir aidée à saisir quelques épaves du Pardigon américain, et pour tout le reste, mes remerciements vont à la vaillante légion du Sông Cùu Long, ainsi qu'à la barricade de l'hôpital Saint-Antoine qui, toute à ses luttes pour sauver la Sociale et la « Sanitaire », ramena aussi mon père des Enfers alors que j'étais en train de finir ce travail.

messes faites au « peuple » en matière de travail et de justice sociale. Ils honorent les trois journées de Juin qui pour la première fois manifestent que le seul ennemi de la République n'est pas la monarchie, et que cette dernière une fois renversée, le combat fratricide peut commencer. Ces trois journées qui ont montré que la République peut avoir sur les mains un sang autre que celui des aristocrates, qu'elle peut assassiner les pauvres et les républicains qui ont le malheur de se dire socialistes. Trois journées qui ont montré que les insurgés ont reconnu dans la République tiède des modérés leur nouvel ennemi, que la République est au moins deux et qu'elle est pour les hommes de 1848 moins un régime qu'un enjeu.

> Tant de tués, tant de prisonniers ; c'est comme une bataille en règle. Ce n'est plus une émeute ni une insurrection. Que de généraux tués, de compagnies anéanties, de bataillons entamés, de régiments éclaircis ! Le peuple ne perd point de généraux, il est son général à lui-même, mais que de soldats, combien de ses membres il laisse sur le terrain[2] !

Cette bataille de trois jours qui oppose l'armée improvisée du peuple parisien aux troupes régulières de la République voit la défaite des insurgés. De ces vaincus fait partie Pardigon, jeune étudiant en droit au Quartier latin, « coffré » dès le premier soir des combats, le 23 juin, à proximité de la barricade qu'il était venu défendre, et de là, ballotté au gré des aléas de la répression jusqu'au 29 juin.

Cela n'est donc pas au grand jour de la rue et de l'éclat de la bataille que Pardigon vit sa guerre de Juin, mais bien plutôt à la lueur sépulcrale des massacres nocturnes, des prisons et des caveaux – ces souterrains qui aux Tuileries, à l'Hôtel de Ville, au Palais-Royal (rebaptisé Palais-National depuis février

1848) servent de cachots aux prisonniers – et dont on ne peut oublier en lisant les *Épisodes* qu'ils désignent aussi des sépultures.

Quelques mois plus tard, en avril et mai 1849, Pardigon raconte son expérience en feuilleton dans la presse démocrate-socialiste sous le titre d'*Épisodes des journées de juin 1848*. C'est en reprenant ce feuilleton avec quelques remaniements et ajouts que Pardigon publie en 1852, depuis Londres où ses combats politiques l'ont exilé, l'ouvrage que nous rééditons ici pour la première fois.

« Les récits des morts nous manqueront toujours »

Pardigon, orphelin du combat sur les barricades, c'est Fabrice à Waterloo, sauf que s'il ne voit pas la guerre des champs d'honneur, il découvrira celle qui, pour les vaincus d'entre les vaincus, ressemble à une opération de police.

> Deux histoires sont à faire de la révolution de Juin. L'une, de la rue : les combats, l'attaque, la défense. La mort y est encore belle ; l'humanité méritante ; le sujet héroïque. L'autre, souterraine, hideuse, désolante, semble avoir voulu cacher ses horreurs dans les entrailles de la terre ou dans les murailles des forteresses, « ces murs, dit le poète, qui étouffent les sanglots, absorbent l'agonie. » Cette dernière, on ne la saura jamais toute. Les récits des morts nous manqueront toujours[3].

Des raisons qui le poussent à parler des Enfers de juin 1848, Pardigon exprime sa crainte que cette histoire n'expire tout à fait sur les lèvres des morts et, se comparant à ces rares héros qui franchirent par deux fois les eaux du Styx, il juge exceptionnel son destin de rescapé. À côté de ceux qu'il a vu anéantis, il ne cesse de redouter le sort de ceux dont il ne sait rien de positif :

> Puisse leur étoile avoir lui aussi favorablement que la nôtre !
> J'ai cru devoir exprimer ce sentiment d'adieu et de regret, car, jusqu'à ce jour, je n'ai point reçu de leurs nouvelles. Si, du moins, ils étaient sur les pontons ! Les ondes qui bercent leurs prisons flottantes ne sont point infranchissables comme celles du Styx ; nous pourrions les revoir un jour !

Mais ce qu'a de rare son odyssée, lorsqu'il la publie pour la première fois dans la presse en 1849, tient aussi à la difficulté d'exprimer la vision des insurgés dans le climat de répression du moment. Pardigon rend hommage à Lamennais pour avoir annoncé dès le 11 juillet 1848 dans le dernier numéro de son journal l'enterrement de la presse libre et illuminé «les ténèbres amoncelées par le vent de la calomnie et le souffle d'aveugles haines sur les insurgés de Juin ! ». De fait, dans la prolifération des récits et témoignages de l'insurrection qui la suivent immédiatement, tous ou presque, relayant la doxa républicaine modérée ou conservatrice, sont à charge[4]. On cite à titre d'exception le courageux *Prologue d'une révolution* de Louis Ménard[5], dont la publication en feuilleton s'achève en février 1849 et qui paraît en volume un mois plus tard, ce qui vaut à son auteur un procès dès le 7 avril 1849. En revanche on a négligé le fait que Pardigon entame, non là encore sans témérité, la publication dans la presse de son propre récit le 5 avril 1849[6] : il semble bien que le précédent feuilletonesque des *Épisodes*, dont on fait communément un témoignage d'exilé écrit quatre ans après les faits, ait échappé à ceux qui les citent[7]. Les vaincus ne le sont tout à fait que parce qu'ils ne laissent pas de traces, et que disparaît en même temps qu'eux la possibilité de faire leur histoire. Or, dès 1849, Pardigon décide de ne pas être vaincu une deuxième fois.

Des violences commises dans les réserves d'obscurité de Paris – caveaux, prisons et nuits – pendant les trois journées de la guerre de Juin, force est de constater que non seulement l'histoire est difficile à faire[8], mais encore que les témoignages de première main sont si rares que Pardigon, quand il est cité, est toujours signalé comme une sorte d'hapax. Parmi ceux qui, comme lui, ont appris durant les journées de Juin « comment on commence à mourir », combien sont morts tout à fait, combien devenus « fous » ou du moins rendus muets par le traumatisme, combien, transportés dans les prisons de feu des colonies françaises, furent réduits au silence, et combien, réchappés de cet enfer, se turent par peur des représailles ? Et de toute façon combien, parmi ce peuple parti en insurrection sans leaders politiques, privé d'un état-major révolutionnaire que l'échec de la journée du 15 mai 1848 a envoyé en prison (Barbès, Blanqui, Raspail… manquent bien malgré eux à l'appel), abandonné de ceux qui prétendaient le représenter à l'Assemblée mais qui acquiescent à la répression, combien furent en capacité de porter témoignage ? Et encore, comment résister à la volonté si tenace manifestée par le pouvoir d'enterrer jusqu'aux traces de la répression ? Le grand massacre de prisonniers qui eut lieu place du Carrousel, et dont Pardigon est le seul rescapé à livrer un témoignage écrit, est de ce point de vue exemplaire. Vers une heure du matin, le 27 juin, une colonne de prisonniers qui sort des Tuileries et dont fait partie Pardigon, essuie, pour des raisons qui lui demeurent ténébreuses, les feux croisés de différentes compagnies de gardes nationaux et mobiles. Une grande partie de la colonne est fauchée sur place, à la suite de quoi le lieu est fouillé à la baïonnette de façon à achever les blessés, et les quelques fugitifs sont pourchassés à mort. Le lendemain matin, à l'élimination des hommes succède celle des traces de leur sang: «Quand le jour fut venu, bien des passants purent ne se douter de rien, car une épaisse couche de sable était étendue au large, pour effacer aussitôt, de la surface du sol, ce qui ne s'effacera pas aussi vite de nos souvenirs.» Pardigon détaille les mécanismes concrets de l'occultation de Juin: la nuit qui entoure les déplacements de colonnes de prisonniers, le massacre et les chasses à l'homme du Carrousel, l'assassinat des prisonniers bruyants dans la douleur, la peur ou la folie, la consigne de tuer à l'arme blanche plutôt qu'au fusil trop bruyant lui aussi, l'interdiction de s'approcher des soupiraux... La volonté pour les vainqueurs de cette guerre de Juin d'en ensevelir toutes les traces est l'un des traits saillants de ce moment et son onde de choc se répercute encore sur l'historiographie.

S'il est vrai que l'histoire doit s'écrire en se défiant de la mémoire, elle commence aussi bien souvent par elle. Or, s'agissant de la répression «souterraine» menée contre les insurgés, c'est jusqu'à sa mémoire qui est menacée d'extinction, et c'est là ce qui permet à Pardigon de la distinguer des combats de rue. De fait, les barricades appartiennent encore à l'espace public et de quelque côté qu'on soit, le regard ne peut qu'être saisi, qui comme Pardigon par la «formidable barricade» du Panthéon, qui comme Hugo, par la «femme publique», «jeune, belle, échevelée, terrible», apparue sur la crête de la barricade «qui releva sa jupe jusqu'à la ceinture et cria aux gardes nationaux dans cette affreuse langue de lupanar qu'on est toujours forcé de traduire: "Lâches, tirez, si vous l'osez, sur le ventre d'une femme!"[9]». Pour autant, on sait combien l'histoire des combats de rue, et de ce qui les organise centralement en juin 1848 – les barricades – est difficile à faire et combien elle recèle elle aussi d'obscurités[10], à tel point que d'aucuns jugent plus fructueux d'adopter la posture latérale qui consiste à écrire l'histoire de leur effacement dans l'histoire[11]. Les forces de l'ordre, après leur prise, s'efforcent d'en éliminer toute trace, structures et cadavres. En outre, les éléments laissés par les témoignages restent fragiles et fragmentaires car il n'est guère aisé d'avoir une vue ubiquitaire des barricades, qui ont en outre une existence parfois fugitive, comme le rappelle Pardigon évoquant son unique journée de combat. Après avoir passé du temps à « barricader » la rue Saint-Jacques, lui et ses camarades de combat fuient presque immédiatement devant la troupe sans tenter de tenir des barricades qui « n'étaient pas de nature à être défendues », mais qui avaient seulement vocation à retarder la progression de la troupe. Sans doute la mémoire de ces combats a-t-elle quelque peu contribué à les maintenir dans le giron de l'histoire, mais leurs historiens doivent néanmoins se confronter à leur évanescence et à l'effacement délibéré de leurs traces, ainsi qu'aux distorsions mémorielles auxquelles ces difficultés spécifiques ouvrent une carrière.

Ainsi l'histoire nocturne de Juin et son histoire diurne finissent par converger, la seconde tombant partiellement dans les chausse-trappes de la première et en ressortant toute piquée de silences, de distorsions et de falsifications. Les « caveaux » ont orchestré à chaud la disparition des traces des combats de Juin, et Pardigon qui est tombé dans l'un d'entre eux sait très bien qu'ils aspirent l'insurgé et constituent la ligne de fuite fatale de son combat comme des vestiges de ce combat. Les oubliettes de juin 1848 s'avèrent donc déterminantes pour comprendre certaines des difficultés spécifiques à la mise en histoire de ces combats.

« Ce que c'est que ce livre »

Au déni historique de Juin méthodiquement organisé par le pouvoir et ses relais, Pardigon répond par un déni symétrique en refusant la posture historienne au profit du témoignage. Les quelques traces rescapées d'entre les morts sont trop lacunaires et brouillées pour autoriser à chaud un travail d'historien qui ne prête pas à contestation : Pardigon ne veut donc pas faire « une étude historique dont les matériaux laborieusement amassés laissent toujours place à l'erreur ». Procéder avec juin 1848 comme doit le faire l'historien de métier, en attendant les preuves positives, les solides archives et les recoupements patients, cela serait se condamner, à l'époque à laquelle sont rédigés les *Épisodes*, à faire l'histoire dont le pouvoir veut bien : celle des vainqueurs. Pour écrire l'histoire des insurgés de Juin sans être pris au piège de l'histoire officielle, le biais stratégique choisi par Pardigon consiste donc à produire pour les historiens du futur l'une des rares archives des vaincus qui ne soit pas étatique : celle qu'il fabrique lui-même en témoignant. D'une guerre vécue dans le camp des vaincus et presque immédiatement menacée de disparition, Pardigon prétend laisser au moins sa mémoire qui est aussi un tombeau en l'honneur des morts jetés aux fosses communes de l'histoire. Mais si la volonté politique d'occulter les traces de Juin légitime ici la forme du témoignage, cette dernière convie aussi à l'exploration de la véracité du récit, et ce d'autant plus que nous ne savons presque rien de son auteur qui, jusqu'à présent, n'a fait l'objet que d'une seule notice biographique lacunaire et peu précise[12]. Nous serons donc amenés ultérieurement à revenir sur son parcours, mais ce qui fait de Pardigon un témoin exemplaire pour ses contemporains, et confère à son discours une énergie que nous ne pouvons plus ressentir, c'est qu'il s'agit d'une gueule cassée de juin 1848. Si lui-même n'évoque pas explicitement dans les *Épisodes* les suites de la grave blessure reçue lors du massacre de la place du Carrousel, un rapport de police de juillet 1849 nous apprend que cet « ancien combattant de juin 1848 », « a la mâchoire et le visage labourés par une balle », et précise que « ses précédents, sa profonde blessure en plein visage parlaient à l'imagination[13]... ». Pardigon, dont nous verrons qu'il est un homme public, se montre à ses contemporains comme un témoin au sens fort où ce mot traduit étymologiquement le grec « martyr » : un homme irréversiblement touché dans sa chair et dans sa vie par Juin. C'est ainsi qu'il faut comprendre une injonction faiblement audible sans cela : « Parlons, nous preuves vivantes, pour ceux qui ne parlent plus. »

Le livre de Pardigon coud ensemble deux textes, de date et de vocation différentes. Il s'agit d'une part du texte remanié du feuilleton publié entre le 5 avril et le 26 mai 1849 dans le *Journal de la Vraie République*[14] où Pardigon raconte ses péripéties du début de l'insurrection, le 22 juin 1848, à la sortie de l'hôpital où ses blessures l'ont conduit, le 23 août 1848. Ce récit à la première personne constitue un peu moins des deux tiers de l'ouvrage et dix de ses onze chapitres. Mais il est d'autre part enchâssé entre deux textes entièrement neufs, un très long premier chapitre « en guise de préface » (plus du tiers de l'ouvrage) qu'il date, sans doute symboliquement, du 23 juin 1852, et une brève conclusion de deux pages.

Le chapitre-préface dresse un vaste bilan de juin 1848. Il commence par un exposé de l'objectif de l'auteur : lutter en tant qu'insurgé contre les calomnies et le déni organisé par le pouvoir autour de la « révolution de Juin », ainsi que par un rappel de la cause centrale de cette révolution, déjà formulée par les

canuts lyonnais dans les années 1830 lorsqu'ils affir-
maient vouloir « vivre en travaillant ou mourir en
combattant », ce que le peuple parisien simplifia en
juin 1848 en se ralliant au cri de « Du pain ou du
plomb ». Puis Pardigon poursuit avec la répression
tant idéologique que policière de Juin. Dénonçant
ainsi l'analyse unilatérale de l'un des épisodes dont la
« légende réactionnaire » s'empara, l'assassinat du
général Bréa, et rappelant que ce dernier ne fut tué
par les insurgés qu'après avoir été reconnu comme le
« fusilleur du Panthéon », il insiste sur l'inanité des
calomnies inventées pour discréditer l'insurrection. À
cette action psychologique s'ajoute, mais s'oppose
également, la peine de transportation qui touche un
très grand nombre d'« hommes de Juin ». En effet,
s'appuyant sur la correspondance d'un transporté
qui, d'abord ballotté entre les pontons de Brest et la
prison de Belle-Île, finit par échouer à la casbah de
Bône, Pardigon veut montrer que du fond même de
ces épreuves « le républicain est moralement invincible », et qu'il ne cesse de faire école. Il se penche
alors sur la principale conséquence politique de Juin :
le coup d'État du 2 décembre 1851. En conférant au
général Cavaignac les pleins pouvoirs pour réprimer
l'insurrection, l'Assemblée a en effet inauguré d'une
part un pouvoir fort que reprend et pérennise ensuite
Louis Bonaparte, et a enseigné d'autre part au peuple
de Paris « à ne voir dans les assemblées que l'arsenal de la contre-révolution, au lieu de l'arche révolutionnaire ». Mais qu'en réaction au 2 décembre, et
dans un contexte particulièrement liberticide, une
trentaine de départements se soient soulevés – ce que
le pouvoir a voulu dénigrer en parlant de « jacquerie » – constitue, selon Pardigon, un signe promet-
teur pour la pénétration de la révolution hors de Paris.
La province, dont les gardes nationaux avaient été
appelés en juin 1848 pour combattre le peuple pari-

sien, a vécu en décembre 1851 ses propres journées de Juin.

Fort de ce nouvel horizon, Pardigon rappelle certes les errances et souffrances du proscrit, mais essaye aussi de faire saillir ce qu'il pourrait y avoir de positif dans ces défaites à travers l'examen des perspectives de lutte dégagées par l'internationalisation du milieu révolutionnaire. Ce qui le conduit ultimement à une méditation historico-politique sur le sens des souffrances vécues à travers les siècles par les peuples qui se révoltèrent contre le despotisme. Faute d'avoir entretenu le souvenir de ces souffrances passées, on a oublié que toute liberté conquise s'achète au prix du sang, ce qui a eu pour première conséquence qu'on a confondu les défaites présentes avec l'enterrement de la révolution et qu'on n'a pas reconnu dans le coup d'État une péripétie assurément dommageable, mais ne changeant rien sur le fond au processus révolutionnaire à l'œuvre. En outre, cet oubli a conduit à méconnaître la dimension guerrière de la révolution, et empêtré ainsi certains hommes qui auraient pu être utiles à sa cause dans les «roueries parlementaires». Pourtant, depuis février 1848, la révolution a manifesté le lien de solidarité qui unit les révolutionnaires de maintenant aux «terroristes» de la grande Révolution en offrant une clé à l'explication des violences commises par les insurgés comme par la répression. Le propos de Pardigon, après avoir désigné le lieu où a trouvé refuge la révolution, les sociétés secrètes qui tissent leur toile «au sein des masses», se termine par une exhortation au combat.

Quant à la conclusion des *Épisodes*, écrite elle aussi en 1852, elle revient sur la cause directe de l'exil de Pardigon: la journée avortée du 13 juin 1849[15], qui contraignit une partie de l'extrême gauche organisée à s'exiler pour éviter une condamnation certaine, et dont il fait le pendant en politique extérieure de ce que fut la révolution de juin 1848 en politique intérieure. On le voit, pour Pardigon, les journées de Juin constituent la mesure et le principe d'intelligibilité de toute chose, elles occupent en conséquence la partie centrale de l'ouvrage qui se présente comme le récit chronologique des déplacements de Pardigon durant ces journées, ou plus exactement comme le récit de la descente aux enfers qui le mène des combats du Quartier latin vers les différents hauts lieux de la répression parisienne. Chacun des dix chapitres plutôt brefs qui scandent ce récit s'intitule du nom de l'une des stations du chemin de croix du narrateur. Le premier moment de ce récit (chapitre II) raconte les débuts de l'insurrection dans le Quartier latin dont Pardigon est l'un des acteurs. Présent à la réunion « composée d'ouvriers en grande majorité », organisée place du Panthéon le jeudi 22 juin au soir, il perçoit leur colère face aux mesures prises par le gouvernement à l'encontre des ateliers nationaux, et il enregistre la décision de se retrouver le lendemain matin, qu'il diffuse dans les clubs du quartier. Après un moment de flottement dans la matinée du 23 durant laquelle il cherche des informations tout en attisant le feu, et constate une grande incertitude du côté des forces de l'ordre qui ne savent de quel côté de la barricade elles doivent se placer, il passe l'après-midi à se battre rue Saint-Jacques et dans les environs. Rentré chez lui en fin de journée alors que les combats ont cessé, c'est en essayant de retourner vers sa barricade que Pardigon est arrêté non loin de la rue des Grès. Il est par conséquent emmené à la caserne des Grès (chapitre III) où il passe la nuit du 23 au 24 avec d'autres insurgés, pour certains légèrement ivres, et qui ne réalisent pas tous la gravité de leur situation de « prisonniers politiques ». Au petit matin, la proximité de la caserne avec le Panthéon leur permet de suivre à l'oreille, anxieux et impuissants, le déroulement des combats. Plus tard dans la matinée, devant la situation encore instable, on décide de vider la caserne de ses prisonniers et de les éloigner du Quartier latin, non sans qu'ils prennent conscience des dangers qui les menacent en passant devant le Luxembourg, où la garde nationale manifeste avec furie sa haine à leur encontre. Arrivés à la caserne de Tournon (chapitre IV), un péril du même type les attend dans la cour, et Pardigon en fait les frais puisque des gardes s'emparent de ses lunettes qu'ils s'amusent à briser, ce qui l'enflamme et le fait passer à deux doigts de l'incident fatal. Puis enfermés, lui et ses congénères, dans un local trop étroit, entendant le bruit des prisonniers qui ne cessent d'affluer, ils sentent qu'ils sont trop nombreux et commencent à redouter d'être fusillés. Dans la fin de l'après-midi du 24, Pardigon est conduit dans la vieille prison de l'Abbaye (chapitre V) où il passe la nuit du 24 au 25 et où, là aussi, les prisonniers affluent qui donnent des nouvelles de l'insurrection. Moyennant quelque argent, certains prisonniers connaissent un dernier répit, et tous se cotisent pour que chacun puisse faire parvenir un dernier message aux siens. Le 25 vers midi, Pardigon fait partie d'un groupe de prisonniers conduits aux Tuileries (chapitre VI), où il va rester jusqu'au 26 au soir. Les nouveaux prisonniers sont en réalité conduits dans un véritable enfer : le caveau des Tuileries dans lequel se trouve déjà « une masse compacte d'hommes à la physionomie altérée » (Pardigon donne le chiffre de 1200 personnes), au bord de l'asphyxie en raison du manque de place et des remugles de leurs déjections. À cela il faut ajouter la soif, les menaces incessantes, les coups de fusil tirés à l'aveugle par les gardiens depuis les soupiraux, « le jeûne, l'effroi, l'insomnie », la consigne inhumaine de ne pas bouger, la présence de la mort. On comprend que les fous se multiplient « selon une progression effrayante ». Pardigon insiste sur eux, dont les débordements mettent l'ensemble des prisonniers en péril et les contraignent à s'organiser. Après la visite d'un député saisi d'horreur, le caveau est un peu évacué : on décide notamment de former une colonne de prisonniers qu'on veut transférer vers une autre prison, à la nuit, ce qui semble de sombre présage. Pardigon fait partie de cette colonne nocturne, composée de 220 prisonniers escortés de 400 hommes armés, qui passe par la place du Carrousel (chapitre VII). À ce moment des coups de feu éclatent dans la plus grande confusion, la colonne est fauchée, Pardigon est touché à la tête, il est entouré de morts et de blessés. Il croit d'abord à une trahison et au massacre des prisonniers par leur escorte, puis en découvrant morts les officiers qui l'entouraient, il commence « à ne plus rien comprendre ». La confusion et la fusillade continuent : la colonne de la place du Carrousel reste la ligne de mire de différents corps positionnés à des endroits distincts, qui se croient attaqués et qui se tirent mutuellement dessus. Par la suite, les morts dans le camp des forces de l'ordre sont attribués aux prisonniers et excitent la vengeance : les blessés sont achevés, et les rescapés sont victimes d'une chasse à l'homme dans tout le quartier. Pardigon croit prudent de fuir le carnage, mais, trop affaibli par sa blessure pour engager une course-poursuite perdue d'avance, il décide de réclamer des soins au poste de garde des Tuileries. Là, il est momentanément sauvé des fureurs des gardes nationaux par un chirurgien du Val-de-Grâce, puis par un capitaine qui refuse que lui et les autres prisonniers soient exécutés et obtient qu'ils soient conduits au Palais-National (actuel Palais-Royal) où se trouve la terrible garde mobile.

Arrivé au Palais-National (chapitre VIII), Pardigon demande à être conduit dans un poste de soins. Alors qu'on a acquiescé à sa demande, on le jette en réalité dans un nouveau caveau où il finit la nuit du 26 au 27 et où se trouvent une trentaine de prisonniers dont une moitié de blessés. Le désespoir des blessés à demi-morts et certains de l'être bientôt tout à fait donne à ce séjour la tonalité d'une veillée mortuaire. Pardigon donne un aperçu des réactions variées de chacun des prisonniers à ces conditions extrêmes, et évoque les cruautés de la garde mobile. Puis l'hémorragie liée à sa blessure le plonge bientôt dans le sommeil. Dans la matinée du 27, les prisonniers sont extraits du caveau vers une destination inconnue, et Pardigon, certain d'être mené à la mort, joue son va-tout et parvient enfin à accéder à une salle de repos du Palais-National (chapitre IX). Là, on le libère de ses liens, on le panse et on lui donne la possibilité de faire passer des messages à ses proches. Le mercredi 28 en milieu de journée, deux de ses amis alertés arrivent et obtiennent de le ramener dans sa chambre d'étudiant. Mais, comme on le soupçonne d'être un insurgé, dans l'après-midi un officier vient le rechercher chez lui, et le ramène au Palais-National. Puis dans la matinée du 29, Pardigon et d'autres blessés sont conduits à l'hôpital de la Charité (chapitre X) où, en dépit des vexations (des gardes nationaux repartant en province viennent les observer, ils sont parqués dans une salle à part des autres malades…), ils se sentent protégés par le personnel hospitalier. Pardigon assiste au départ de ses compagnons les mieux rétablis pour la prison de Saint-Lazare, et lui-même est bientôt menacé d'être dirigé sur les pontons. Trop peu nombreux pour qu'on les maintienne regroupés, les insurgés finissent par rejoindre une salle où ils sont mêlés au reste des malades ; là pour passer le temps, chacun est prié de raconter ses aventures. Pour finir son récit, Pardigon tient à laisser le portrait de ses compagnons de salle (chapitre XI). Défile alors une galerie de personnages allant du noble peintre en bâtiments de la rue Mouffetard qui affronte courageusement la mort, au perfide garde national. Le récit de Pardigon se termine par l'annonce de la libération tant espérée, le 29 juin.

Pardigon use d'un ton volontiers épique pour narrer les horreurs de Juin, et la dépossession de soi qui les accompagne :

> [...] on s'empare de nous, on nous entraîne, on nous secoue. Comme des masses inertes, nous obéissons à ces impulsions, car nos membres n'ont plus de mouvements qui leur soient propres, et nous n'ignorons pas que nous ne sommes plus des hommes, mais des choses ; plus des citoyens, mais des vaincus ; plus des frères, mais des insurgés, c'est-à-dire un être sans nom, inconnu jusqu'à ce jour, au plein pouvoir de l'état de siège et à l'entière discrétion des milliers de baïonnettes qui en relèvent[16].

Comme si en convoquant la mythologie, Virgile, Dante, mais aussi les stoïciens, il voulait d'une part honorer ceux qu'on a voulu réduire au silence, ennoblir la destinée d'hommes qu'on fit patauger dans l'urine, le sang, la crasse et la peur hideuse pendant toutes ces journées, et d'autre part montrer une nouvelle fois, contre une idéologie trop facilement messianique, la pérennité de certaines structures historiques.

La pauvre postérité de ce témoignage qui ne connut qu'une édition à Londres et Bruxelles en 1852 semble avoir doublement confirmé Pardigon. Dans sa hantise de l'effacement d'abord. Mais aussi dans ses espoirs, puisqu'à bas bruit, souterrainement, son texte a survécu, rare épave à laquelle s'accrocher pour qui s'intéresse à cette histoire du Juin des caveaux. Néanmoins, ce n'est pas à cette petite victoire-là qu'aspirait

Pardigon. Car ne nous y trompons pas, il est du côté des vaincus certes, mais cela n'empêche pas ce vaincu magnifique de croire en la victoire.

« *Sous le carcan de l'oppression, poussons*
à l'énergie. Vaincus, non domptés, rugissons
dans nos fers. »

Revenons sur le projet de Pardigon lors de la seconde publication de son récit de Juin, en 1852 : il s'agit pour lui de nourrir les combats à venir.

> Le sang du peuple ne saurait couler toujours infructueusement. Les leçons de l'histoire ne doivent point nous trouver aveugles. Ce qu'on appelle une révolution perdue – et l'expression n'est que relative, car une révolution n'est jamais perdue ; elle a été, elle a servi, – cette révolution, disons-nous, devient la meilleure garantie de la révolution future[17].

Ce n'est pas la litanie mortifère et commémorative d'un homme de peu de foi politique que propose Pardigon, mais l'incantation ferme d'un croyant politique, et littéraire sans doute aussi, qui prétend ressusciter pleinement les morts de Juin pour les enrôler dans les guerres qui attendent encore les vivants. Car c'est dans l'envie de venger les morts, nous dit ce livre qui a le front de se terminer en prédisant des « milliers de vengeurs », que les vivants puiseront l'énergie du combat. Bref, il ne s'agit en rien de cultiver les fruits amers d'une évocation nostalgique ou d'une commémoration stérile, mais bien de transformer en victoire la défaite de Juin, en faisant de ses spectres les charges explosives des vengeances à venir. Les *Épisodes des journées de juin 1848* sont un livre sur les victimes, mais rien moins qu'un livre victimaire.

La référence aux journées de juin 1848 s'inscrit donc dans une stratégie élaborée par Pardigon dans son chapitre-préface et liée au contexte politique renouvelé de 1852. Depuis Juin, il y a eu en effet bien de nouvelles défaites pour Pardigon et le camp de la République sociale : l'exil, le reflux global des révolutions européennes, l'accentuation de la politique liberticide et conservatrice de l'Assemblée législative en France, et bien sûr l'ultime déception du coup d'État du 2 décembre 1851, approuvé par plébiscite. L'année 1852 voit donc proliférer toute une littérature de combat, à laquelle appartiennent les *Épisodes* publiés à Londres par l'éditeur du *Napoléon le petit* de Victor Hugo[18], et à Bruxelles par celui de l'*Histoire des crimes du deux décembre* de Victor Schoelcher[19]. Nous verrons que Pardigon a eu connaissance de la brochure de Marx sur *Le 18 Brumaire de Louis Bonaparte*. Mais si pamphlets et brochures sifflent autour du 2 décembre, c'est souvent en rang dispersé[20], témoignant ainsi des divisions du camp républicain-socialiste attisées par les difficultés de la conjoncture[21]. Pardigon dans son ouvrage fait état de l'un des principaux désaccords stratégiques de ce camp qui oppose les proscrits aux dirigeants républicains restés en France[22]. En effet, nombreux parmi ces derniers étaient ceux qui voulaient attendre les élections présidentielles et législatives de 1852 dont ils pensaient qu'elles leur seraient très favorables, et n'envisageaient d'autre lutte que leur préparation. Avec le coup d'État, cette stratégie ne peut qu'être fortement ébranlée puisque d'élection présidentielle il n'y a plus ; quant aux élections législatives de février 1852, elles ne donnent que trois représentants à la gauche. Le moment est donc particulièrement propice pour montrer la caducité de cette position et faire valoir le point de vue majoritaire parmi les exilés : la nécessité de fourbir les armes des sociétés secrètes et de l'action illégale. C'est donc à écarter la tentation « passive » de la stratégie électorale et à faire le choix des armes que le ressouvenir des caveaux de juin 1848 va servir à Pardigon.

> [...] le suffrage universel, avec un pareil régime, n'est pas purement une question de droit, mais aussi une question de force. Le premier acheminement, et le plus facile, vers la sincérité du vote universel, est l'armement universel. Quelle est l'égalité de deux électeurs, dont l'un présente son bulletin au bout d'une baïonnette, l'autre seulement au bout de ses doigts ? Ces deux électeurs n'en font qu'un. Si le premier commande, le second obéit ; sinon, on l'écrase. Le 20 décembre l'a prouvé. Le ministère *du Progrès* ne serait-il point, par hasard, le ministère *des Fusils*[23] ?

Le suffrage universel, en plébiscitant le régime autoritaire de Louis-Napoléon Bonaparte le 20 décembre 1852, achève de démontrer ce que les insurgés de Juin avaient déjà éprouvé : la vacuité du fétichisme des formes politico-juridiques dites « républicaines », et même leur transformation en instruments d'oppression. Le respect de la légalité républicaine n'est pas synonyme d'émancipation : se montrer fidèle aux morts de 1848 tout en tirant les leçons de leur échec, selon Pardigon, c'est comprendre que la « République démocratique et sociale » ne passe pas d'abord par le suffrage universel mais avant tout par l'organisation de ce qu'il nomme l'« armement universel ». Un homme désarmé, même avec un bulletin de vote, ne sera jamais l'égal d'un homme armé, la démocratie est donc au bout du fusil avant que d'être dans les urnes. Mais la priorité ici donnée au citoyen en armes sur le citoyen votant, Pardigon, qui place son récit sous l'égide de Robespierre[24] et remonte à grandes enjambées le cours du temps, l'enracine aussi dans l'histoire de la grande Révolution[25].

Les morts de juin 1848 ont rejoint le même caveau que les « guillotinés de Thermidor » et la solidarité de ces deux générations de spectres se manifeste dans un double jeu de correspondances. C'est d'une part l'ombre portée du passé sur le présent qui permet d'expliquer la violence avec laquelle furent traités les insurgés de 1848, qui réveillaient la peur des « terroristes » de 1793 ; et c'est d'autre part celle du présent sur le passé puisque l'expérience des violences commises par ces mêmes insurgés permet de comprendre les actions de la vraie Montagne qui « sur la foi de mauvais travaux historiques, nous avaient paru, jusqu'à ce jour, incompréhensibles, repoussants ou condamnables ». Ainsi, la ligne de fracture qui déjà minait la grande Révolution constitue, selon Pardigon, le principe d'intelligibilité des violences reçues autant que commises par les insurgés de 1848. Pour lui, la République, pas plus en 1848 qu'en 1789, ne forma un bloc, mais toujours manifesta l'opposition des authentiques révolutionnaires à ceux qui, à couvert, font le jeu de la réaction. Son récit de juin 1848 n'est donc pas du côté de ces récits de légitimation du pouvoir qui prétendent, sous les atours de la neutralité, lier les hommes en racontant les progrès continus d'un régime, en l'espèce la République, mais du côté de ce qui irrigue une large partie des discours historico-politiques révolutionnaires du XIXᵉ siècle et que Michel Foucault a nommé une « contre-histoire[26] » : une histoire qui présuppose « une répartition binaire de la société et des hommes », se donne la lutte pour matrice, et dont le scripteur pose son appartenance à un camp non comme un obstacle au travail historien mais comme le moyen de « de déchiffrer la vérité, de dénoncer les illusions et les erreurs par lesquelles on vous fait croire – les adversaires vous font croire – que l'on est dans un monde ordonné et pacifié. »

Cette lecture de l'histoire qui place en son centre le fait qu'« il y a dualité dans l'état social, antagonisme et tiraillement », et qui exhorte les masses au combat armé en montrant qu'il est consubstantiel à la « vraie République », passe très rapidement pour illégitime en un siècle obsédé par la préoccupation des élites, notamment républicaines, de forclore la violence populaire[27]. Les « républicains modérés » la condamnent d'emblée puisque ce sont précisément eux qui président à la répression de Juin. Quant à la IIIᵉ République, en réhabilitant par la loi du 30 juillet 1881 les « victimes du 2 décembre », quitte à relégitimer certaines violences, sélectionne celles qui manifestent un attachement au régime républicain contre l'Empire. L'historiographie républicaine dominante du XIXᵉ siècle est pétrie de ces mêmes intentions qui imprègnent d'ailleurs toujours une partie de l'historiographie actuelle. Ainsi Maurice Agulhon, qui par ailleurs reconnaît ses sympathies pour la « République libérale à la façon du XIXᵉ siècle », écrit-il à propos des journées de Juin :

> On peine à faire comprendre – et vous savez que je suis de ceux qui m'évertuent à diffuser cet enseignement compliqué – que les sinistres journées de juin 1848 à Paris n'ont pas été seulement une bataille égoïste et méchante des bourgeois contre les ouvriers mais aussi la bataille sincère des défenseurs du droit nouveau (la légalité républicaine appuyée sur le vœu majoritaire d'une assemblée librement élue par le suffrage de tout le peuple masculin) contre le droit désormais archaïque de la violence armée sur les barricades. Lutte de classes ? Certes, mais coïncidant et inter-

férant douloureusement avec un vrai conflit de valeurs[28].

Dans cette perspective, les insurgés, quelles que soient les raisons objectives de leur lutte, ne peuvent qu'être des «cannibales» politiques, et le récit de Pardigon un archaïsme dangereux.

Archaïque, Pardigon l'est aussi parmi certains de ceux qui, dans les années 1850, mettent la «lutte des classes» le plus résolument au centre de leurs préoccupations.

«Le passé nous fait retour»

L'idée de Pardigon selon laquelle il existe une affinité fondamentale de la politique révolutionnaire avec l'évocation des morts du passé, seule capable de conférer la haine et le goût du sacrifice nécessaires au combat, signe l'un de ses désaccords avec Karl Marx. Comme l'atteste une lettre de mai 1850[29], Pardigon, en tant que membre de la *Société fraternelle démocrate-socialiste*, et Marx et Engels, au titre de la *Ligue des Communistes* se sont rencontrés à Londres, où leurs organisations respectives fondent à la mi-avril 1850 et pour très peu de temps l'*Association mondiale des communistes révolutionnaires*[30]. Il existe par ailleurs dans les *Épisodes* une preuve textuelle du fait qu'en dépit des difficultés de diffusion du *18 Brumaire de Louis Bonaparte* achevé en mars 1852, Pardigon l'a lu ou du moins en a eu vent avant de publier son ouvrage dont la sortie date de la deuxième moitié cette même année. En effet, sans les nommer précisément, Pardigon dénonce «ceux qui, dans la révolution de Février s'obstinent à ne voir qu'un *heureux coup de main*[31]», reprenant ainsi les mots mêmes par lesquels Marx dépeint dans son premier chapitre février 1848 comme une «révolution bourgeoise» et superficielle[32], ce qui explique qu'elle ait eu besoin, pour masquer son contenu mesquin, d'évoquer les spectres beaucoup trop grands pour elle de la grande Révolution. Et Marx de conclure que «la révolution sociale du XIXᵉ siècle ne peut pas tirer sa poésie du passé, mais seulement de l'avenir[33]». La divergence avec Pardigon est de taille puisqu'au contraire ce dernier lit en Février le déploiement d'un espace de possibles que referme l'échec de juin 1848, échec qu'il impute en partie à l'oubli ainsi qu'à la calomnie des Montagnards de la Révolution française.

Cette ligne de clivage au sein de l'historiographie qu'on qualifiera de révolutionnaire doit inciter à nous pencher sur l'hypothèse stimulante, quoique demeurée largement inexploitée, que formule en 1955 l'un des meilleurs connaisseurs français d'Auguste Blanqui, Maurice Dommanget : il existerait une constellation historiographique blanquiste à laquelle appartiendrait notamment Pardigon[34]. Blanqui en effet est de ceux qui raillent l'idée selon laquelle il serait possible de puiser le courage de la lutte dans la méditation vide de l'avenir :

C'est une de nos outrecuidances les plus grotesques, à nous barbares, à nous ignorantasses, de poser en législateurs des générations futures. Ces générations, pour qui nous prenons la peine de ressentir des inquiétudes et de préparer des garde-fous, nous rendront au centuple la pitié que nous inspire à nous-mêmes l'homme des cavernes et leur compassion sera beaucoup plus autorisée que la nôtre… Laissons l'avenir à lui-même… Détournons les regards de ces perspectives lointaines qui fatiguent pour rien l'œil et la pensée, et reprenons notre lutte contre les sophismes de l'asservissement[35].

Ce refus d'anticiper sur l'avenir s'accompagne chez Blanqui d'un souci de l'écriture de l'histoire qu'atteste toute une série de projets d'histoire, avortés pour certains, émanant de Blanqui lui-même ou de ses fidèles. Après Juin, ce souci se traduit par la précocité avec laquelle il prépare une contre-offensive contre cette machine de guerre lancée à l'assaut des insurgés qu'est la calomnie. Enfermé au donjon de Vincennes depuis le 26 mai 1848, Blanqui a en effet eu, selon Dommanget, tout le loisir d'étudier de très près l'histoire officielle en train de se fabriquer, en l'espèce du rapport commandé par le parlement sur «l'Insurrection qui a éclaté dans la journée du 23 juin...» publié peu après août 1848. Il dénonce publiquement cette falsification de l'histoire dès le 3 décembre 1848 dans un texte qu'il envoie au « Banquet des travailleurs socialistes [36]» dont il a été nommé président *in absentia* :

> «Malheur aux vaincus!» Ceux de Juin ont vidé le calice jusqu'à la lie. C'est à qui leur trouvera des crimes. Victorieux, on leur eût demandé une place d'honneur sous leur drapeau! ils sont morts : toutes les bouches leur crachent l'anathème. La réaction en fait des échappés du bagne, la Montagne des stipendiés du monarchisme.
> [...] Mitraillez, messieurs; ne calomniez pas[37]!

Remarquons que de ce banquet qui est le point d'orgue de la campagne électorale menée par les socialistes en vue de l'élection présidentielle du 10 décembre 1848, Pardigon est précisément l'un des organisateurs et intervenants, en tant que secrétaire du comité républicain démocrate socialiste pour les élections.
Mais Blanqui n'en reste pas à la déploration, il lance l'idée d'une vaste enquête sur les journées de Juin et enjoint ses proches d'amasser les matériaux néces-

saires à l'écriture d'une contre-histoire[38]. C'est ainsi par exemple que son fidèle compagnon de lutte, le docteur Lacambre, est chargé de mettre à profit son incarcération à la Conciergerie pour récolter les récits des insurgés qu'il peut y côtoyer. Ces témoignages que Lacambre parvient à faire sortir de la Conciergerie[39], et qui sont en partie confiés au journal de Proudhon *Le Peuple*, auraient servi, selon Dommanget, de base documentaire à l'un des rares récits de juin 1848 qui trouve grâce aux yeux de Blanqui, et qui paraît dans ce même journal : le *Prologue d'une révolution* de Louis Ménard[40]. En dehors du livre de Ménard, il ne serait selon Blanqui qu'un seul autre récit qui écrive l'histoire des insurgés en se plaçant de leur côté, celui de Pardigon[41]. Sans l'estampiller blanquiste ou le rigidifier, le diptyque historiographique Ménard/Pardigon, qu'évoque Blanqui dans les années 1860, semble avoir une consistance, indépendamment des reconstitutions *a posteriori*. Ainsi un « prolétaire », qu'on peut supposer lecteur des deux journaux très proches dans lesquels Ménard et Pardigon publient leur feuilleton en 1849[42], et dont on trouve la lettre dans la correspondance de ce dernier saisie par la police, nous instruit de la perception d'une réelle complémentarité entre les deux textes, même si celle-ci tourne ici à l'avantage de Pardigon :

> Oui, vous venez de compléter le travail ébauché par le cit. Meynard [*sic*], car lui il n'avait que cité des faits généraux, tandis que vous, vous avez dévoilé dans les plus minces détails les raffinements de cruautés inventés par nos bourreaux communs, car celui qui vous écrit a eu aussi à souffrir sa portion de tortures, il a été comme vous traîné de prison en prison de caves en caves, il a aussi été blessé moralement et physiquement[43].

Pour autant, est-il pleinement possible de faire des *Épisodes* un livre blanquiste quand Pardigon, pas plus que Ménard d'ailleurs, ne semble étancher la soif historiographique de Blanqui à propos de Juin, et alors que son auteur ne peut pas être qualifié de blanquiste, et de toute façon s'avère difficilement classable ? Certaines des prises de position de Pardigon (son soutien à Raspail, le candidat adoubé par Blanqui à l'élection présidentielle de 1848, sa vision des antagonismes sociaux, son exaltation de l'«armement universel» au détriment de la conscription[44]...) peuvent sur le plan stratégique le rapprocher de Blanqui ; il collabore d'ailleurs avec Ménard aux *Veillées du peuple*, un éphémère journal dirigé depuis sa prison de Doullens par Blanqui en 1850. Mais Louis Blanc en fait idéologiquement un proudhonien[45], et il est vrai que son ouvrage contient des références explicites au proudhonisme (comme le «droit d'aubaine», sorte d'équivalent de la plus-value dans le lexique proudhonien), mais il n'est pas non plus dénué d'accents saint-simoniens quand il s'enthousiasme à propos de l'industrie. Il s'avère en outre qu'au moins à partir de l'exil en Angleterre, Pardigon gravite dans l'entourage de Ledru-Rollin auprès de qui il incarnerait un pôle de radicalité. Les blanquistes, qui ne le reconnaissent pas comme des leurs, le situent à la même époque dans une sorte de mauvais mi-chemin : « Il y a bien encore un petit parti placé entre nous et la Montagne. Ce parti est communiste, mais toujours bourgeois ; et s'ils ne veulent plus de privilèges pour les autres, il est à craindre qu'ils n'en veuillent pour eux[46]. » Cette lutte de classement permet d'acquérir au moins une certitude : Pardigon n'est pas un doctrinaire.

Bien qu'en toute rigueur Pardigon ne soit pas blanquiste, il nous semble néanmoins heuristique de maintenir l'hypothèse – à explorer et à nuancer – de l'appartenance des *Épisodes* à une constellation historiographique blanquiste qu'unifierait notamment un rapport au passé comme à une sorte d'éternel retour. Cette hypothèse permettrait de mieux comprendre l'oubli du récit de Pardigon dans l'historiographie d'obédience marxiste. À propos du rôle politique des spectres, Walter Benjamin rappelle en effet l'importance du clivage entre le blanquisme et le parti socialiste – il ne prête pas à Marx lui-même l'intention de minorer ce rôle. Ce parti a voulu occulter que le «prolétariat» était la «classe vengeresse» qui, au nom des «générations vaincues», libérait les «générations du futur» et ainsi briser l'un des principaux ressorts des luttes en tournant le prolétariat vers le seul futur; et ce, non sans «étouffer le nom d'un Blanqui» [47].

En reliant la question de la dualité sociale à l'évocation des morts, les *Épisodes* échappent aux deux historiographies, «républicaine libérale» et marxiste, longtemps dominantes, et tombe dans un espace qui nous paraît peu ou mal balisé.

«*Mourir à vingt-deux ans, et d'une manière si pitoyable!*»

La singularité du témoignage de Pardigon, la complexité de ses appartenances, tout comme la question de la véracité de son témoignage portent à examiner de plus près sa trajectoire. Si Pardigon se montre très discret sur lui-même dans le feuilleton de 1849 – ce qu'explique aisément la pression du contexte politique –, il distille quelques informations supplémentaires dans l'ouvrage de 1852 que nous allons essayer de compléter et confronter aux sources.

Dans les *Épisodes,* Pardigon est avare d'informations sur sa condition sociale: on apprend seulement qu'à vingt-deux ans, il est à Paris pour terminer ses études, et qu'il place haut le privilège de l'accès à l'éducation, en laquelle il voit aussi une école de vertu :

> Je me dis que c'était l'heure, ou jamais, de mettre à
> profit une éducation en quelque sorte privilégiée, et
> de puiser, dans des considérations morales et ration-
> nelles, des motifs de calme, de sang-froid, si déjà une
> complexion naturelle ne me les fournissait[48].

Il est à peine plus prolixe s'agissant de ses origines
géographiques, évoquant par deux fois son statut de
provincial et plus exactement de provençal. François
Claude Pardigon est de fait né à Salon-de-Provence
le 14 novembre 1826, et on peut supposer que cela
s'entend, vu le nombre de fois où l'écriture de son
nom est écorchée dans les archives, tantôt en « Pardigol », tantôt en « Pardigeon », quand ça n'est pas
en « Pardijon ». Il est le petit-fils d'un « travailleur »
– catégorie qui désigne alors un journalier, soit le plus
bas degré de la stratification sociale paysanne[49] – qui,
à la fin de sa vie, bénéficie d'un certificat d'indigence
et meurt l'année de la naissance de Pardigon sans
laisser aucun bien[50]. C'est donc à son père, Étienne,
marié par deux fois à des filles de cultivateurs, maçon
une longue partie de sa vie et qui finit par s'établir
comme aubergiste, que semble revenir la création de
la petite prospérité familiale. Celui-ci acquiert en effet
deux terres plantées de mûriers et de vignes, deux
maisons d'habitation dont l'une se situe dans une rue
cossue du vieux Salon[51] ; quant à son auberge, elle est
idéalement située à la promenade de la porte d'Arles[52].
On peut supposer que Pardigon adolescent a pu y
être imprégné de discussions politiques et s'est ouvert
ainsi à l'horizon républicain... Mais bien que son
maçon de père ait su se construire une prospérité
digne de rivaliser avec la petite bourgeoisie de Salon,
Pardigon reste issu d'un monde artisanal qui par sa
tradition tient encore au monde ouvrier. Il est d'ailleurs

le seul homme de sa proche parenté à faire des études. Des deux autres fils de son père, l'aîné reprend le métier de maçon et le plus jeune celui d'aubergiste ; quant à ses deux sœurs mariées, l'une épouse un marchand de poterie d'Aix et l'autre un menuisier de la même ville[53]. Ce cadet représente donc la pointe avancée d'une famille provençale en phase d'ascension sociale. Dans une lettre, son frère, prévenu de ses activités journalistiques, lui écrit : « Nous avons reçu ta lettre du 31 mai dans laquelle tu nous apprends que tu est [*sic*] entré dans la rédaction d'un journal ; cela nous a fait beaucoup plaisir, car cela peut par la suite te procurer d'autres avantages[54]. » En choisissant des études de droit, Pardigon reprend d'ailleurs la stratégie de promotion sociale privilégiée des pays de vieille tradition urbaine et de droit écrit comme la Provence, dont les petites villes nourrissent toute une série d'activités libérales et administratives[55]. Lorsque Pardigon monte à la capitale, la protection familiale et provinciale va donc s'étendre sur lui. Il est recommandé à un neveu de la première épouse de son père, sous-chef à la préfecture de police, qui lui sert d'ailleurs de témoin de moralité en Juin[56]. Des deux amis qui viennent le chercher à l'hôpital de la Charité l'un, Henri S., est un ami du collège de Salon et l'autre, Granet, qui essaye de passer l'agrégation de grammaire, est un « compatriote[57] » qui vit dans le même hôtel garni que lui. Quant aux démarches qui l'ont sauvé des pontons et dont Pardigon laisse entendre qu'elles émanent de « quelques représentants de la gauche », sans qu'on puisse le démentir absolument, il n'en reste pas moins que le dossier de la justice militaire sur Pardigon ne contient d'autre intervention de représentants que celle des députés des Bouches-du-Rhône parmi lesquels se trouvent deux monarchistes légitimistes[58]. Peut-être est-ce la province, y compris dans ce qu'elle a de moins républicain, qui sauve Pardigon, ou du moins qui contribue à le sauver, et peut-être en ressent-il une gêne ? Un biographe d'Auguste Poulet-Malassis, autre étudiant provincial accusé d'avoir pris part aux émeutes mais qui, lui, partit sur les pontons quelques temps avant d'être gracié sur l'intervention de la bourgeoisie alençonnaise, note la gêne durable du bénéficiaire à évoquer cette question[59].

Toutefois, en dépit de ces appuis provinciaux, on peut légitimement supposer que s'il n'est pas miséreux, Pardigon appartient à la catégorie des étudiants pauvres : ceux qui habitent sur la rive gauche, dans ce Quartier latin où les étudiants voisinent avec les ouvriers de l'un des arrondissements les plus miséreux de la capitale. La rue Royer-Collard, où loge Pardigon, trace d'ailleurs l'une des limites entre un XIe arrondissement intellectuel et plus bourgeois, et un XIIe arrondissement très populaire, et l'on peut voir là un symbole de sa situation sociale liminaire. Pardigon y habite au numéro 12 – qui va devenir le 14 avec la nouvelle numérotation[60] – dans un hôtel garni d'un peu moins de quarante locataires[61], l'hôtel du Dauphiné, qui hébergera Verlaine en 1888. Il en occupe la chambre 7, au deuxième étage sur cour, dont une perquisition nous fournit un aperçu suggestif : « Le lit n'est pas fait, des livres et une bougie sont placés sur une table de nuit, la cheminée et un bureau placé au milieu de la chambre sont couverts de papiers, les clés ont été laissées soit à la commode, soit au secrétaire garnissant cette pièce[62]. »

Dans cette vie étudiante, la révolution de février 1848 constitue assurément un choc, une rupture et une conversion, ce qui explique sans doute son entêtement à la défendre contre Marx. Un autre étudiant, Ernest Cœurderoy, dont la trajectoire politique ne va pas tarder à croiser celle de Pardigon, dit amoureusement cette rencontre politique :

> Les éclairs de Février m'avaient secoué de mon
> découragement, j'avais été réveillé par les accla-
> mations d'un peuple libre, je respirais à l'aise dans
> cet air saturé des clameurs de l'émeute. Loin de
> moi, loin de moi j'avais rejeté la tunique empoi-
> sonnée que l'ennui déploie sur les épaules de
> l'homme solitaire. Et je m'étais élancé, les che-
> veux au vent, vers l'étoile d'espérance que la Révo-
> lution faisait briller devant moi. Jusqu'au bout du
> monde, j'aurais suivi cette étoile avec l'ardeur de
> l'amant qui découvre enfin la fiancée de ses rêves[63].

Pardigon participe avec enthousiasme aux combats
de Février. Il l'évoque rapidement dans les *Épisodes*,
mais se montre beaucoup plus disert dans l'une de
ses lettres écrite le 6 mai 1848 :

> Je ne suis pas de ceux qui ont attendu le 24 pour
> se montrer, fut-ce même le matin ; dès le 22 vers
> deux heures après midi tout le Quartier latin m'a
> vu à la tête d'une colonne très nombreuse com-
> posée de patriotes de toute condition et marchant
> sur l'école polytechnique déjà occupée par une
> ceinture de bayonnettes *[sic]* de municipaux à
> pied ; nous nous sommes retirés pourchassés par
> cette force armée ; depuis ce jour, je n'ai pas quitté
> le pavé de Paris, et la nuit du 24 je l'ai encore pas-
> sée à la préfecture de police avec 120 hommes qui
> formaient le poste et nous avons ensemble gardé
> cette importante position. Je dis ces choses parce
> que personne ne les dira à ma place et que beau-
> coup pourtant, les attesteront au besoin. Ceci n'a
> d'autre but que de vous faire connaître l'homme[64].

Pardigon appartient à ces groupes qui, après le succès de la manifestation du 22 au matin où se fait la jonction des Écoles et des ouvriers place de la Concorde, s'efforcent dans l'après-midi de développer l'émeute, en vain pour l'instant. Précurseur dans l'insurrection, Pardigon tient ensuite la rue jusqu'à la victoire par les armes le 24. Ce baptême révolutionnaire, il le prolonge en participant, comme de nombreux étudiants, à l'activité des clubs qui fleurissent au lendemain de Février pour atteindre en avril un sommet de deux cents clubs dans Paris intra-muros. On le retrouve en particulier dans l'un des clubs étudiants du Quartier latin, le *club du Deux-Mars* fondé précisément le 2 mars 1848, siégeant dans le grand amphithéâtre de la Sorbonne et tenant séance trois soirs par semaine.

Ce club, par l'entremise de son premier président, Dauzon, est affilié au *Comité central des écoles* qui se reconnaît deux ennemis « d'un côté les vaincus de 1830 de l'autre les poltrons de Février » et s'assigne pour objectif de « démasquer les traîtres » fallacieusement ralliés à la République[65]. Alphonse Lucas, qui écrit en 1851 une « histoire complète, critique et anecdotique des clubs » très documentée, et qui pourrait être un policier infiltré, donne une description du public de ce Comité :

> Les étudiants qui étudient ne se mêlent guère de politique ; mais il y a dans le Quartier latin une quantité considérable d'ex-jeunes gens, connus sous le nom d'étudiants de dix-septième année, qui se croient très capables de gouverner l'État, probablement parce qu'ils n'ont pas eu la force d'achever leurs études. Ces individus, reconnaissables à des barbes incultes, des vêtements négligés, des coiffures excentriques, on ne les rencontre que très rarement aux cours des Écoles de droit et

de médecine ; mais en revanche, ils se montrent assidus aux leçons des citoyens Michelet et Edgard Quinet, aux séances du club, et ils quittent presque sans regret les tabagies, dans lesquelles ils traînent leur incapacité paresseuse, lorsqu'il s'agit de prendre part à une manifestation quelconque.

C'est d'individus de cette espèce qu'étaient composés les clubs rouges qui empoisonnaient en mars, avril, mai 1848 les XIᵉ et XIIᵉ arrondissements. Les clubs étant un moyen d'action à la portée de tous ceux qui, n'ayant rien à perdre, se sentaient disposer à tout risquer pour acquérir quelque chose, ils devaient être nécessairement très fréquentés par les étudiants de XVIIᵉ année et par tous ceux de leurs jeunes condisciples qui se sentaient disposés à suivre leurs traces[66].

Cette description peu amène a ceci d'intéressant qu'elle pointe savoureusement du doigt l'existence d'un prolétariat intellectuel fortement politisé dans les parages duquel gravite Pardigon.

À partir de mars, les clubs semblent délaisser la stratégie de la pression directe sur le gouvernement provisoire pour se concentrer sur la préparation des élections d'avril, et à cette fin se regroupent au sein de ce qu'on appelle parfois le *Club des clubs*. Il est alors demandé à chacun des clubs admis dans ce regroupement de désigner des délégués à envoyer dans les départements. Le club du Deux-Mars choisit deux délégués, dont Pardigon qui se propose de partir pour les Bouches-du-Rhône et arrive à Arles le 8 avril. Il prend son activité très au sérieux et envoie quatorze lettres, du 11 avril au 7 mai, pour rendre compte de ses tribulations provinciales. Il parcourt les principales villes du département (Arles, Tarascon, Marseille, Salon) et de nombreux villages, prend langue avec les sociétés républicaines qui existent déjà, participe à la sélection des candidats républicains, incite à la création de clubs.

Il n'est pas certain que Pardigon soit à Paris lors de la manifestation populaire du 15 mai. En effet, il envoie un peu avant cette date toute une série de lettres anxieuses, dont la dernière date du 8 mai, pour réclamer au *Club des clubs* l'argent nécessaire à son retour sur la capitale qu'il ne peut à l'évidence pas avancer :

> [...] s'il y a lieu d'être rappelé, que ce soit au plus tôt, car on se crétinise en province, franchement, et si nous devions y rester en séquestre sans devoir, sans marche à suivre, ce serait un crève-cœur pour des républicains comme nous. Tirez-nous de là ou tracez-nous une route[67]...

Quand cet amoureux politique de Paris revient-il exactement ? On le retrouve fin mai membre de la *Commission centrale des élections démocratiques du département de la Seine* constituée en vue des élections complémentaires des 4 et 5 juin. Cette commission, qui réunit plusieurs clubs dont celui du Deux-Mars, est dominée par la *Société des Droits de l'homme* qui d'ailleurs l'héberge dans ses locaux de la rue Albouy et où Pardigon essaye de se rendre au début de l'insurrection, le 23 juin[68]. La *Société des Droits de l'homme*, fondée en 1830 et héritière de la tradition des sociétés secrètes, ressemblerait à cette date de moins en moins à un club, et se serait organisée sur un mode paramilitaire comprenant notamment des centuries et des décuries. Or Pardigon évoque bien ce modèle organisationnel, mais il l'attribue au *Club du Deux-Mars* dont il est le président. Alors legs de la *Société des Droits de l'homme* à son club ? Habile escamotage de cette dernière par son club destiné à égarer un lecteur policier ? Quoiqu'il en soit, le Pardigon de Juin a assurément été initié à ce type de structuration secrète et paramilitaire.

Puis arrivent les journées de Juin qui marquent un nouveau tournant dans l'itinéraire politique de Pardigon. Le jeune homme, qui était parti dans les départements pour combattre « les insinuations contre Ledru-Rollin et contre tous les républicains réputés inflexibles dans la voie démocratique », s'éloigne de celui qui a laissé les mains libres à la répression. Durant la campagne pour la présidentielle de décembre 1848, il défend contre Ledru-Rollin, tout comme les blanquistes et Proudhon, la candidature de Raspail. C'est comme secrétaire du Conseil central des républicains-démocrates des 12 arrondissements qu'il signe cet appel :

> Raspail est le candidat présenté par le conseil central aux électeurs républicains démocrates-socialistes de toute la France. […]
>
> En votant pour un président, les vrais socialistes veulent détruire la présidence. Pour cette œuvre, il faut un révolutionnaire sans illusions, sans défaillance ; le citoyen Ledru-Rollin n'est pas ce révolutionnaire[69].

Après l'élection de Louis Bonaparte, le *Conseil central des républicains démocrates-socialistes* se transforme en un *Comité des vingt-cinq* auquel appartient de nouveau Pardigon, et où l'on trouve également Cœurderoy. Dans le même temps, son feuilleton dans le *Journal de la Vraie République* le fait entrer dans la presse d'opposition socialiste, et par voie de conséquence dans le *Comité de la presse*. C'est ainsi qu'à la veille de la journée du 13 juin 1849, il est l'une des rares personnes à appartenir aux deux comités et le seul, selon la police, à suivre « assidûment » les

séances des deux. Il est par ailleurs placé par cette
même police au troisième rang en terme de dange-
rosité à l'intérieur du *Comité des vingt-cinq* au sein
duquel il ferait partie d'un « triumvirat constitué [...]
pour prendre la direction secrète en cas d'événements[70] ». Quand ces deux Comités sont accusés de
« complot », au lendemain du 13 juin 1849, Pardigon
a donc de bonnes raisons de redouter qu'on l'arrête.
Il disparaît.

Commence alors sa vie d'exilé. Arrive-t-il directement à Londres ou bien fait-il l'expérience des détours
qu'il évoque dans les *Épisodes*, par la Belgique, la
Suisse ? Toujours est-il qu'il est assurément à Londres
en 1850 et qu'il a un rôle, peut-être de secrétaire,
dans la grande société d'entraide créée par tous les
proscrits confondus à leur arrivée en Angleterre. En
1851, le recensement de Londres nous apprend qu'il
habite le quartier de Soho, et qu'il se déclare « author ».
On le trouve aussi mêlé en 1853 à une affaire qui
défraye la chronique du petit monde des proscrits et
illustre peut-être une nouvelle fois l'ambiguïté de sa
position politique. Il arrange en effet un duel entre
un rolliniste du nom de Cournet et le blanquiste Barthélémy qui se conclut par la mort du premier[71].

*Épilogue : « Je connaissais la contagion de
la poudre. Il est des hommes entre les mains
desquels un fusil est une barre rougie ;
cela les brûle. »*

C'est quelques mois à peine avant que ne tombe la
nouvelle de l'amnistie des proscrits le 15 août 1859,
alors qu'en dix ans l'espoir pour eux de regagner la
France n'a cessé de s'éloigner dans un futur de moins
en moins défini, que Pardigon choisit de partir aux

États-Unis. Faut-il lire dans les raisons qu'il donne en 1852 celles-là mêmes qui le pousseront quelques années plus tard à partir ? La faim, qu'il dit être le principal ennemi du proscrit à Londres, ou bien la fascination pour ce pays « que la politique et le commerce conduisent à d'immenses destinées », « cet Hercule au berceau qui ne saurait tarder beaucoup de faire contrepoids à l'ancien monde[72] » ? Grâce à l'entremise de Ledru-Rollin qui l'a recommandé à un ami américain diplomate[73], c'est là que se donne libre cours l'étonnante reconversion de son capital de révolutionnaire armé. Lorsque Pardigon arrive à New York en septembre 1858, il est trop tard dans la saison pour faire la rentrée scolaire. Or, à l'exemple de nombreux proscrits, c'est comme professeur qu'il a pris l'habitude de gagner sa vie[74]. Il quitte donc New York et finit par arriver à Richmond, en Virginie, en octobre 1858, où il parvient, à côté de l'enseignement qui le fait survivre, à avoir une activité d'« homme de lettres ».

En 1859, Pardigon publie en effet un ultime avatar des *Épisodes* dans une revue littéraire de Virginie : sa propre traduction anglaise des deux premiers chapitres de l'ouvrage[75]. Il travaille en outre comme journaliste au *Richmond Enquirer* et se spécialise dans les articles touchant aux affaires étrangères. Ce journal de tendance démocrate appartient au gouverneur de cet État, Henry Wise, dont le fils, O. Jennings Wise, est rédacteur en chef ; Pardigon se lie avec ce dernier, juriste de formation, qui a voyagé en Europe et séjourné en France, et qui se montre grand amateur de duels[76]. Quand éclate la guerre de Sécession, Richmond devient la capitale des confédérés et les Wise, après quelques atermoiements[77], se rallient à la cause sudiste. François Pardigon s'engage dans la compagnie dont O. Jennings est le capitaine et y devient lieutenant ; on le décrit comme « a very intelligent

French gentleman and a model of a soldier[78] ». Dans une lettre du 11 février 1862, il parle de la défaite de Roanoke Island au cours de laquelle O. Jennings est mort et, en pleine déroute, une nouvelle fois du côté des vaincus, il écrit : « nos gars se sont très bien battus contre la chance[79] ». Évoquant dans ces circonstances la possibilité de sa mort, c'est à un réseau d'amitiés américaines qu'il s'adresse et c'est à un Français spécialisé dans le vignoble, émigré aux États-Unis depuis les années 1840, qu'il lègue tout ce qu'il a, sans un mot pour sa famille en France. Le « chevalier errant français », comme certains l'auraient nommé, est aussi figé par les vignettes de la mémoire de la bonne société de Virginie en une posture oscillant entre le point d'honneur un peu vain d'une tête brûlée et la marche à la mort : on raconte qu'il aurait entraîné dans un duel mortel un capitaine de navire qui n'aurait pas fourni de brosses à dents à ses passagers[80]. En 1863, il est par contre certain que Pardigon publie pour les confédérés des écrits stratégiques du général Jomini (que Blanqui aimait aussi à lire aussi[81]) ainsi que du maréchal Bugeaud[82]! Or on sait à quel point fut décisive pendant la guerre de Sécession, dans les deux camps d'ailleurs, la pensée stratégique de Jomini, ainsi que le modèle des guerres de la Révolution et de l'Empire soutenues par l'idée de peuple en armes. En l'état actuel des connaissances, on ne peut guère dire comment Pardigon comprit ce à quoi il participait, et on doit se contenter de constater qu'il vécut alors la grande « levée en masse » qu'il appelait de ses vœux dans les *Épisodes*, non sans abandonner le contenu politique d'une révolution, celle de 1848, qui avait déjà avorté de son contenu social.

Et Pardigon, éternel survivant, survit une fois de plus, il survit à la bataille d'Appomattox, il survit à la première des grandes guerres modernes ; la dernière trace que nous avons trouvée de lui, un voyage qu'il fait entre la France et le Texas, le donne encore pour vivant en 1875...

Notes

1. «À la Montagne de 93. Aux socialistes purs, ses véritables héritiers!», 28 novembre 1848, in *Maintenant il faut des armes*, Textes choisis et présentés par Dominique Le Nuz, La Fabrique, 2006, p. 159.

2. Pardigon, *Épisodes des journées de Juin 1848*.

3. Pardigon, *Épisodes*.

4. Sur la quasi impossibilité de reconstituer un état de l'opinion des insurgés, voir Emmanuel Fureix, «Mots de guerre civile. Juin 1848 à l'épreuve de la représentation», in *Revue d'histoire du XIXe siècle*, n° 15, 1997, p. 21.

5. Dolf Oehler, *Le Spleen contre l'oubli. Juin 1848*, Paris, Payot Rivages, 1996, p. 126. Louis Ménard, *Prologue d'une révolution*, Paris, La Fabrique, 2007.

6. L'unique note de bas de page des *Épisodes* précise qu'ils sont parus en feuilleton.

7. Les historiens qui utilisent les *Épisodes* négligent le plus souvent l'histoire de la source dont ils se contentent de faire un témoignage de première main, ou un récit d'exilé (par exemple Emmanuel Fureix, «Mots de guerre civile....», *op. cit.*, p. 21), ce qui est partiellement faux puisque la matrice de l'ouvrage de 1852 est publiée, et probablement aussi rédigée, à Paris en avril et mai 1849.

8. Précisons bien qu'en l'état actuel du champ historiographique, ce sont les combats, et la répression à chaud qui s'avèrent difficiles à cerner. L'estimation du nombre des morts, des blessés dans les hôpitaux en raison de Juin, comme celui des personnes arrêtées sur le champ puis relâchées ne fait pas consensus. Il n'en va pas de même de la répression ultérieure qui, elle, comme le remarquent Charles Tilly et Lynn Lees est l'une des mieux documentées qui soit. («Le peuple de juin 1848», in *Annales ESC*, n° 5, sept-oct 1974,

p. 1070).

9. Victor Hugo, *Choses vues*, 1830-1848, Paris, Folio, 1997, p. 687.

10. Voir la préface d'Alain Corbin, in Alain Corbin, Jean-Marie Mayeur (dir), *La Barricade*, Paris, Publications de la Sorbonne, 1997.

11. Frédéric Chauvaud, «L'élision des traces. L'effacement des marques de la barricade à Paris (1830-1871)», *ibid.*, pp. 269-279.

12. La notice du *Dictionnaire biographique du mouvement ouvrier* qui a du moins le mérite d'exister, collection Jean Maitron, cd-rom, Paris, l'Atelier, donne pour Pardigon une date de naissance fausse, et une erreur: le général Charles Lullier (1838-1891) sur les recommandations duquel Pardigon aurait été libéré en août 1848 est en réalité âgé de 10 ans à cette époque... Ajoutons que cette notice recopie le dossier de police de Vincennes, sans le recouper avec les autres fonds d'archive qui existent sur Pardigon, notamment aux Archives nationales. Or, dans cette notice, on ne trouve que quelques rares et souvent courtes mentions de Pardigon dans l'historiographie de 1848 et de la proscription. Citons en ce qui concerne sa vie de clubiste, Peter H. Amann, *Revolution and Mass Democracy. The Paris Club Movement in 1848*, New Jersey, Princeton University Press, 1975, 370 p.; en ce qui concerne sa vie et son activité politique à Londres, Alvin R. Calman, *Ledru-Rollin après 1848 et les proscrits français en Angleterre*, 1921, Paris, F. Rieder, 306 p.; et Norman Plotkin, «La proscription et les origines de l'Internationale II. Les alliances de Blanquistes dans la proscription», in *Revue d'histoire du XIXe siècle*, 2001, n° 22, *Autour de Décembre 1851*, (http://rh19.revues.org/document257.html. Consulté le 15 mars 2006); et enfin plus spécifiquement sur son livre et son travail d'historien, Maurice Dommanget, «Blanqui, Historien de la Révolution de 1848», in *L'Actualité de l'histoire. Bulletin trimestriel de l'Institut français d'histoire sociale*, nov. 1955, n° 13, pp. 6-25 et

Dolf Oehler, *op. cit.*
13. Voir annexe n° 5.
14. Le *Journal de la Vraie République*
qui paraît en mars 1849 fait suite à la
Vraie République, fondée en mars
1848 et suspendu en juin de la même
année. Son rédacteur, Thoré, vise
la clientèle ouvrière même si
le journal semble assez éloigné des
revendications concrètes de cette
dernière. Il tend à devenir l'organe
des partisans de Barbès – voir Rémi
Gossez, « Presse parisienne à
destination des ouvriers 1848-1851 »,
in *La Presse ouvrière, 1819-1850 :
Angleterre, États-Unis, France,
Belgique, Italie, Allemagne,
Tchécoslovaquie, Hongrie*, Études
présentées par Jacques Godechot,
Bibliothèque de la révolution de 1848,
1966, 312 p.
15. Le 13 juin 1849 l'extrême gauche
organisée exhorte – en vain –
le peuple parisien à se lever contre
la violation de la Constitution que
constitue l'envoi de troupes françaises
en Italie pour défendre les États
pontificaux contre les républicains
italiens.
16. Pardigon, *Épisodes.*
17. Pardigon, *Épisodes.*
18. *Napoléon le Petit* est publié le
4 août 1852 à Londres par Jeffs.
19. L'*Histoire des crimes du deux
décembre* est éditée à Bruxelles chez
Labroue, puis la même année rééditée
à Londres chez Jeffs, les deux éditeurs
de Pardigon.
20. Pour un aperçu des divergences
dans la littérature sur le coup d'État,
voir par exemple la « Préface de
l'auteur à la deuxième édition
allemande (1869) », in Karl Marx, *Le
18 Brumaire de Louis Bonaparte*,
Paris, Éditions Sociales, 1969.
21. C'est à partir du coup d'État du
2 décembre que le front uni des
proscrits déjà bien lézardé se délite
tout à fait, et que deux pôles au moins
apparaissent : d'une part les partisans
de Ledru-Rollin, et d'autre part
le groupe de la Commune
révolutionnaire réunissant des
blanquistes et des socialistes
révolutionnaires de tendances
diverses, voir G. Weil, *Le Parti*

*républicain en France de 1814 à
1870*, Paris, Alcan, 1900, p. 291, et
Alexandre Zévaès, « Les Proscrits
français en 1848 et 1851 à Londres »,
in *Société d'histoire de la révolution
de 1848 et des révolutions du XIXᵉ
siècle*, t. XX, 1923-24, pp. 345-370.
22. Voir Philippe Vigier, *La Seconde
République*, Paris, Puf, 1992 [1967],
pp. 79-80.
23. Pardigon, *Épisodes.*
24. Pardigon choisit comme exergue à
son ouvrage la dernière phrase du
discours de Robespierre le
8 Thermidor an II, son dernier
discours à l'Assemblée avant la mort.
25. Pour une compréhension fine du
rapport aux armes de l'insurgé de
Juin, de ses liens en même temps que
de ses différences avec le « citoyen-
soldat » de la grande Révolution, voir
Louis Hincker, *Citoyens-combattants à
Paris, 1848-1851*, Villeneuve d'Ascq,
Presses Universitaires du Septentrion,
en particulier, pp. 321 sq.
26. Michel Foucault, « *Il faut défendre
la société ». Cours au Collège de
France. 1976*, Paris, Seuil/Gallimard,
1997, p. 57.
27. Sur ce point, voir Alain Corbin,
Le Village des cannibales, Paris,
Champs Flammarion, 1995 [1990],
204 p.
28. Maurice Agulhon,
« Les enseignements de 1848 », in
Les Amis du Vieil Istres, n° 21, p. 114.
29. Lettre de Engels et Marx à
F. Pardigon à Londres (brouillon) du
06/05/1850, n° 38, in Karl Marx,
Friedrich Engels, *Correspondance*,
t. II (1849-1851), Paris, Éditions
sociales, 1971, p. 59.
30. L'accord est en effet rompu car
la Société fraternelle démocrate-
socialiste, progressivement dominée
par les blanquistes, prend partie en
faveur des minoritaires
« aventuristes » lors de la scission de
la *Ligue communiste* en septembre
1850 (la lettre de Karl Marx,
Friedrich Engels à Barthélémy Vidil
du 09/10/1850, n° 54, *ibid.*, p. 83).
31. Pardigon, *Épisodes.*
32. *Le 18 Brumaire…*, *op. cit.*, p. 18.
33. *Idem.*
34. Voir Maurice Dommanget,

Épisodes des journées de juin 1848

« Blanqui, Historien de la révolution de 1848 » (in *L'Actualité de l'histoire*. *Bulletin trimestriel de l'Institut français d'histoire sociale*, nov. 1955, n° 13, pp. 6-25) repris en appendice dans un autre ouvrage, *Auguste Blanqui et la révolution de 1848*, Paris, La Haye : Mouton, 277 p, 1972. C'est dans ce livre que Dommanget précise d'où viennent les lettres qu'il cite, à savoir du fonds constitué par lui-même et confié à l'Institut français d'histoire sociale. De façon inexpliquée, ce fonds extrêmement riche (environ 230 lettres de la correspondance Blanqui ou de Lacambre), encore consultable au début des années 1990, ne l'est plus par décision du directeur de l'Institut, alors même qu'il n'en existe aucun inventaire détaillé et qu'aucune retranscription ou copie numérique n'en a été réalisée. Toutes nos demandes pour le consulter sont restées, jusqu'à ce jour, vaines.

35. Cité par Maurice Dommanget, *Blanqui*, Paris, Études et documentation internationales, 1970, p. 75.

36. Ce « Banquet des travailleurs socialistes » a été organisé le 3 décembre 1848, pour réagir à l'exploitation opportuniste que toute une série de « chevaliers de l'intrigue politique » essayent de faire de l'idée socialiste en vue de l'élection présidentielle. Concrètement, il s'agit de ne pas soutenir la candidature à la présidence du « grand lama Ledru-Rollin » qui n'a pas réagi lors des journées de Juin (voir « À la Montagne de 93. Aux socialistes purs, ses véritables héritiers ! », *ibidem*, pp. 150-159).

37. *Idem*, p. 154.

38. Voir Maurice Dommanget, « Blanqui, Historien de la Révolution de 1848 », *op. cit.*

39. Sur le récit de la façon dont F. Lacambre parvient à faire sortir ses notes, voir *Évasion des prisons du Conseil de guerre. Épisode de juin 48*, Bruxelles, imprimerie de V. Verteneuil, 1865, 128 p.

40. Louis Ménard, *Prologue d'une révolution*, rééd. Paris, La Fabrique, 2007, avec une présentation de Maurizio Gribaudi.

41. Cela sans compter le livre de Lacambre, *Évasion des prisons…*, qui veut faire la lumière sur l'affaire de l'assassinat du général Bréa et auquel Blanqui, selon Dommanget, contribue grandement.

42. Sur *Le Peuple* et la *Vraie République*, voir Rémi Gossez, « Presse parisienne à destination des ouvriers 1848-1851 », *op. cit.*

43. Voir annexe n° 4.

44. Pour l'anniversaire du 24 février 1848 à Londres, Pardigon porte un toast « À l'armement universel ; à l'abolition de la conscription ! », in *La Voix du proscrit. Organe de la République universelle*, n° 1, 1er juillet 1850, pp. 267-268.

45. Henry Bertram Hill, « A letter from Louis Blanc in exile » in *The Journal of Modern History*, september 1960, n° 3, pp. 234-240.

46. Lettre de Vidil à Blanqui du 19/07/1850, BNF Richelieu, Manuscrits occidentaux, Papiers Blanqui, 9584², f°389.

47. Walter Benjamin, « Sur le concept d'histoire », in *Écrits français*, Paris, Gallimard, 1985, p. 345.

48. *Épisodes*.

49. Le « trabailhadou » provençal est un « travailleur à la journée, paysan qui se loue pour travailler la terre ». C'est l'équivalent de l'ancien « manouvrier » et de l'actuel « journalier », voir Maurice Agulhon, *La Vie sociale en Provence intérieure au lendemain de la Révolution*, Paris, Société des Études Robespierristes, 1970, p. 163.

50. Arch. dép. Bouches-du-Rhône, 12 Q25 16/12.

51. Il s'agit de la rue Saint-Michel également appelée la rue du Bourg-Neuf située dans le quartier de Bastonencq.

52. Dans la déclaration de succession concernant Étienne Pardigon en date du 26 juillet 1853, les biens immeubles du décédé totalisent un revenu de 760 francs équivalant à un capital de 15 200 francs, Arch. dép. Bouches-du-Rhône, 12 Q25 7 23.

53. Registres d'état civil des Arch.

dép. Bouches-du-Rhône consultables en ligne : http://www.archives13.fr/archives13/C G13/

54. Arch. nat., lettre du 14/06/1849, W 577.

55. Voir Jean-Claude Caron, *Générations romantiques : les étudiants de Paris et le Quartier latin, 1814-1851*, Paris, A. Colin, 1991, 435 p.

56. Voir annexe n° 2.

57. Arch. min. Guerre, juin 1848, déposition du 23/08/1848 de Granet, A 9287.

58. Voir annexe n° 1.

59. Claude Pichois, *Auguste Poulet-Malassis. L'éditeur de Baudelaire*, Paris, Fayard, p. 45.

60. Jeanne Pronteau, *Les numérotages des maisons de Paris du XVe siècle à nos jours*, 1966, Paris, 233 p.

61. Il n'y a pas de mention du nombre de locations avant 1862, mais on peut supposer que le nombre de 37 locations en 1862 n'est pas fondamentalement différent de ce qu'il était en 1848, voir Arch. dép. Seine, D1P4 985.

62. Arch. nat., procès-verbal de perquisition du 13 juin 1848, W 577.

63. Ernest Cœurderoy, *Jours d'exil (fragments)*, Grenoble, Éditions cent pages, 2003, p. 30.

64. Arch. nat., Lettre de Pardigon du 06/05/1848 au citoyen Cahaignes, C 938.

65. *Les Murailles révolutionnaires de 1848*, Paris, E. Picard, 1868, t. I, p. 315-316.

66. Alphonse Lucas, *Les Clubs et les clubistes*, Paris, Dentu, 1851, p. 125.

67. Arch. nat., Lettre du 07/05/1848 à Longepied, C 938.

68. Peter H. Amann, *Revolution and Mass Democracy...*, pp. 256-257.

69. Pascal Rhaye, *Les Condamnés de Versailles*, Paris, Imprimerie de Napoléon Chaix, 1850, p. 8.

70. Voir annexe n° 5.

71. Alvin Calman, *Ledru-Rollin après 1848..., op. cit.*

72. *Épisodes.*

73. Voir annexe n° 6.

74. Voir annexe n° 7.

75. F. Pardigon, « Épisodes of June's Days », 1848, in *The Southern Literary Messenger*, october 1859, vol. 29, p. 297.

76. John S. Wise, *The End of an Era*, Cambridge, The Riverside Press, Cambridge, 1899, pp. 89-97.

77. Sur l'ambiguïté de la figure d'Henry Wise, voir Craig M. Simpson, *A Good Southerner : the Life of Henry A. Wise of Virginia*, Chapel Hill and London, University of North Carolina Press, 1985, p. 450.

78. Darrell L. Collins, *46th Virginia Infantry*, Lynchburg, H. E. Howard, 1992, p. 131.

79. « our boys fought very well against odds », voir Léon M. Bazile Papers, The Virginia Historical Society, VHS Mss1 B3483 a FA2, box 1, Folder 25.

80. Ellen Wise Mayo, « A war-time Aurora Borealis », in *The Cosmopolitan*, New York, June 1896, vol. 21, n° 2, p. 134.

81. Maurice Dommanget, *Blanqui, op. cit.*, pp. 77-78.

82. C. F. Pardigon, *The practice of war : Being a translation of a French military work entitled "Maxims, counsels and instructions on the art of war or Handbook for the practice of war"...*, Richmond, West and Johnson, 1863, 216 p.

83. André Kaspi, *Les Américains, t. I. Naissance et essor des États-Unis 1607-1945*, Seuil, 1986, p. 186.

Les journées de juin 1848 de F. Pardigon

Carte élaborée à partir du «Plan de Paris et de ses fortifications» publié par Auguste Logerot, 1844.

D : Domicile de F. Pardigon.

Les lieux de combat
 1. Place du Panthéon.
 2. Les barricades de la rue Saint-Jacques
 (entre la place du Panthéon et la place de Cambrai).
 3. La barricade circulaire de la rue Chartière.

Les lieux du calvaire
 I. Caserne des Grés.
 II. Caserne de Tournon.
 III. Prison de l'Abbaye.
 IV. Caveau des Tuileries.
 V. Place du Carrousel.
 VI. Palais-Royal, dit National.
 VII. Hospice de la Charité.

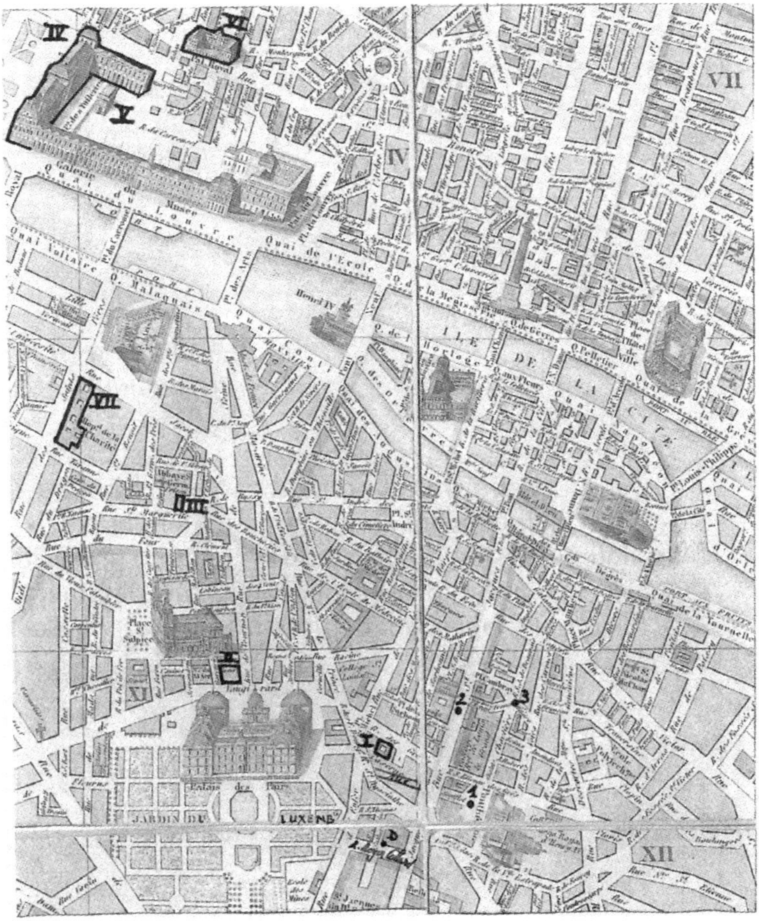
IV
VI
V
VII
Galerie du Musée
Quai du Louvre
Quai Voltaire
Q. Malaquais
Quai de l'Ecole
Henri IV
Quai Conti
ILE DE LA CITÉ
Horloge
Q. de Gèvres
Q. Pelletier
Place de l'Hôtel de Ville
Quai de la Grève
VII
IIII
Rue St Marguerite
Rue du Four
Place St Sulpice
II
XI
I
Palais des Pairs
JARDIN DU LUXEMB
Quai de la Tournelle
1
2
3
D
XII
Quai d'Orléans

Qui vivra verra.
(*Dicton populaire*)

Le temps n'est point arrivé où les hommes
de bien peuvent servir impunément la patrie ;
les défenseurs de la liberté ne seront que proscrits
tant que la horde des fripons dominera.
(Robespierre, *discours du 8 thermidor*)

I. En guise de préface.

*Ce que c'est que ce livre. – Physionomie de l'insur-
rection de Juin. – Quelques placards des Ateliers
nationaux. – La barrière Fontainebleau. – Lendemain
du combat. – Calomnies. – Quelques lettres d'un transporté. – Belle-Isle-en-Mer ; assassinat d'un transporté ; retour sur les pontons ; arrivée en Algérie ;
casbah de Bône. – Où est le prélude du 2 décembre. –
Coup d'État. – La France surprise. – Coup d'œil sur
les départements. – Ce que c'est que la Jacquerie. – La
proscription. – Son étendue. – La démocratie européenne. – Émigrations vers les États-Unis. – Retour
vers la famille du proscrit. – La persécution est la
trempe des caractères. – La réaction ne saurait reconquérir le passé. – État de la Révolution. – Rien n'est
mort, tout se meurt, il faut savoir achever. – Tout parti
a sa vie propre, dont il doit vivre. – Le présent
apprend à connaître le passé. – Les guillotines de
Thermidor. – Nos pères. – La réaction logique nous
ramène à la tradition et nous inflige le supplice de
la responsabilité. – Enseignements. – La ligue des
opprimés. – Le républicain démocrate socialiste ne
se nomme plus initiateur, il se nomme Légion.*

I

Ce récit n'est point un conte, œuvre de l'imagination, ni même une étude historique dont les matériaux laborieusement amassés laissent toujours place à l'erreur. Ce n'est ni une fantaisie littéraire, ni un pamphlet ; c'est une histoire toute simple et, néanmoins, dramatique.

Deux histoires sont à faire de la révolution de juin. L'une, de la rue : les combats, l'attaque, la défense. La mort y est encore belle ; l'humanité méritante ; le sujet héroïque. L'autre, souterraine, hideuse, désolante, semble avoir voulu cacher ses horreurs dans les entrailles de la terre ou dans les murailles des forteresses, « ces murs, dit le poète, qui étouffent les sanglots, absorbent l'agonie ». Cette dernière, on ne la saura jamais toute. Les récits des morts nous manqueront toujours.

D'un fait individuel sortira une vérité générale.

Ce drame est le mien. Mais il y entre tant d'acteurs, tant de catastrophes le remplissent, tant d'enseignements en ressortent que sa portée s'étend plus loin. Parlons, nous, preuves vivantes, pour ceux qui ne parlent plus. Parlons aussi pour d'autres qui ont souffert et qui continuent de souffrir en silence. Si du moins nous n'avions que des erreurs à relever, des préjugés à combattre ; mais il nous faut dompter la calomnie, monstre vivace et multiforme, dont la morsure est une plaie violente et envenimée pour ce pauvre corps social dont les préjugés sont la maladie chronique.

Calomnie ! telle est l'arme perfide que des bras à l'épreuve de la fatigue forgent contre nous sur l'enclume de la polémique. D'autre part, elle se manie dans l'ombre et elle frappe à l'imprévu des coups d'autant plus redoutables.

Nul mouvement populaire n'a été épargné. Dans

les révolutions qui, depuis quatre ans, agitent la France, et lui frayent si péniblement une voie vers la liberté je n'ai pas vu que les pertes que nous y avons faites, nous aient jamais coûté aussi cher que les odieuses imputations dont nous avons été noircis.

Depuis le 2 décembre[1], la proscription fauche largement dans les rangs de la démocratie et dépeuple la France ; mais ce n'est pas tout que cette démocratie soit atteinte dans ses nombreux soldats, il faut qu'elle soit frappée au cœur par l'imposture et la calomnie. Dans ce but, le despotisme, comme un empoisonneur public, travaille, en l'absence de toute liberté, dans les officines ministérielles ; prévient ou réprime toute discussion, toute révélation, à la tribune qui est morte, et dans les journaux qui se meurent ; impose à son armée de fonctionnaires civils ou militaires l'aplatissement du caractère, l'hypocrisie religieuse, la haine et le dénigrement de la République. Heureusement que la révolution, ainsi attaquée, se raidit et se concentre, par là même augmente ses forces, et fait une levée en masse de ses soldats et de ses idées, pour conjurer de sa tête le danger de mort.

II

Grand procès que celui de juin 1848 et non encore jugé. Il s'instruit chaque jour. L'histoire enregistrera l'arrêt.

Qu'est-ce que ces funèbres journées ? Une de ces calamités qui retombent sur la tête des partis et les vouent à l'exécration, ou bien une de ces crises qui,

---

1. Dans la nuit du 1er au 2 décembre 1851, date anniversaire du sacre de Napoléon, le président Louis-Napoléon Bonaparte fait proclamer la dissolution de l'Assemblée législative, et prévoit une nouvelle Constitution, ainsi qu'un plébiscite pour la ratifier.

dans la marche de l'humanité, suivent pas à pas le progrès ou l'enfantent, pour mieux dire, dans la fièvre des révolutions ?

Ceux qui, dans la révolution de février, s'obstinent à ne voir qu'un heureux coup de main[1], ne consentiront pas, sans doute, à voir autre chose dans l'insurrection de juin qu'un coup de poignard manqué.

En février, ce concert unanime de la population, cet immense mépris dont furent couverts un roi honni et tout un monde officiel croulant, ne sont-ils qu'un pur accident du hasard ?

En juin, cette levée en masse du travail et de la misère, – deux mots qui hurlent d'être ensemble ! – ces groupes de combattants où figure la famille entière, homme, femme et enfants ; cette résistance désespérée ; cette conduite sublime dans la bataille ; cette fermeté héroïque dans la défaite ; ce long martyre, sont-ce là des symptômes qui décèlent une horde de lâches brigands, avides de sang et de rapines, embusqués dans les grandes villes, au milieu des broussailles de la civilisation, pour la ruine des sociétés ?

Les idées ont, pour leur avènement, leur jour et leur heure. Elles ont aussi leur enfantement. On en suit dans l'histoire ces traces évidentes.

Ne cherchons pas loin. Dès 1850, la révolution sociale fermentait au sein du peuple lyonnais, mystérieuse et pensive légion de prolétaires qui, les premiers, sous la pression de la machine, dans l'exploitation sans merci de l'industrie manufacturière, couvaient les secrets de l'avenir[2].

---

1. Allusion à la brochure de Karl Marx, *Le 18 Brumaire de Louis Bonaparte*.
2. À deux reprises, en novembre 1831 et en avril 1834, les ouvriers lyonnais de la soie – les canuts – se révoltent autour des questions du salaire et des conditions de travail.

Quelque chose survit dans les ruines du faubourg de Vaise et de la Croix-Rousse, quelque chose d'inattaquable aux boulets et à la mitraille, ce sont cinq ou six mots, un rien, une simple formule : « Vivre en travaillant ou mourir en combattant. »

À partir de ce jour, la formule s'élabore, se concrète dans tous les esprits. Cette opération préparatoire, analytique, la réduit à sa plus simple expression. Le *travail*, c'est la vie ; le *non-travail*, c'est le principe négatif, mortifère.

Désormais, il suffira de l'énoncer dans les rapports étroits de l'effet à la cause, et les ouvriers parisiens, simplifiant la protestation lyonnaise, vont laisser tomber de leur bouche, ce mot, le plus funèbre du langage humain : « Du travail ou du plomb ! »

Ce cri de ralliement, ce n'est pas dans une boutade que le peuple l'a poussé. Loin de là : les déboires, l'offense, les provocations le trouvèrent bien patient, lui, Souverain, parqué dans les ateliers nationaux[1] et y vivant misérablement, au jour le jour. Il subissait, en attendant mieux, cette aumône organisée. Le premier à en rougir, il n'aimait point trop qu'on la lui reprochât, car il comptait cette passive acceptation parmi ses plus grands sacrifices en faveur de la jeune république. Plusieurs fois il répondit par des placards aux contrôleurs avares et insidieux, aux dénonciateurs, aux calomniateurs, aux perfides, aux sots, aux dupes, aux ambitieux, aux fauteurs de désordre et

---

1. La révolution de février 1848 intervient dans une conjoncture économique défavorable qu'achève de dégrader le changement de régime. Il s'ensuit un chômage massif dont le gouvernement provisoire promet, le 26 février 1848, d'endiguer les effets en décrétant l'établissement d'ateliers nationaux. Pour organiser ces derniers, le gouvernement s'empare de l'antique modèle des « ateliers de charité ». Il s'agit en effet de contrôler les chômeurs parisiens en les occupant à des travaux d'utilité publique, parfois sans rapport avec leur profession particulière, selon des règles de fonctionnement extrêmement strictes de type militaire, et moyennant une paye journalière misérable.

de guerre civile, qui tiraient sur lui à brûle-pourpoint – ô détournement du mandat ! – du haut de la tribune constituante[1]. Et que d'hommes de cœur, d'esprit et de travail ; combien d'artistes, d'hommes spéciaux, de gens de lettres, d'excellents pères de famille, d'ouvriers de choix, de natures laborieuses, combien de vieillards et de jeunes hommes, tous méritants, faisaient nombre parmi ces 110 000 travailleurs voués à l'oisiveté ou à une besogne stérile et avilissante, et qu'on traitait volontiers de parasites et de va-nu-pieds, comme si les parasites avaient été là, comme si les parasites allaient nu-pieds ! L'histoire, qui grossit ses pages de tant de mentions inutiles et d'oiseux propos, ne parlera point de ces affiches d'un jour, dédaignera ces philippiques populaires, qui ne sont pourtant dépourvues ni de valeur, ni de moralité. En voici quelques extraits : l'ex-ministre des Finances après Février, le futur président de la Législative évincée au 2 décembre, se trouvent sur la sellette.

III

Les délégués des ateliers nationaux
au citoyen Goudchaux[2].

Citoyen Goudchaux,

---

1. Les ateliers nationaux ont très mauvaise presse dans les milieux conservateurs qui, les accusant d'être ruineux et de favoriser la paresse, cherchent à les liquider.
2. Michel Goudchaux (1797-1862), issu d'une famille juive originaire de Nancy, à la tête d'une des plus importantes banques parisiennes et ami du baron James de Rothschild, construit sa carrière politique en se spécialisant dans les affaires financières. Libéral convaincu, c'est un adversaire de la Restauration ; il rentre aussi dans l'opposition sous la monarchie de Juillet et devient l'une des plumes du *National*. Après la révolution de Février, afin notamment de rassurer les milieux d'affaires, il est nommé ministre des Finances du gouvernement provisoire qu'il quitte rapidement (le 4 mars) non sans avoir manifesté son opposition au socialisme et aux ateliers nationaux.

Est-ce bien vous qui avez été le premier ministre des Finances de la république conquise au prix du sang, par le courage des travailleurs ; de cette république dont la première promesse a été d'assurer le pain de chaque jour à tous ses enfants, en proclamant le droit de tous au travail[1] ? Ce travail, qui nous le donnera si ce n'est l'État, lorsque l'industrie a fermé partout ses ateliers, ses magasins et ses usines ? N'avons-nous pas reçu *les premières et les plus profondes blessures* dans le duel social du crédit aux abois, avec l'enfantement des institutions nouvelles ? Hier, martyrs pour la république sur les barricades, aujourd'hui *ses défenseurs dans les rangs de la garde nationale*, les travailleurs pourraient la considérer comme leur débitrice ; ils aiment mieux la regarder comme leur mère. Voudriez-vous qu'elle fût pour eux une marâtre ?

Pourquoi ces clameurs, ces préventions injustes, ces accusations calomnieuses contre les ateliers nationaux ? Ce n'est pas notre volonté qui manque au travail, c'est un travail utile et approprié à nos professions qui manque à nos bras. Nous le demandons, nous l'appelons de tous nos vœux ! Des ouvriers préfèrent, dit-on, recevoir 1 fr. 15 c. par jour à ne rien faire dans les ateliers nationaux[2], tandis qu'ils pourraient gagner 6 à 8 fr. chez leurs patrons. De grâce, qu'on nous indique les maisons qui offrent ces avantages ; qu'on nous

---

1. Le 25 février 1848, sous la pression du peuple parisien, «le Gouvernement provisoire de la République française s'engage à garantir l'existence de l'ouvrier par le travail» ainsi qu'«à garantir du travail à tous les citoyens».
2. Comme le travail vient souvent à manquer aux ateliers nationaux, les jours chômés, leurs ouvriers reçoivent une indemnité qui oscille entre 1 fr. et 1,50 fr., ce qui est à peine moins que ce qu'ils reçoivent les jours où ils travaillent (aux alentours de 2 fr.), et conduit les adversaires de la structure à affirmer qu'ils entretiennent une cohorte de paresseux.

signale les noms des ouvriers récalcitrants *qui abusent ainsi du pain de la misère.* Leur place n'est pas dans les ateliers nationaux !

Pourquoi les ateliers nationaux excitent-ils autant votre réprobation, citoyen Goudchaux ? Ce n'est pas leur réforme que vous demandez, c'est leur suppression complète. Mais que fera-t-on de cette masse de *cent dix mille travailleurs*, attendant chaque jour, de leur modeste paye, les moyens d'existence pour eux et leurs familles ? Les livrera-t-on aux mauvais conseils de la faim, aux entraînements du désespoir ? *Les jettera-t-on en pâture aux factions liberticides[1] ?* Vous préféreriez, sans doute, que les fonds versés dans les ateliers nationaux fussent remis à des chefs d'industrie et à des entrepreneurs qui les emploieraient d'abord à solder leurs billets en souffrance. Vous êtes banquier, citoyen Goudchaux...

Ouvriers appelés à la construction de l'édifice social, organisez, instruisez, moralisez les ateliers nationaux, mais ne les détruisez pas. *La république démocratique ne peut vouloir cet attentat fratricide.*

Vive la République !

Réponse des ouvriers qui ne sont pas du bon Paris, aux paroles qu'a prononcées M. Dupin[2], le royaliste, à l'Assemblée nationale.

---

1. Il est couramment rapporté à l'époque que le parti bonapartiste recruta « dans ce milieu désordonné d'hommes affamés », déçus notamment que la République n'ait pas respecté ses engagements en matière de travail. Voir sur ce point par exemple le témoignage de Martin Nadaud (*Mémoires de Léonard ancien garçon maçon*, édition établie par Maurice Agulhon, Lucien Souny, 1998

[1895], p. 240-241), qu'amplifient les analyses conduites par Karl Marx sur le *lumpenprolétariat* dans *Le 18 Brumaire de Louis Bonaparte*.
2. André-Marie Dupin (1783-1865), avocat, conseiller juridique du duc d'Orléans depuis 1817, il est l'une des chevilles ouvrières de l'accession au pouvoir de Louis-Philippe en 1830, ainsi qu'un pilier de la monarchie de Juillet ; on le trouve notamment réélu

Monsieur Dupin,

Nous ne sommes pas des gens *qui demandons l'aumône*. La république a promis de faire vivre tous ses enfants par le travail ; donnez-nous du travail qui nous permette de vivre comme des hommes libres doivent vivre, et vous verrez, Messieurs les *satisfaits*, si nous sommes des *lazzaroni*[1], ne demandant pas mieux que de nous nourrir des deniers publics. Ce n'est pas nous, du reste, qui avons demandé qu'on instituât les ateliers nationaux, et ce ne sont pas les hommes qui ont fait le 24 février que vous embrigaderez militairement. *Peuple de votre mauvais Paris*, vous ne nous trouvez beaux que sur nos barricades. Dans ces moments-là, nous sommes magnifiques,

---

sans discontinuer à partir de 1832 et jusqu'en 1839 président de la Chambre. Son attitude conciliante lors de la révolution de février 1848 lui permet de s'intégrer au jeu républicain. Élu à l'Assemblée constituante le 23 avril 1848, il siège à droite, et membre de plusieurs commissions importantes, il s'oppose à la reconnaissance du « droit au travail » ainsi qu'aux ateliers nationaux. Réélu lors des élections législatives du 13 mai 1849 largement remportées par le « parti de l'ordre », il est porté à la présidence de l'Assemblée dès le 1ᵉʳ juin.
1. Le terme italien de *lazzaroni* désigne étymologiquement les lépreux des lazzarets, mais dans l'usage, jusqu'au XIXᵉ siècle, les *lazzaroni* désignent les populations mendiantes de Naples, et sont parfois associées à la pratique du vol. Le terme fait partie des stéréotypes littéraires et picturaux, ainsi que des catégories socio-politiques du temps ; l'un des titres de la presse canut, en cite une définition aussi élogieuse que polémique : « Le canut et le lazzaroni. Un canut travaille tout le jour dans

le mauvais air, gagne vingt sous et meurt de faim. Un lazzaroni se récrée dans les rues, se couche au frais ou se chauffe au soleil, ne gagne rien, vit de rien, s'inquiète peu, certain que c'est à ses maîtres de le nourrir. Un canut est libre, direz-vous ? libre de quoi, s'il vous plaît ? libre de se promener ? s'il a le temps ; de boire, manger ? s'il a de quoi ; de vivre ? pas toujours ; de se tuer ? davantage, si on ne l'empêche pourtant : c'est un esclave lié, garotté par la misère, la faim, le froid, la loi, les gendarmes, tous maîtres qui ont la main rude et d'entrailles peu, sans compter le fabricant qui, par métier, les a de bronze. » (*L'Écho de la fabrique. Journal des chefs d'ateliers et des ouvriers en soie*, 1ᵉʳ juillet 1832, n° 36. Consultable en ligne : http://echo-fabrique.ens-lsh.fr/document. php ? id = 1266 & format = search). Ajoutons que K. Marx et F. Engels emploient le terme comme une sorte d'équivalent méditerranéen du *lumpenprolétariat* (voir *Le 18 Brumaire de Louis Bonaparte*, éditions sociales, 1969 [1852], p. 76).

généreux, grands, braves, héroïques même ; il n'est pas de flatteries que vous ne nous prodiguiez, et sur tous les tons vous faites nos louanges ; nous sommes, enfin, quand vous tremblez, quand vous craignez la vengeance, *le Peuple du bon Paris*. Oh ! c'est qu'alors vous savez que nous pouvons vous faire demander grâce, Messieurs les *satisfaits*. Tant qu'il y aura des caves pour vous cacher les jours que, poussés par la souffrance, éclate notre colère, nous ne vous verrons jamais en face. Ce n'est que gardés par 40 000 soldats, à l'ombre de 40 000 baïonnettes, que vous osez épancher votre bile, en prodiguant au peuple l'outrage que nous ne savons pas punir. Gardez-vous d'oublier, Messieurs les Monarchistes, que ce n'est pas pour rester vos esclaves que nous avons fait une troisième révolution. Nous avons combattu votre organisation sociale, seule cause du désordre et de la misère qui ravale et qui dévore la société actuelle, *et où la force brutale fait seule la loi*. Inspirés par l'esprit de justice, par le saint amour de nos droits, nous voulons nous régir par ces institutions dont l'harmonique sagesse émane de Dieu même ; nous sommes certains, par l'association, de pouvoir nous appartenir, et de n'avoir plus de maîtres. *La Liberté, la vraie Fraternité, la vraie Indépendance et la Paix universelle*, toutes ces belles paroles ne sont que des mots morts qu'on lit sur nos drapeaux, mais dont les cœurs sont vides. Sans l'association, il n'y a dans ce monde, chez tous les peuples, qu'asservissement éternel, qu'anarchie ; des maîtres et des esclaves.

L'aumône que vous nous faites n'est vraiment qu'une aumône ; elle devrait être quelque chose de plus digne, c'est-à-dire une restitution. De vrais républicains ne font pas l'aumône, ils donnent à leurs frères, et leurs frères leur donnent, ils agissent comme Dieu. C'est nous, M. Dupin, qui avons pris sous notre sauvegarde vos fortunes et vos propriétés pendant les trois journées. À ce seul titre, riches égoïstes aux instincts de Caïn, vous avez à rougir de ne nous faire qu'une aumône. [...] Plaignez-vous, Messieurs les satisfaits, Messieurs les hommes d'élite, du fardeau qu'en ce moment le pauvre peuple fait peser sur vous ! Reprochez-nous les vingt-trois sous de pain que vous nous donnez de si mauvaise grâce ! En ces jours de crise et de misère profonde où tous les travaux sont suspendus ; en ces jours où il ne manque plus que la famine, où la mère, manquant de nourriture, n'aura bientôt plus à donner à son enfant, à sa pauvre créature qu'un sein desséché ou un lait corrompu par la faim ! Plaignez-vous, Messieurs, cela ne vous empêche pas de manger les meilleurs morceaux et de boire le champagne à votre dessert. [...] Vous avez exploité et vous voulez toujours exploiter le producteur, et la société ne paraît si difficile à réorganiser que parce que vous seuls y mettez des entraves, en écartant de la vérité des milliers de nos frères, que vous influencez autant par vos positions qui leur imposent que par les mots d'utopistes[1], par lesquels si déloyalement vous nous désignez.

Dans toute autre circonstance, quelques expressions de ces écrits mériteraient moins d'attention, et pour-

---

1. Le qualificatif d'«utopiste» est un néologisme forgé dans les années 1840 qui accompagne le passage d'une lecture de l'utopie (marquée par l'œuvre de Thomas More) comme instrument de critique sociale et de recherche du bonheur, largement positive, à une lecture très nettement péjorative. Désormais l'étiquette d'«utopie» devient une arme de combat utilisée pour disqualifier les projets de toute une série de réformateurs sociaux, les exclure de la politique dite «sérieuse». (Voir aussi Michèle-Riot Sarcey, *Le Réel de l'utopie. Essai sur le politique au XIXe siècle,* Paris, Albin Michel, 1998).

raient passer, comme par exemple : *le lait corrompu par la faim*, pour une amplification, un mouvement oratoire, mais ici, signées par un brigadier des ateliers nationaux, dictées par cet instinct populaire et par les souffrances qui firent, quelques jours après, l'insurrection de Juin, elles empruntent un relief horrible et nous font connaître à l'avance cette misère poignante, qui est venue s'épanouir aux feux des barricades, mordant avec ardeur la cartouche substituée au pain qui manque depuis trois mois !

Ce droit de réplique, que le peuple perdit radicalement au 10 décembre en se donnant un maître[1], n'aurait point manqué, depuis, d'occasions de s'exercer, et aurait écrit l'histoire de la révolution sur feuilles volantes, à la façon des anciens interprètes de la divinité qui livraient aux vents des arrêts assurément forts judicieux, à en juger par l'empressement des solliciteurs à les recueillir[2]. Que dire à ces traînards de l'insulte, à M. Thiers[3], à M. Rouher[4], qui n'attendirent pas moins de deux ans : l'un, pour jeter aux

---

1. Le 10 décembre 1848, les Français se donnent Louis-Napoléon Bonaparte comme président de la République.
2. La Sibylle de Cumes rendait ses oracles sur des feuilles que le vent dispersait.
3. Adolphe Thiers (1797-1877), plusieurs fois chef du gouvernement sous la monarchie de Juillet, porte tactiquement allégeance au gouvernement provisoire issu de la révolution de Février. Il se fait élire à l'Assemblée constituante le 4 juin 1848, et devient rapidement le chef du « parti de l'ordre » ; il va s'associer à toutes les mesures de réaction prises par la majorité monarchiste de l'Assemblée jusqu'au coup d'État du 2 décembre 1851 auquel il est hostile.
4. Eugène Rouher (1814-1884), avocat de profession, commença sa carrière politique sous la monarchie de Juillet comme partisan du gouvernement Guizot. En février 1848, il modifie fort opportunément ses opinions politiques (allant jusqu'à plaider le socialisme) afin de se faire élire à l'Assemblée constituante. Une fois élu, il siège à droite, et assez rapidement s'attache à la personne de Louis-Napoléon Bonaparte. Nommé ministre de la Justice par ce dernier en octobre 1849, il participe à l'organisation de la répression des insurgés de Juin en proposant de substituer à la peine de mort pour les « crimes politiques » la peine de « déportation dans une citadelle désignée par la loi, hors du territoire continental ». (Projet de loi du 12 novembre 1849.)

masses l'épithète de *vile multitude*[1] ; l'autre, pour qualifier de *catastrophe*[2] la révolution qui le sortit du fond de l'eau, et qui, allant à la dérive, l'échoua sur un portefeuille ?

IV

Du travail ou du plomb! voilà le héraut d'armes. L'arène est ouverte et la révolution lancée. Des scènes épouvantables s'accomplissent ou vont s'accomplir. Voici déjà la part du feu. Barrière de Fontainebleau! Général Bréa! Deux noms liés par la même légende réactionnaire[3]. Il faut y joindre la place Saint-Jacques[4]…

La justice organisée des hommes a sévi. Dans ce *jeu-de-la-mort* où s'étaient engagés tous les acteurs du drame de Juin, elle n'a eu d'anathème que pour les vaincus. C'est l'habitude.

Hommes de préjugés divers, et vous tous qui, dans une juste horreur du sang, avez stigmatisé cette catastrophe et enveloppé ses tristes héros dans une répro-

---

1. L'expression restée fameuse – et reprise d'un *topos* latin, la «*plebs sordida*» – est employée par Thiers lors d'une intervention à la Chambre pour soutenir la loi du 31 mai 1850 qui vise à limiter les effets du suffrage universel en excluant du corps électoral les plus pauvres (il faut désormais pour pouvoir voter être inscrit au rôle de la taxe personnelle, n'avoir jamais été condamné et avoir trois ans de domicile connu).
2. Dans les débats autour de la loi sur la presse du 8 juin 1850 visant à asphyxier les journaux pauvres par l'augmentation du timbre et du cautionnement, Rouher lance en direction de la Montagne: «Votre révolution de Février n'a été qu'une catastrophe!»
3. La mort du général Bréa que narre par la suite Pardigon est l'une des

principales pièces à charge retenue par les adversaires des insurgés pour montrer leur cruauté. Comme l'écrit Flaubert à propos de cette mort et de celle de monseigneur Affre: «Elles étaient toujours rappelées; on en faisait des arguments.» (*L'Éducation sentimentale*, Paris, Folio, 1990, p. 376)
4. Depuis 1832 c'est place de la barrière Saint-Jacques, au niveau de l'actuelle place Saint-Jacques dans le XIVᵉ arrondissement, qu'est installée la guillotine. Mais Pardigon semble ici commettre une erreur puisqu'en réalité, c'est sur le lieu même de leur «crime», c'est-à-dire à la barrière de Fontainebleau, que sont guillotinés les personnes accusées du meurtre du général Bréa.

bation instinctive, suspendez votre malédiction. Oui, c'est une chose déplorable que le meurtre du général Bréa, mais déplorable, alors, comme tous les meurtres de Juin. Que dans la mort, au moins, la balance soit égale. Si tous les fantômes des fusillés sortaient de leur fosse commune et du doigt montraient ceux qui les ont lâchement détruits, pour ces derniers aussi relèveriez-vous l'échafaud ?

Voici deux tableaux. Acceptez-les comme pendants.

Dans un centre insurrectionnel, un général assaillant s'avance en parlementaire. La barricade se tait, le reçoit. Les clauses ne paraissent pas acceptables. Le parlementaire va se retirer. Tout à coup un homme s'écrie :

– C'est le *fusilleur* des prisonniers du Panthéon[1]. Soyez sourds à ses paroles. C'est ainsi qu'il les a trompés !

Un frisson parcourt la foule. Au même instant, un mouvement de troupes s'opère. Des voix éplorées partent des fenêtres. Des femmes s'y penchent, les bras et le corps en avant :

– Voici les mobiles ! les voici ! gardez-vous !

Sous l'influence de faits tout récents, du sang déjà versé ; dans l'exaspération de la misère, de la lutte acharnée, le *crime* fut consommé, confirmant cette sentence, vieille comme le monde : «Qui frappe par le fer, par le fer doit périr.»

Dans une coalition, – insurrection européenne contre la France, – des traîtres ouvrent une brèche à la frontière française. Un homme oppose à cette invasion les barricades de ses armées et de son génie militaire. Plusieurs de ses lieutenants, après un premier abandon, se rallient à sa voix. Ils succombent avec la patrie, le drapeau noblement roulé sur leur poi-

---

1. C'est sous les auspices du général Bréa que l'insurrection du Quartier latin est matée, des insurgés sont exécutés place du Panthéon au lieu même où il a établi son état-major.

trine. Ils se régénèrent dans la gloire et dans le deuil national. Mais ici encore : malheur aux vaincus[1] !

Le protecteur de la retraite de Russie, qu'un dernier malheur attendait pour le grandir dans sa chute, est un des vaincus.

Voyez maintenant, par une froide et pluvieuse matinée d'hiver, ce groupe qui, dans une demi-obscurité, traverse le Luxembourg. Qu'arrive-t-il ?... Comme l'a dit le poète marseillais qui ne pensait pas encore à exalter dans le *Constitutionnel* de 1849 l'expédition de Rome ; comme il l'a fait dire à *Némésis* aux cinglantes lanières[2] :

Les apprêts furent courts ; l'*assassinat* fut prompt :
On lui troua cinq fois la poitrine et le front.

Hommes de 1815, qui assassiniez vos ennemis loin du champ de bataille, meurtriers juridiques de Ney, c'est encore par vous que, sur l'échafaud réinauguré, Daix et Lahr[3] ont payé autant de sang qu'ils en firent couler.

---

1. C'est du maréchal Ney qu'il est ici question. Celui-ci se rallia à l'empereur Napoléon durant les Cent-Jours, jugé pour cela dès le retour des Bourbons, et fut exécuté le 7 décembre 1815. Ce maréchal et ce prince d'Empire qui venait d'un milieu très modeste avait commencé sa brillante carrière militaire sous la Révolution ; bien que rallié au régime napoléonien, il continua à afficher des convictions républicaines. Ce qui lui valu la sympathie des milieux républicains, et devait d'ailleurs conduire le gouvernement provisoire de 1848 à décréter l'érection d'un monument à sa mémoire.
2. De 1831 à avril 1832, le poète marseillais Auguste Barthélémy (1796-1867), déjà connu pour avoir publié avec un autre poète marseillais, son compagnon Joseph Méry, une série de satires politiques pour lesquelles il fut condamné, fait paraître un journal satirique hebdomadaire entièrement en vers, *Némésis* dans lequel il prétend « agiter sa cinglante lanière » sur les puissances du jour (voir le Prospectus-specimen du 27 mars 1831). Le succès est important (sept éditions entre 1832 et 1850), mais par la suite Barthélémy monnaye son silence contre une pension des Orléans, et sa plume perd de son tranchant.
3. Henri Joseph Daix, 40 ans, indigent, recueilli à l'hôpital Bicêtre, et Nicolas Lahr, maçon, 29 ans sont les deux hommes qui furent exécutés pour le meurtre du général Bréa.

Qu'est-il resté, devant l'enquête ordonnée par l'Assemblée[1], qu'est-il resté, devant les conseils de guerre[2], de tous les faux bruits exploités en vue de pousser les esprits à l'exaspération par la rage et par la terreur, au massacre par l'aveuglement? Il n'est rien resté. Les cigares empoisonnés; les eaux-de-vie, les boissons diverses, les jambons, les saucissons, les aliments préparés pour donner la mort et distribués par des vivandières-locustes; les mobiles sciés, pendus, éventrés; les dragons amputés aux poignets, mutilés obscènement; les têtes coupées sur les trottoirs, les suspensions de cadavres aux réverbères; les balles mâchées, les projectiles envenimés: autant d'exécrables fictions auxquelles l'évidence a fait rebrousser chemin jusque dans le giron paternel, et qu'explique assez, outre l'encouragement au fratricide, le besoin de ravir à des insurgés la gloire d'avoir combattu loyalement, et d'avoir tenu pendant quatre-vingts heures, contre la garde nationale, les mobiles, la garde républicaine, l'armée, les canons, forçant à une dépense de deux millions de cartouches, d'après l'estimation même du général Lamoricière[3].

Ce qui est constant et avéré, c'est la trahison envers des hommes qu'on a fusillés après les avoir admis à

---

1. À la séance du 3 août 1848, « Le président propose à l'Assemblée la formation d'une commission d'enquête, sans caractère judiciaire, prise dans le sein de l'Assemblée nationale, et chargée d'étudier les causes, les modes d'action de l'insurrection qui depuis 3 jours ensanglante Paris... »
2. La proclamation de l'état de siège le 24 juin 1848 autorise l'armée à faire passer sous sa juridiction les insurgés qui sont dès lors passibles des conseils de guerre.
3. Le général Lamoricière (1806-1865) est l'un de ses officiers de l'armée d'Afrique que la monarchie de Juillet, inquiète de l'effervescence précédant les journées de février 1848, a rappelé à Paris. Impuissant à empêcher la chute de Louis-Philippe, il se rallie au gouvernement provisoire. Lors des émeutes de juin 1848, chargé de la division de l'armée de Paris qui se bat faubourg Saint-Martin et faubourg du Temple, il charge les « bédouins de Paris » avec la même pugnacité qui lui a valu ses galons de général en Algérie. En récompense, il est nommé le 28 juin 1848 ministre de la Guerre en remplacement de son ami le général Cavaignac qui à cette date devient président du Conseil.

capitulation ; ce sont les démonstrations hypocrites, les crosses des fusils présentées, pour surprendre la bonne foi des insurgés ; les massacres dans les rues, dans les caveaux, dans les casemates, dans les pontons ; et partout les sévices, les abus, les vexations, les tribulations, les tourments de tout genre.

Période unique dans les fastes révolutionnaires ! Le lendemain du combat, une armée de vaincus, 15 000 captifs, se voient river leurs fers au sein même de la nation[1]. Tant de tués, tant de prisonniers, c'est comme une bataille en règle. Ce n'est plus une émeute ni une insurrection. Que de généraux tués, de compagnies anéanties, de bataillons entamés, de régiments éclaircis ! Le peuple ne perd point de généraux, il est son général à lui-même, mais que de soldats, combien de ses membres il laisse sur le terrain !

Qui vous croira, rapports officiels ? Vous comptez, dites-vous, 1400 et quelques morts[2] ? Eh bien, moi je vous dis que s'il vous était donné de ressusciter ces 1400 hommes en les prélevant sur la somme des morts, leurs efforts combinés, si robustes qu'ils fussent, seraient impuissants à traîner sur des chariots les cadavres de leurs frères de la tombe !

V

En ce moment, des milliers de nos frères sont entassés dans les entreponts, amenés et ramenés, de rade

---

1. Il est difficile d'avancer avec certitude un chiffre concernant le nombre des personnes arrêtées à chaud en juin 1848, Charles Tilly et Lynn Lees considèrent qu'il s'agit de « 15 000 personnes au moins (et peut-être plusieurs milliers d'autres) » qui furent en assez grand nombre relâchées avec la fin des combats. Par contre on connaît avec précision le nombre des prévenus grâce aux archives laissées par la répression : 11 722, dont 56,9 % seront libérés, et le reste déporté, emprisonné... (Charles Tilly, Lynn Lees, « Le peuple de juin 1848 », *Annales ESC*, n° 5, sept-oct 1974, pp. 1169-1170).
2. C'est le préfet qui en 1848 évoque le chiffre de 1400 morts tandis que la commission d'enquête, diligentée par l'Assemblée nationale, évoque elle 1035 tués et 2000 blessés.

en rade, d'un continent à l'autre, sur les vagues de l'océan et de la Méditerranée, sans doute afin que dans ces rudes traversées, les malheureux reclus périssent de privations, de fatigue et de désespoir, ou bien afin que, démoralisés par la souffrance, ils renient leur foi politique et demandent grâce ; le souvenir des premiers *pontonniers*[1] de 1848 nous est plus présent. Dans cette narration épisodique, quelques détails nous semblent trouver naturellement leur place. Ils sont extraits de la correspondance d'un transporté[2] à la casbah de Bône. Nous y voyons que la captivité, les dangers, la proscription sont l'école de la démocratie et la trempe des caractères ; que ces hommes de Juin, que la société a cru devoir rejeter de son sein *pour son salut*, travaillent, étudient, se moralisent et s'enseignent les uns les autres ; qu'au milieu d'éléments hétérogènes, dans la prison collective, les républicains-socialistes surent entretenir le foyer sacré et défendre de toute atteinte

---

1. Pour parer, dans un long premier temps, à l'afflux des condamnés issus de l'insurrection de Juin, on utilise provisoirement un dispositif carcéral déjà utilisé pendant la Révolution française et les guerres napoléoniennes, notamment par les Anglais : les pontons. Il s'agit de vieux navires qui restent à quai et sont transformés en prisons flottantes dans les rades de Brest, Lorient et Cherbourg.
2. La transportation n'entre vraiment dans le vocabulaire législatif français qu'avec le décret du 27 juin 1848, conçu spécifiquement pour la répression des journées de juin 1848, et qui stipule que « Seront transportés par mesure de sûreté générale, dans les possessions d'outre-mer autres que celles de la Méditerranée, les individus actuellement détenus qui seront reconnus avoir pris part à l'insurrection des 23 juin et jours suivants » et que « Les femmes et les enfants des individus ainsi transportés hors du territoire seront admis à partager le sort de leurs maris et pères. » Il s'agit donc initialement d'un dispositif juridique *ad hoc* qui permet aux juridictions d'exception devant lesquelles sont traduits les insurgés de Juin de faire ce que les juridictions régulières sont autorisées à faire à l'égard des criminels politiques en prononçant la peine dite de « déportation » (prévue par le Code de 1810), à savoir les proscrire. Cette disposition, appliquée par la suite aux opposants au coup d'État de 1851, prélude également, pour les criminels de droit commun, au passage d'un modèle répressif centré sur la métropole à un modèle tourné vers l'exil et les bagnes coloniaux.

la dignité du drapeau ; qu'en un mot, le républicain est moralement invincible. Ce qu'il fut toujours.

Mon cher René,

Je t'ai dit dans ma dernière lettre que je pressentais un changement, mais je ne me figurais pas que ce pouvait être pour porter encore de plus lourdes chaînes. Je suis à Belle-Isle[1]. Nous attendons d'un jour à l'autre notre embarquement pour l'Afrique. Toi qui m'as connu dans les forts, qui m'entendis, tu ne croiras point que je cède sous la souffrance morale. Nous sommes ici absolument comme dans les forts ; les baraques sont presque aussi grandes que les case-mates, et nous n'y sommes que trente-huit. Avec les planches qui étaient sous les paillasses, chacun s'est fait un bois de lit. Nos baraques sont parallèles et forment huit rues : rue de l'Industrie, rue Barbès[2], rue de la Fraternité, que j'habite, etc. Je suis de la 24e section, dite de la Liberté. Nous en avons ainsi trente et une. Des hommes d'action, du 24 juin, des Enfants rouges, du Progrès, du Peuple, de l'Union, de la Démo-cratie, de la Concorde sociale, des Égalitaires, des

---

1. L'ancienne citadelle Vauban de Belle-Île dans laquelle on a aménagé des baraquements destinés à accueillir 3000 détenus devient « prison provisoire » le 21 septembre 1848, voir Jean-Yves Mollier, « Belle-Île-en-Mer, prison politique (1848-1858) », dans *Maintien de l'ordre et polices, en France et en Europe au XIXe siècle*, publication de la Société d'histoire de la révolution de 1848 et des révolutions du XIXe siècle, Paris, Créaphis, 1987, pp. 185-211.
2. Du nom d'Armand Barbès (1809-1870), qui sous la monarchie de Juillet alimente une opposition

républicaine de type insurrectionnel (sociétés secrètes, émeutes, attentats…). Condamné à la prison à perpétuité après une tentative de coup d'État en 1839, il est libéré par la révolution de 1848 et élu à l'Assemblée où il siège à l'extrême gauche. Mais lors de la journée du 15 mai 1848, il se range du côté du peuple parisien qui envahit l'Assemblée nationale, et s'efforce de faire acclamer un nouveau gouvernement provisoire. Il est alors une nouvelle fois condamné à la prison à vie, et n'est libéré qu'en 1854.

Humanitaires, des Jacobins, du Tocsin des travailleurs, des enfants de Paris, de la Jeune Montagne, etc., etc. Nous avons au midi la citadelle, au nord, des postes fortifiés et des lunettes ; à l'ouest, la ville, et la campagne derrière l'enceinte ; au levant, la mer. Les rues forment deux quartiers ; entre les deux, est une place pourvue d'un poste de gendarmerie à meurtrières ; par leurs extrémités, les rues aboutissent à deux préaux, l'un au sud, l'autre au nord. Le premier, qui est immensément grand, a vue sur la mer qui nous montre ses mille barques de pêcheurs côtoyant les bords et, çà et là, quelques bâtiments. Oh ! que le prisonnier est heureux quand il peut s'adresser à cette superbe nature ! que le soleil lui semble bon ! Ah ! mon ami, tu n'as pas eu le temps de comprendre ce que c'est que la captivité. Et pourtant, combien mieux sommes-nous là que sur les pontons ! mais, hélas ! nous ne sommes pas tous dans le camp. Je ne veux plus y penser et j'y pense toujours.

Je vais te donner quelques détails sur notre manière de vivre, qui est supportable. Nous sommes par dortoirs de 58 hommes ; il y a autant de délégués que de dortoirs et, parmi eux, on tire au sort cinq membres, pour former une commission de surveillance sur tout ce qui touche à nos besoins : effets d'habillements, blanchissage, état des vivres, etc. Nous avons trente-trois centilitres de vin par jour, et deux fois la soupe. Ici, comme sur *la Didon*[1], nous avons organisé des écoles : écriture, lecture, calcul, géométrie, géographie : tout ce que nous pouvons. C'est entre nous : les écoles sont gratuites. Tout cela, crois-moi, a fait un

---

1. La *Didon* est, avec la *Guerrière*, l'une des deux frégates aménagées en vue d'accueillir les quelque 1200 insurgés de Juin dont l'arrivée en rade de Brest est annoncée dès le 2 août 1848 aux autorités maritimes locales. Chacune de ces frégates pouvait en effet recevoir 600 détenus couchés dans des hamacs. (Georges-Michel Thomas, « Les insurgés de 1848 sur les pontons en rade de Brest », in *Bulletin de la société archéologique du Finistère*, t. CIV, 1976, pp. 299-307.)

grand bien. Moi, qui travaille toujours, je ne m'ennuie pas. Le dimanche, le jeudi et le mardi, spectacle. Les autres jours sont consacrés au chant, devant la tribune aux harangues élevée dans le Forum.

Enfin, mon ami, c'est une petite colonie qui aurait été encore beaucoup plus gentille, s'il n'y avait eu des dissensions. Mais dans une agglomération comme la nôtre, comment éviter cela ? C'est difficile.

Belle-Isle-en-Mer, 14 novembre 1849
L. G.

Sur *la Guerrière*, 11 décembre 1849

Mon cher ami,

Tu vas me demander quelle vie je mène en apprenant que je suis ramené sur *la Guerrière*. Tu ne t'étonneras plus quand tu auras lu ce qui va suivre. Tu sais que je partis de ce maudit ponton avec la qualification d'*homme dangereux*. J'avais fondé un club, ce qui, connu du commandant, me gagna quelques notes, et me valut la confiance de mes camarades. S'il y avait des réclamations à faire, j'en étais chargé. Ajoute à cela que je tenais école, et que je faisais lecture du journal à haute voix, tu trouveras, je n'en doute pas, de quoi formuler un bon acte d'accusation. C'est le mien. J'ai eu à peine le bonheur de jouir de Belle-Isle ; car c'est un palais à côté du ponton.

Deux mois après mon arrivée, le colonel[1], par suite

---

1. Inquiètes de l'organisation de la communauté des détenus de Juin au sein de la prison et de l'influence qu'elle exerce sur les populations bretonnes à l'entour, les autorités locales, appuyées notamment par le maréchal Bugeaud, obtiennent le 25 avril 1849 la nomination d'un nouveau directeur à la tête de la prison, colonel de gendarmerie : le colonel Pierre. Ce dernier se charge de réorganiser la prison sur un mode militaire et de briser l'autonomie des détenus de Juin. (cf. Jean-Yves Mollier, « Belle-Île-en-Mer… », *op. cit.*, pp. 188-189).

d'ordres qu'il avait reçus d'étouffer, coûte que coûte, le socialisme, nous tyrannisa de toutes manières. Il nous retrancha du bois de chauffage et nous fit livrer du vin détestable. Il s'imagina qu'on viendrait en masse, comme par le passé, faire des réclamations, et que de cette manifestation sortirait un prétexte de massacre. Le secret ne fut pas assez bien gardé ; nous savions qu'il avait été dit à certains : « Ne vous mêlez pas des réclamations qui seront faites, car le colonel est disposé à faire jouer les fusils. » Deux départs de transportés redevenus libres devaient avoir lieu ; aussitôt effectués, on ne craignit plus de nous maltraiter, ce dont nos amis auraient pu saisir l'opinion publique, s'ils en avaient été témoins. Le jour du dernier départ, un de nos camarades, pour avoir crié : – « Vive la sociale, quand même ! », fut retenu à la détention et se vit frustrer de la liberté au moment de passer la porte.

Nous nous rendons sur le Forum, où, joyeux du renvoi de nos frères qui recouvrent leur liberté après dix-huit mois de séquestration, nous faisons retentir l'air de nos accords patriotiques. Cependant, comme il fait très froid, quelques camarades restent dans les dortoirs, faisant un peu de feu avec quelques mauvaises planches provenant du mobilier des partants. David, gardien-chef, qui veut absolument trouver du désordre où il n'y en a pas, visite chaque section, contre son habitude. Il entre dans la section des Enfants de Paris, n° 50. Autour du poêle, cinq hommes, paisiblement assis, se chauffent, mais avec des débris de planches, et n'ayant pas mis le couvercle du poêle. Ah ! mon cher, si tu l'avais vu s'exclamer : « Où donc avez-vous eu ce bois ? Qui vous permet de brûler ainsi des planches appartenant à l'administration ? » Les détenus reprirent : « Qui vous permet, à vous, de retenir le bois qui nous est dû ? » – « Cela ne vous regarde pas, » répond David ; puis, se ravisant : « Vous voulez mettre le feu à la baraque ; je vais chercher la garde. » Immédiatement prévenus, nous nous rendîmes sur les lieux, et David fut très étonné de nous y trouver. Quand il nous vit l'attendre avec fermeté, il fit faire retraite à ses soldats, au milieu desquels il se mit, puis il leur commanda de se retourner et de nous coucher en joue ; il croyait nous mettre en fuite, mais nous restâmes là, impassibles, méprisant cet homme, ses injures et ses menaces.

Bientôt on accourut au Forum, où nous étions retournés pour reprendre nos chants démocratiques, et on nous avertit que la troupe envahissait le grand lieu de nos promenades. En effet, nous voyons au travers des palissades (car on vient de fermer nos portes) un bataillon du 11ᵉ de ligne, état-major en tête, comme si les Anglais eussent été aux portes de la citadelle. Nous nous étions portés dans la rue de la Fraternité où se trouvaient les camarades menacés. Les compagnies se rangent en bataille devant nos rues. Nous sommes surpris d'entendre le colonel s'écrier :

– Brigands, forçats, canailles, vous allez me payer mon dérangement.

Un des nôtres répond :

– Colonel, vous savez, mieux que personne, que nous sommes d'honnêtes citoyens.

– Non ! vous n'êtes qu'un tas de canailles, que je saurai bien mettre à la raison !

Nous ne pouvions répondre plus dignement à une si odieuse conduite que par le cri de : « Vive la république sociale ! »

Il en est outré. Un autre collègue ajoute :

– Amis, le colonel nous insulte ; soyons plus grands et plus généreux que lui. Il nous provoque, ne lui répondons point. Nous sommes chez nous, restons-y, calmes et dignes ; et si le colonel veut nous massacrer, comme il vient de le dire, il le peut. Nous ne reculerons point.

– Quel est ton nom, misérable ? s'écrie le colonel.

– Je m'appelle Tassilier (Victor), du dortoir 25.

– C'est bien, brigand ! Je te tiendrai dans une heure. Et vous tous, canailles, je vous f… sur les pontons.

Nous acclamâmes ainsi cette apostrophe :

– Nous irons en criant : « Vive la république sociale ! »

– Tas de forçats, rentrez ou je commande le feu.

Nous restons immobiles. Il ordonne alors d'abattre les portes des barrières et de foncer sur nous à la baïonnette.

– Pointez sans pitié ; la pointe au corps, en avant !

Nous aurions reçu le feu, mais nous ne pouvions résister à une charge. Nous ne voulions pas nous révolter. À quoi bon ? Les artilleurs étaient sur les bastions, mèche allumée ; ils n'attendaient que le signal. Nous rentrâmes vivement dans nos dortoirs. Plusieurs camarades durent à leur lenteur de recevoir des coups de baïonnette.

Toutes les portes des sections furent fermées. Un lieutenant et un grenadier se présentent à la section des Jacobins, et en demandent l'entrée à coups de crosse. Un jeune homme, Masselin, leur ouvre avec confiance, et aussitôt le grenadier lui porte un coup de baïonnette, qu'il évite fort heureusement. Le lieutenant, désappointé, s'élance sur le jeune homme avec une incroyable rage, et lui enfonce son sabre dans l'aine droite. Il voit tomber la victime à ses pieds, ce qui le fait fuir comme un lâche, après avoir ramassé son sabre que la violence du coup a fait sortir de son poing. Nous ignorons encore aujourd'hui si le blessé en réchappera. Tous les dortoirs sont visités pour trouver Tassilier. Un capitaine d'état-major et plusieurs officiers pénètrent dans la section où l'homicide a eu lieu. – « Nous allons passer pour des assassins », dit l'un d'eux après avoir considéré la plaie. On se retire sans avoir trouvé le citoyen que l'on cherche. Le colonel promet de revenir le lendemain, compliquer le drame commencé et lui donner un dénouement. Je ne te peindrai pas notre agitation et notre indignation, je te laisse juge.

Le lendemain, vers dix heures, nous reçûmes une liste sur laquelle se trouvaient sept noms, envoyée, disait-on, par le colonel. Elle n'était pas signée, mais on lisait au bas : « Si, à midi, les hommes désignés ne sont pas à la citadelle, j'irai les enlever de force, décidé que je suis à verser le sang s'il le faut. »

Nos amis requis par l'autorité sont résolus à se constituer prisonniers aussitôt que la force viendra, mais ils veulent voir se déployer l'appareil militaire. Tous les camarades se promettent de les suivre. L'heure est arrivée : les deux préaux sont occupés par deux bataillons du 11e ; le tocsin a sonné, et les paysans se tiennent prêts, car on leur a dit que nous voulions nous révolter ; et qui sait, a-t-on ajouté, ce qu'il en résulterait pour vous ? Le colonel se présente, avec des soldats, à la section des Droits de l'homme, et demande Aubain. « Nous sommes tous Aubain », dirent à l'unanimité les citoyens de la section, en sortant du dortoir. Le colonel donna l'ordre de les repousser et de saisir Aubain. Les militaires refoulèrent la section et armèrent leurs fusils, sur le point de faire feu dans la salle, lorsque quelques gardiens, qui étaient venus pour s'emparer d'Aubain, prévoyant le danger, se montrèrent aux soldats, et ceux-ci remirent l'arme au bras. On fit un appel de plusieurs noms, et tout le monde y répondit en se précipitant au dehors, malgré les baïonnettes qui barraient le passage.

Quelques-uns furent désignés par la haine du colonel, et emmenés dans le grand préau. Là, on les reçut à coups de baïonnettes, à coups de sabres, à coups de crosses. Les coups pleuvaient de tous côtés avec une férocité incroyable. L'un des nôtres reçut deux coups de sabre qui firent une entaille de six à sept lignes de profondeur, et deux coups de baïonnette qui pénétrèrent à deux pouces dans les chairs. À sa dernière blessure, il essaya de déloger le fer de la plaie, et dans ce moment il reçut la balle qui l'a tué. C'est pour couvrir cet assassinat que le bruit a été répandu que notre pauvre camarade avait tenté de désarmer le fusilier. Mais aujourd'hui, la vérité est connue.

Quand, de la rue, nous entendîmes les détonations, nous courûmes au secours de nos frères ; les palissades fermées nous arrêtèrent. Le colonel, qui était de l'autre côté, ordonna de faire feu ; le commandant refusa d'obéir, « ne voulant pas », a-t-il dit, « souiller son épée de sang innocent ». Cependant, le commissaire Thaurin, envoyé par le gouvernement bonapartiste, bouillonne de voir la répugnance se manifeste, et le zèle des soldats se ralentir. Il leur promet des récompenses, et c'est alors que quelques nouveaux coups de feu se font entendre. Les balles nous ont épargnés, elles ont traversé les palissades et sont venues mourir contre le mur. Nous nous retirons, car les préparatifs de massacre continuent, et ce serait sacrifier la vie en pure perte. Les sbires se présentèrent dans toutes les sections où il y avait des hommes à empoigner. Les arrestations une fois faites, le colonel rentra dans Palais.

Les libations dans lesquelles le colonel avait puisé sa surexcitation ayant cessé leur effet, ces sanglantes brutalités sans motifs sérieux se montrèrent dans leur nudité, et il fallut songer aux moyens d'envelopper tout dans une dernière bagarre. C'est encore du vin qu'on prit conseil. Aussitôt que l'énergie lui fut ainsi revenue, le colonel reparut avec une compagnie du génie, ayant pelles et pioches, et une autre compagnie de voltigeurs ; ils pénètrent dans le Forum ; nous sommes à nos palissades, pour être témoins de ce qui va se passer. Le colonel ordonne d'abattre la tribune aux harangues, dont il avait lui-même, auparavant, facilité la construction. Il les exhorte en ces termes : « Soldats ! si ces misérables font un geste, profèrent un cri, soyez sans pitié, agissez ! » En même temps, il se tourne vers nous en nous provoquant du regard. Nous nous retirons silencieusement.

Voici le projet de massacre tel qu'on l'avait conçu : la compagnie de voltigeurs avait mis les armes en faisceaux et s'en était écartée, pour nous faire concevoir l'idée de les prendre et de nous venger ; les troupiers auraient fui ; et des créneaux, pratiqués sourdement, auxquels il n'y avait plus qu'un coup de crosse à donner pour faire un jour, auraient fonctionné, ainsi que les pièces placées sur les remparts. Nous avons su éviter le piège. Le colonel et Thaurin, son complice, se retirèrent, faisant triste mine devant l'échec complet de leurs desseins.

Bientôt on nous apprit que nous ne pourrions recevoir ni envoyer aucune lettre. Cela se comprend ! Ne fallait-il point préparer le public par la calomnie ? Pendant quinze jours, nous restons sous cette loi du séquestre, mais au bout de cinq jours, le colonel est tout surpris de voir paraître, dans *La Réforme*[1], une énergique accusation d'assassinat contre MM. Pierre et Thaurin, et de tentative de massacre sur les personnes de cinq cents détenus. On a cherché à amoindrir la force de cette accusation en dénaturant les faits et en y substituant d'infâmes mensonges, mais la

---

1. *La Réforme*, journal fondé sous la monarchie de Juillet fut l'un des lieux d'expression de l'opposition républicaine. En février 1848, il prit une part active à la composition du gouvernement provisoire dont plusieurs de ses rédacteurs deviennent membres (Ledru-rollin, Étienne Arago, Louis Blanc).

Avec la conquête de l'Assemblée par la majorité conservatrice et la présidence de Louis-Napoléon Bonaparte, le journal qui soutient Ledru-rollin se réinstalle dans l'opposition. Victime d'une législation sur la presse de gauche de plus en plus contraignante, il finit par disparaître le 11 janvier 1850.

vérité perce, et nous finirons par la faire briller de tout son éclat. Le colonel demanda et obtint notre transfert sur les pontons. Tu dois bien penser que connu par les recommandations de deux commandants de mes ex-pontons, je ne pouvais manquer d'être compris dans la catégorie des *forcenés*, comme dit le colonel. Nous embarquâmes à bord de *l'Archimède*. On avait communiqué les ordres les plus sévères à notre égard ; le commandant du bord n'en crut que ce qu'il voulut, et nous traita avec une douceur et une humanité qui lui font le plus grand honneur, ainsi qu'à tout l'équipage. Nous avons joui d'une liberté sans bornes, et n'en avons point abusé. Nous avons fait une propagande très active, et, aux officiers aussi bien qu'aux matelots, nous avons offert des petits cadeaux d'os travaillés par nous ; ils ont accepté avec plaisir, et même avec une satisfaction égale à la nôtre. Nous relâchâmes pendant deux jours dans la baie de Douerney, et arrivâmes à Brest après quatre jours de traversée.

Quels furent notre étonnement et notre angoisse de revoir nos pauvres camarades, étiolés, amaigris ! Des hommes sans forces, presque sans volonté, sans vêtements, à peine couverts de haillons, comme de véritables naufragés abandonnés au milieu des eaux ! Oh ! mon ami, quel affreux spectacle, surtout pour ceux qui avaient quitté les pontons depuis dix mois ! C'était à n'en plus croire ses yeux ; le cœur se soulevait, se resserrait avec force devant cette incroyable apparition. Dans notre protestation, nous avons interpellé le ministre à ce sujet, ainsi que sur le mensonge qu'il a débité à la tribune, en disant qu'il n'y avait plus d'hommes sur les pontons. Puissent les journaux démocratiques porter notre protestation à la connaissance de tous les patriotes, et les faire se souvenir de leurs frères qu'il faut délivrer et venger !

L. G.

Ponton *la Guerrière*, ce 9 février 1850

Mon cher René,

Bientôt je serai parti pour ce pays d'Afrique dont nous parlâmes ensemble il y a bien longtemps[1] ; j'ai voulu te prévenir et t'adresser mes adieux fraternels. Nous parlions de liberté... Eh bien ! en voilà, j'espère ! je n'en pars pas moins, avec courage, pour cette nouvelle contrée. Si meurtrier que soit le climat, il me respectera, je crois, comme ont fait tous les autres. Un jour encore, cher ami, nous nous presserons la main, et nous nous reverrons, car cet avenir prospère, tant désiré, viendra. Alors seront dissipés les chagrins amassés pendant une longue souffrance. J'en prends mon parti, il en adviendra ce que pourra ; c'est un sacrifice que je fais à la cause ; encore s'il pouvait lui être de quelque utilité ! Tu dois savoir comment vont les affaires, toi qui es libre ? Nos libertés qui sont descendues en terre en feront germer d'autres. Mais je dois songer à te dire adieu, car quoique je pense bien que nos relations ne cesseront pas, je puis dire qu'elles seront moins fréquentes ; il est à supposer que notre nouvelle administration ne sera pas aussi tolérante.

L. G.

---

1. Parmi les insurgés de Juin, qui passèrent par les pontons de Brest près de 3000 furent transportés en Algérie.

Algérie, casbah de Bône[1], ce 14 mars 1850

Mon cher René,

Ce qui me console et ce qui console aussi mes camarades dans l'exil, c'est la foi qui nous anime et qui se
rencontre chez tant de nos frères. Que nous impor-
tent la souffrance et la tyrannie, n'avons-nous pas
une force qu'elles ne pourront jamais user ? Ils ont
cru nous abattre, nous faire céder, nous convertir !
Ils sont plus raisonnables, ces hommes corrompus et
vils, en songeant à jouir de leurs derniers jours de
règne, car l'heure de la justice sonnera, et cette heure
nous trouvera encore debout, j'ose l'espérer. Mais il
faut que je donne une autre direction à mes idées, le
courrier va sortir et ne repartira que dans dix jours.
  Nous sommes partis de Brest le 19 février (mardi)
1850. Nous étions le lendemain, à dix heures du
matin, à Belle-Isle. Nous montions *le Gomer*, et nos
amis, auxquels on ne voulut pas nous réunir, embar-
quèrent dans *l'Asmodée*. Dans chaque bâtiment, nous
étions au nombre de 224. On attendit jusqu'à quatre
heures du matin pour lever l'ancre. Le vent soufflait
alors en sens contraire, mais point trop fort. Avant
de quitter le golfe de Gascogne, nous fûmes assaillis
par une tourmente. Nos marins avaient tout prévu,
car ils avaient abaissé les vergues et fait bien des préparatifs qui, de leur aveu, se faisaient rarement. Le
vent se mit à souffler avec une impétuosité effrayante ;
la mer se courrouça en proportion de la violence de
ce terrible courant d'air. Le ciel était d'un sombre inexprimable, et donnait à cette scène un aspect navrant de
tristesse. Plusieurs bricks, qui s'étaient hasardés en

---

1. C'est dans cette citadelle nichée sur
les hauteurs de Bône que pendant
deux ans sont enfermés
les transportés de juin 1848.

mer par ce mauvais temps, eurent leurs voiles déchirées, leurs mâts brisés, et ils furent mis hors d'état de continuer leur navigation. Heureusement que, nous rencontrant sur leur passage, nous avons pu leur porter secours. On les voyait emportés par les vagues, sans pouvoir faire usage de leurs gouvernails. Nous, qui avions de très forts bâtiments, nous enfoncions dans l'eau jusqu'aux bastingages ; les vagues nous submergeaient de part en part.

Nous eussions été bien malheureux sur le navire, si nous n'avions su prendre le dessus. Ce qu'on voulait, c'était nous opprimer comme par le passé. Moyennant une bonne contenance et un langage digne, nous nous y fîmes une position honorable et suffisamment libre ; nous obtînmes une nourriture convenable, au lieu du régime auquel on avait tenté de nous soumettre. Tout cela, malgré leurs gendarmes.

Nous avons porté la propagande parmi les matelots, qui sont rudement menés ; on les traite un peu comme des esclaves. Ils se montrèrent remplis d'égards, et témoignèrent même de l'admiration pour notre ferme résignation. Nous leur avons laissé beaucoup d'écrits et de chants patriotiques dont ils étaient enivrés. Les gendarmes eux-mêmes, aujourd'hui, ne nous parlent plus que la coiffure à la main.

Je me trouve maintenant près de remercier les aristocrates, car ils m'ont fait acquérir bien des connaissances de toutes manières. Nous avons porté secours à de faibles embarcations. Ce spectacle réalisait les rêves que j'avais faits en songeant à un naufrage. La nuit arrive et la tempête sévit toujours. Le lendemain, dès qu'il fit jour, on chercha à découvrir l'*Asmodée*, mais nous l'avions perdu de vue. On supposa qu'il avait relâché à Cadix, et aussitôt on navigua vers sa rade ; on n'y trouva point le bâtiment. Nous y séjournâmes deux jours. Ah ! mon cher ami, quelle belle contrée, quel beau sol! La rade est très grande, et ronde comme celle de Brest; elle est garnie de sites magnifiques. Cadix est en face de l'entrée dans une assiette majestueuse. Sa façade est très étendue et décorée de constructions modernes d'une belle symétrie. Les fenêtres sont fermées de jolies persiennes d'un effet enchanteur. Sur chaque maison se trouvent de charmantes petites terrasses où, le soir, on vient prendre le frais en famille. Les quais sont très propres, et les abords en sont fort animés. Les eaux de la mer y étaient de mille couleurs, par les sables que les vents y avaient jetés, et que le ciel dorait. De nombreux orangers et oliviers nous envoyaient une odeur suave et des brises qu'on se plaisait à respirer. On renaît dans ces pays-là. Le lendemain, à cinq heures du soir, nous reprîmes notre route, et ne tardâmes pas à entrer dans la Méditerranée. Nous jouîmes encore là d'un beau paysage : c'est le détroit de Gibraltar, la baie d'Algésiras et, un peu plus loin, Tanger. Nous arrivâmes en vue de Bône, le 4, à 6 heures du soir, et nous n'avons jeté l'ancre que le lendemain matin. Deux heures après, nous atterrissions. Rien n'avait été préparé pour nous recevoir. Dès l'abord, on voulut nous mener à la baguette, plus durement encore que ne le sont les militaires ; nous avons réussi à arrêter ces transports en leur faisant voir qu'ils ne feraient pas tout à fait de nous ce qu'ils voudraient.

Quand nous avons gravi la montagne, beaucoup de compatriotes et d'Arabes, qui avaient entendu parler de nous, s'étaient portés sur notre passage pour nous donner des marques de sympathie et nous faire comprendre que partout notre cause a des amis. Nos maîtres les firent refouler par les sergents de ville et les mouchards. Ils se demandaient comment, les portes de la ville étant fermées, une foule si compacte avait pu s'en échapper.

Nous mîmes le pied sur la terre d'exil en entonnant des chants patriotiques, que nous fîmes entendre tout le long de notre route, et qui ont été applaudis. Nous vîmes le sceau de la domesticité sur les joues de pauvres nègres. Comment ne point songer à réformer une société si marâtre ? Nous avons couché, la première nuit, sur la paille, et maintenant, nous dormons dans des hamacs par chambrées de quarante. La nourriture n'est pas bonne : de mauvaise soupe, le matin, et du riz, le jour. Le premier jour, ils nous ont distribué du pain exécrable ; des chiens n'en auraient pas voulu manger en cas ordinaire. Nous avons fait le tapage de rigueur, et le pain qui nous est donné maintenant est passable. Mets-toi bien dans l'idée, mon cher ami, qu'il nous faut être toujours en défense. C'est la guerre perpétuelle ; à chaque station, il nous a fallu conquérir des conditions tolérables d'existence, et encore, qu'est-ce que j'appelle conditions tolérables ? Nous n'avons que vingt-quatre centilitres d'un vin qui n'est pas bon. Nous prenons nos repas dans des réfectoires contenant cent douze personnes. Nous n'avons qu'une très petite cour pour nos promenades. Le tabac est bon marché ; les cigares coûtent deux francs le cent. Nous avons institué des cours de toutes sortes. La fraternité règne aujourd'hui entre nous comme cela ne fut jamais, en dépit de nos geôliers, qui ne cherchent qu'à nous désunir.

L. G.

La lettre suivante contient un détail de famille et de vie intime, mais les sentiments qui y sont exprimés sont si nobles qu'il y a plus d'utilité que d'indiscrétion à la publier. La lutte que soutient le républicain dans la rue et dans les prisons est celle qui frappe le plus les yeux ; croire que c'est la plus rude, la plus

accablante, serait une grande erreur. Qu'on se représente les mille obstacles qui font barrière à l'émancipation de l'homme jeune au moment où il sort de
la vie de famille pour entrer dans la vie sociale. Là
est le grand ennemi. De tous les combats, c'est le plus
meurtrier pour la démocratie, car c'est celui qui lui
enlève le plus d'adeptes. L'autorité paternelle, l'affection de la mère, l'entourage des proches et des
amis, la somme totale des intérêts, concluent à la
routine, et opposent, sans vergogne, à la morale peu
lucrative des intérêts et des droits généraux, la morale
plus stimulante des intérêts particuliers, des immu-
nités personnelles. Tout cela doré et paré de façon à
tromper ou à séduire. Joignez à ces motifs l'antipro-
pagande, non moins pernicieuse, de l'ignorance qui
prend ses sentiments pour des raisons, de l'erreur
de bonne foi, des préjugés enracinés, des haines ins-
tinctives : autant d'ennemis sourds et aveugles qui ne
transigent ni ne se rendent. Ces influences se rencontrent dans tous les milieux, et se combinent entre
elles dans toutes les proportions. L'homme qui, riche
ou pauvre, refuse de sacrifier aux faux dieux, foule
sous ses pieds les fétiches de sacristie et d'arrière-
boutique, et ose embrasser la statue de la Liberté, ne
fait point un pareil acte sans un grand préjudice pour
ses intérêts les plus immédiats, pour ses affections
les plus chères. Longtemps il s'en ressentira.

Bône, le 6 août 1851

Mon cher René,

Je suis aujourd'hui, comme il y a trois ans, sans nouvelles de ma famille, et sans espoir de voir jamais
entrer dans le cœur de mon père une idée, un sentiment d'humanité, je dirais de pardon s'il y avait faute,

comme il le prétend. Non, mon exil, mes trois années de captivité, n'ont pu les toucher, ni lui, ni ma mère ! Ah ! sans doute, c'est que leur fils est bien coupable, bien méprisable ! Oui, mon ami, il l'est beaucoup à leurs yeux, car il combat cette société décrépite et dissolue. Ceux qui veulent le bien-être matériel et moral de l'humanité, ceux qui veulent établir sur ce sol de la civilisation l'égalité sainte, ne sont-ils pas des communistes, des pillards, des voleurs ? Oui, apparemment, puisque les riches l'ont dit. Eh bien, mon père l'a cru ; et puisque son fils est rangé parmi ces destructeurs de la famille et de la propriété, puis-qu'il est au nombre de ces hommes sans foi ni loi, son père ne doit-il pas le renier ? Si, certainement, car la société, ou du moins certains hommes nous ont chassés comme des infâmes. Le cœur me saigne, quand je songe que l'ignorance est la source du cré-dit accordé à de si audacieux mensonges, à de telles impudences. Cette condamnation de l'opinion publique n'a point su nous abattre. Nos cœurs remplis de l'amour de la république nous fournissaient un calme et une force que nos accusateurs ne sauraient jamais trou-ver. Ah ! si leurs âmes s'élevaient comme les nôtres vers tout ce qui est beau, grand et juste ! Mais non, l'ambition, l'égoïsme, la cupidité, la paresse et la sen-sualité, voilà le partage de ces hommes qui, de tout temps, ont assujetti une partie de l'humanité et se sont réservé le droit de jouir du fruit de ses labeurs. Mais ces autres hommes qui possèdent aujourd'hui au plus haut point le sentiment de leur indépendance, et qui veulent s'affranchir de l'ignorance et de la misère, n'abandonneront pas leur tâche avant de l'avoir remplie, ou ils se verront exterminer jusqu'au dernier.

Non, jamais je ne trouverai grâce devant mon père, ancien militaire, vieille moustache, cœur de fer, ayant amassé le peu de bien qu'il possède à la sueur de son front, et qui croit toujours que nous allons le lui ravir.

Pauvre père! Combien est grand votre aveuglement! Tu sais, mon cher, que quand les vieilles gens se sont fourré quelque chose dans la tête, il est excessivement difficile de l'en faire sortir; mon père a donc dédaigné de répondre aux lettres que je lui adressais, et dans lesquelles je m'efforçais de le détromper sur notre compte. J'ai su, par une personne qui est dans l'intimité de la famille, que mon père trouvait mes raisonnements bons et justes; mais, disait-il pour défense, ils ne viennent pas de lui, ils lui ont été dictés par des ambitieux et des intrigants qui exploitent sa jeunesse, et lui font des promesses irréalisables. Oh! mon cher René, j'ai bien souffert dans les premiers temps; j'ai mûrement réfléchi, dans cette alternative de perdre l'estime et l'affection de mes parents, ou de manquer à mes devoirs de citoyen. Beaucoup trop de raisons militaient en faveur de mes convictions démocratiques pour que le doute fût longtemps permis, et malgré tout j'ai dû renoncer à l'estime de mes parents, jurant pour ma part de les aimer toujours, et me promettant d'avoir assez de force pour leur pardonner le mal qu'ils me font en écoutant les conseils de ceux dont le rôle est, ici-bas, de souffler toutes les discordes et d'engendrer tous les maux. Dans une dernière lettre, j'ai voulu qu'ils apprissent mes plus secrètes intentions; je leur ai marqué que la route de la justice, du bien, de l'honneur, était la seule que je me proposais de suivre, et que, bien qu'ils me refusassent leur appui pour ce difficile trajet, je n'en comptais pas moins arriver au port, sain et sauf, et honorable pour tous. J'ai reçu, il y a six mois, sur les sollicitations d'un de mes amis, quelques lignes de mon frère. Je lui ai répondu sur-le-champ. Mais de sa part plus de nouvelles. Enfin, ma sœur, pour la première fois, vient de m'écrire quelques mots en cachette. Voilà, mon ami, pour ma famille.

L. G.

Ce n'est donc plus par centaines, mais par milliers que se comptent ces captifs dont les fers sont alourdis, dont les blessures sont récentes. Les anciens ont payé leur tribut à la mortalité, et les survivants sont devenus les indigènes de l'exil africain. Ils en sont maintenant à souffrir pour leurs frères, et non plus tant pour eux. C'est ainsi que leurs peines ne devaient point finir. Nouka-Hiva, Cayenne, Lambessa[1], latitudes meurtrières, sur lesquelles un exécrable bourreau signe, en caractères sanglants, le même nom qui s'inscrivit comme victime à Sainte-Hélène ! Et nous autres, les fils des républicains de 91, nous nous traînons, amoindris, exténués, misérables, autour de nos frontières, là même où nos pères repoussèrent le flot du despotisme envahisseur, par le flot de la liberté. Ils abordaient des armées, nous nous heurtons à la gendarmerie ! La République-Prométhée est scellée contre le roc avec des tenons de fer. Bonaparte-vautour s'enivre dans son sang et veut lui manger le cœur, ce cœur inépuisable, éternel, qui survivra à son dévorateur, dans cette épouvantable tempête où les éléments se combattront, et d'où le mythe antique fait sortir la ruine du Tyran et la délivrance de l'Opprimé !

1. Il s'agit de trois des destinations « privilégiées » pour les prisonniers politiques de la Seconde République, puis du Second Empire. Toutefois l'île de Noukhahiva, dans les Marquises, se distingue au plan pénal du bagne de Cayenne et du camp de Lambessa près de Batna en Algérie, car la première est supposée recevoir les condamnés à la « déportation », là où les deux autres accueillent les « transportés ». Si Lambessa est dans un premier temps la destination principale des détenus de Belle-Île et reçoit une grande partie des républicains, le projet de colonisation de l'Algérie s'orientant vers une colonisation libre, les « transportés » sont progressivement orientés sur la Guyane qui, elle, demeure une colonie à vocation pénale.

VI

Cavaignac[1] a fait le prélude du 2 décembre, ou pour mieux dire, l'Assemblée, qui décréta la moralité des baïonnettes et couva maternellement l'usurpation dans ses bras. La loi des réactions en a renvoyé le contrecoup à son héritière ; le peuple de Paris, instruit à ne voir dans les Assemblées que l'arsenal de la contre-révolution au lieu de l'arche révolutionnaire, a laissé sombrer le vaisseau de la représentation. C'est que la trahison n'avait cessé de se manifester ; la Constituante mitraille le peuple, élevant à la hauteur du salut public le respect du suffrage universel, et la Législative, au nom de ce même salut public, escamote le suffrage universel, et s'apprête à faire feu contre quiconque se lèvera pour défendre ce qui, l'année précédente, a été proclamé le droit commun. Ainsi, le commettant veut avoir action sur son mandataire, il est fusillé ! L'élu usurpe sur l'électeur, et il fait loi ! Le 23 juin et le 31 mai ont fait le coup d'État.

En France, quelque chose commande les esprits qui veulent que la réaction ne recule jamais, et que chacun marche droit à l'abîme qui est au bout de son principe ; celui-là seul qui suit le bon principe ne s'engloutira pas.

---

1. Le général Eugène Cavaignac (1802-1857), militaire d'opinion républicaine, que la monarchie de Juillet préfère éloigner et envoie en Algérie où il fait carrière. Très en grâce après la révolution de Février, il est d'abord nommé Gouverneur général de l'Algérie ; mais élu député à l'Assemblée constituante, il rentre en métropole où il devient ministre de la Guerre le 17 mai 1848 au sein de la commission exécutive. Peu après interviennent les journées de Juin dont il coordonne la répression et à l'occasion desquelles l'Assemblée obtient la démission de la commission exécutive, prononce l'état de siège et l'investit des pleins pouvoirs du 24 au 28 juin. À cette date, Cavaignac se démet de ses pouvoirs, mais l'Assemblée le nomme chef de l'exécutif, c'est-à-dire qu'il fait fonction à la fois de chef de l'État et de président du conseil des ministres jusqu'à l'élection présidentielle de décembre 1848.

Avant de se dissoudre, la Constituante s'est troublée ; on l'a vue se tordre sur ses bancs dans le cilice du remords ; mais le boulet était bien rivé, et il tire au fond ! C'était l'effroyable apparition des victimes de Juin sous le spectre de *l'amnistie*[1] *!* – Caïn, qu'as-tu fait de ton frère[2] ? Et à l'instant, avec un secret tremblement, chacun de s'écrier : moi ! non, ce n'est pas moi ! c'est *l'incapable*, celui-là, voyez, *l'incapable* : à lui la responsabilité. – ô mensonge ! ô fourberie ! On m'accuse, moi ! et qui ? *l'impitoyable !* Voyez, ses mains sont encore rouges du coup terrible qu'il a porté sur les écluses de l'insurrection, qui ont vomi sur lui le sang ! Voyez, c'est lui !

Et dire que ce ne sont pas là des drames inventés, des cauchemars sortis de la fièvre brûlante ! Dire que ces hommes ont des noms, qu'ils s'appellent Trélat[3], qu'ils s'appellent Falloux[4].

Ah ! vous croyiez peut-être que cette évocation du passé, c'était l'abjuration, le repentir, la réparation à la face du monde ! Allez demander aux femmes sans maris, aux enfants sans pères, aux pères sans enfants, aux frères sans leurs frères, si on leur a rendu leurs

---

1. Le 4 mai 1849, quelques jours avant la dissolution de l'Assemblée constituante, une proposition d'amnistie en faveur des insurgés est refusée. Louis-Napoléon Bonaparte qui dans son programme électoral s'est déclaré favorable à une réconciliation des partis, soutient l'amnistie, mais ses tentatives pour l'imposer aux hommes du parti de l'ordre restent vaines. Après la résistance au coup d'État de décembre 1851 qui génère une nouvelle cohorte de proscrits, il faut attendre 1859 pour qu'un décret d'amnistie soit accordé.
2. À partir des journées de Juin, se substituant à la valorisation de la fraternité nationale, l'image de la fraternité fratricide d'Abel et Caïn devient un *topos* littéraire (voir sur ce point Dolf Oehler, *Le Spleen contre l'oubli. Juin 1848*, Paris, Payot, 1996, pp. 78 *sq*).
3. Ulysse Trélat (1798-1879) est nommé au ministère des Travaux publics le 12 mai 1848, et s'efforce de liquider les ateliers nationaux qui relèvent de sa tutelle ; il révoque notamment l'ingénieur Émile Thomas qui est l'une de leur cheville ouvrière.
4. Alfred de Falloux (1811-1885), membre de la droite légitimiste, élu à l'Assemblée constituante en avril 1848, où en s'intégrant dans le comité du travail et la commission des ateliers nationaux, il mène une lutte acharnée contre ces derniers et finit par obtenir la dissolution qui met le feu aux poudres de Juin.

maris, leurs pères, leurs enfants, leurs frères, et vous verrez alors que l'œuvre de malédiction persiste, et qu'il n'a pas été donné à cette Assemblée de rejeter, dans un sublime effort, le roc qui l'oppresse, et de se retirer le front haut, le cœur léger et le pied ferme.

Cet acte de réparation, de justice, d'humanité, mais de justice surtout, que l'indulgence et la longanimité populaires avaient faussement appelé du nom d'*amnistie*, cet acte n'a pas été accompli. La justice éternelle reste tout entière à satisfaire ; l'iniquité est consommée ! et l'Assemblée a passé devant nous, avec sa constitution débile, aux feuillets à moitié déchirés ; avec son décret de l'état de siège et de la transportation gravé sur des tables de fer ; avec les boulets des Romains dans les jambes ; avec l'épée de Damoclès sur la nuque !

La Législative, elle, après avoir offensé le Souverain comme une *vile multitude* – et un coup de langue est pire qu'un coup de lance ! – persiste dans ses errements, enterre la République romaine précédemment assassinée et, dissertant, tiraillant, intriguant, conspirant, complotant, rêvant dictature, verse dans l'ornière, un coup d'État dans les flancs !

VII

Une nuit, – nuit à jamais mémorable et maudite ! – la France est surprise pendant son sommeil, prisonnière sous un vaste filet, aux mailles fortes et serrées, et qui ne laisse aucune place libre, de la frontière belge à la Méditerranée, de l'Océan aux Alpes, au Jura et au Rhin. C'est le guet-apens du 2 décembre, ce hardi coup de main que des complices n'avaient cessé de démentir par avance ; que des amateurs politiques, ayant pour mission de prendre et de faire prendre des *vessies pour des lanternes* (que la trivialité du mot nous soit pardonnée), avaient cru conjurer aux accents paragraphés de leur lyre babillarde ; que des faiseurs de *premiers-Paris*[1] avaient prouvé *impossible*, alinéas en main ; qu'une foule de sots, d'esprits pusillanimes et nonchalants se refusaient à croire, par peur et par hébétude ; contre lequel nos représentants républicains n'ont point voulu se prémunir ou faire face au 17 novembre[2], mais que les difficultés du moment, et l'opinion ajournaient à bref terme. Aussi, la France n'a point été attaquée en permanence sous les armes, mais atteinte et secouée au milieu d'un pressentiment. Atteinte assassine, mortelle secousse. Le malandrin, roi de l'espèce, et désormais le patron de tous les Testalunga de Corse et de Calabre, qui opprime encore la France, a opéré avec 500 000 hommes de bande, armés jusqu'aux dents, appuyés par autant d'espions, de receleurs, de vedettes et de transfuges. La capture est faite, et cette capture est en proportion de ces moyens d'action. La France est un butin, hommes et choses.

Contre ce vol à main armée de la souveraineté nationale par le despotisme, de la propriété nationale par le budget, il ne s'est levé, pour la défense de la souveraineté et de la propriété communes, que les terroristes et les partageux présumés de mai 1852. Évidemment, ces intrépides amis de la révolution n'entendaient point s'en tenir au rôle de conservateurs, mais telle est la moralité des faits résultant de l'initiative bonapartiste que le bénéfice de champions

---

1. Terme de journalisme désignant les articles qui figuraient en tête de journal, et qui le plus souvent traitaient de sujets de politique.
2. Le 17 novembre 1851 les députés rejettent la « proposition des questeurs » qui prévoyait que le président de l'Assemblée puisse recourir à la force armée pour défendre la représentation nationale.

Cette proposition qui émanait des milieux conservateurs anti-bonapartistes de l'Assemblée, alertés par les préparatifs politico-militaires du coup d'État, ne fut pas soutenue par les représentants montagnards qui firent passer leur défiance des conservateurs avant celle qu'ils vouaient à Bonaparte.

des droits du pays est acquis aux insurgés de décembre. C'est un point à constater, au détriment des partisans de *l'ordre*, et pour la responsabilité des événements que l'état présent nous semble promettre, gros qu'il est d'un avenir plein d'orages ; avenir tout prochain.

À l'exception de Paris, qui trouve toujours assez de forces pour remuer ses chaînes, sinon pour les rompre, les grandes villes de France n'ont pas bougé. L'effort du complot s'était appesanti sur les centres, pour prévenir le rayonnement de l'insurrection. Néanmoins, des villes considérables ou des points importants ont pris part au mouvement, et souvent l'ont commencé ; comme, par exemple, Orléans, Amiens, Reims, Thiers, Bourg, Cahors, Valenciennes, Estagel.

À Anzin, au Mans, à Perpignan, à Carcassonne, à Dijon, à Albi, à Privas, à Agen, à Mâcon, ce mouvement a été plus profond ou plus prolongé. Sur divers lieux, tels que Digne, Manosque, Vidauban, Forcalquier, La Palisse, Clamecy, Béziers, Bédarrieux, etc., l'insurrection s'est maintenue un moment victorieuse, et a acheté, au prix de son sang, un succès non moins difficile que passager.

Pour se faire une idée de la France pendant ce mois de décembre, dont l'histoire complète n'a point encore paru sous nos yeux, il nous faut embrasser par la pensée le réseau des baïonnettes partout tendu ; les meilleures positions prises ; l'état de siège appliqué à un tiers des départements ; tous les organes de la publicité : journaux, Moniteur, affiches, ordres du jour, décrets, proclamations, circulaires ministérielles, missives préfectorales, dépêches télégraphiques, instruits à donner le change, à jeter le trouble, l'hésitation, en trompant, calomniant et dénaturant à loisir ; et pour seconder tout cela, le secret des lettres violé, la liberté individuelle anéantie, les patriotes colletés dans leurs lits, empoignés sur le seuil de leurs portes, ou paralysés par des mandats d'arrêt, plusieurs heures avant le jour, et avant les événements. Dans cette situation, sans signal, sans chefs, sans direction, – malheureusement! – l'insurrection se déclare spontanément d'un point cardinal à l'autre; des petites villes, des bourgs, des hameaux s'arment et marchent par colonnes, de la circonférence vers le centre, de la campagne sur la ville.

C'est ainsi que dans l'Allier des insurgés se portent vers Moulins, et sont refoulés par la troupe; que d'autres triomphent à Saint-Léon et à Jaligny, au Donjon et à La Palisse, font prisonniers les maires et les administrateurs et déciment, sous leurs balles, les gendarmes assaillants.

Dans la Nièvre, à Clamecy, le succès est le prix du combat; à Neuvy on en vient aux mains avec la ligne.

À Saint-Amand, à Auxerre, à Pousseaux, à Surgy, à Andryel, à Druges, à Sougères, à Dijon, à Mâcon, à Louhans, à Chagny et à Fontaines, le tocsin sonne, les fusils jouent, la résistance au coup d'État s'y produit sous toutes les formes, et le sang des patriotes se mêle au sang des soldats.

À Poligny, dans le Jura, l'insurrection victorieuse administre la ville, organise les forces républicaines, et n'est délogée que par les forces combinées de la gendarmerie et de la ligne.

Dans le Gard, grande commotion et levée en masse, mais pas un général pour tant de soldats. Succès isolés à Anduze, au Vigan, à Saint-Ambroix, à Lasalle, à Saint-Jean-du-Gard.

À Auch, dans le Gers, les républicains luttent contre les hussards, et donnent le rare spectacle d'un corps sans discipline osant combattre en rase campagne contre la cavalerie, avec les seules ressources que fournit le courage individuel.

À Béziers, la fusillade se prolonge pendant plusieurs heures entre la troupe et les habitants; à Bédarrieux

la gendarmerie est assiégée dans ses casernes et forcée par une vive fusillade ; à Marmande, l'idée révolutionnaire s'appuie sur la presque unanimité, et
fournit à la ville de nouveaux fonctionnaires.

À Grane et à Chabrillant, dans la Drôme, plusieurs
milliers d'hommes soutiennent un double combat
contre l'infanterie et contre la cavalerie ; car les proportions de ces conflits ont grandi dans certaines
localités, et c'est à ce point que le Var et les Basses-
Alpes ont soutenu, pendant vingt jours, l'effort d'une
guerre en règle de la part de l'armée.

Quelles que soient les entraves que le despote ait
multipliées contre la circulation de la vérité, si forte
que soit l'inquisition qui pèse encore sur la pensée,
les bulletins de nos grands capitaines de décembre
ont été suffisamment corrigés par l'opinion publique
pour que nous puissions, à notre aise, renvoyer aux
pensionnés de l'Élysée, à de misérables folliculaires,
les prétendues atrocités de ces Hussites du XIXᵉ siècle[1],
qui n'ont pas fusillé un seul homme désarmé, et qu'on
regrette, qu'on pleure aujourd'hui, pauvres exilés,
pauvres transportés, dans les villes où ils restèrent les
maîtres, et qui furent le théâtre de leurs *barbaries !*

Si Paris, la place d'armes de la république, si ses
faubourgs, les grands lutteurs, au lieu de donner de
tout le collier, se sont contentés de sauver l'honneur
du drapeau, les manifestations des départements présentent un caractère d'autant plus sérieux qu'elles
sont spontanées, initiatrices et non point écho facile
de la victoire populaire. Vingt départements se décla-

---

1. Partisans de Jan Hus, prédicateur
condamné pour hérésie au XVᵉ siècle.
Le socialisme est volontiers rattaché
par ses adversaires aux phénomènes
hérétiques anciens et aux
millénarismes religieux ; voir par
exemple ce qu'en dit Louis Reybaud,
publiciste libéral et spécialiste
autoproclamé des « réformateurs
contemporains ou Socialistes
modernes », in Ch. Coquelin,
Guillaumin (dir), *Dictionnaire
de l'économie politique*, Paris,
Guillaumin, 1852-1853.

rent avec audace pour la révolution ; c'est autant qu'il en resta de fidèles à la Convention, en faveur de la grande œuvre accomplie en dépit des guerres civiles et des guerres extérieures ; dix autres départements s'ébranlent, s'interrogent, se compromettent et garantissent leur appoint pour les luttes futures. Quel bataillon sacré ! le Bas-Rhin, la Marne, les Hautes-Pyrénées, les Basses-Pyrénées, le Lot, le Lot-et-Garonne, l'Aude, l'Hérault, l'Aveyron, le Gard, le Tarn-et-Garonne, la Haute-Garonne, les Pyrénées-orientales, la Drôme, l'Yonne, la Côte-d'Or, la Saône-et-Loire, la Sarthe, le Gers, le Jura, la Nièvre, l'Allier, le Var, les Basses-Alpes, les Deux-Sèvres, la Haute-Vienne, l'Ardèche, l'Ain, le Loiret, l'Ille-et-Vilaine, la Meurthe et la Seine. Depuis 1848, la république a dû pousser bien de nouvelles racines dans le pays pour qu'elle recrutât de si braves défenseurs, au milieu même de populations qui ne l'accueillirent, en février, qu'avec hostilité ou indifférence. Le tocsin sonne, et partout où ce tocsin se fait entendre, le paysan accourt avec empressement ; le tocsin, dans les campagnes, c'est la *générale* par excellence. Au cœur de l'hiver, on ne craint pas d'ouvrir la guerre ; et si les neiges ne sont point un empêchement pour une levée de boucliers de vingt-quatre heures, comment tenir les champs avec elles, nuit et jour, comment camper, comment vivre, comment marcher, comment combattre ? Devant la neutralité du plus grand nombre, l'issue de cette courte guerre était marquée d'avance ; la victoire se décide volontiers pour les gros bataillons ; la gendarmerie et l'armée, prétoriens acquis au pouvoir par la solde, la discipline, l'ambition, la corruption à tous les degrés, depuis le million du commandant de place jusqu'aux centimes, jusqu'aux rasades du simple fusilier, devaient naturellement donner raison à l'usurpateur de la souveraineté nationale.

VIII

Ce que les stipendiés de la presse décembriste appellent la *jacquerie* de 1851[1], n'est pas moins, à nos yeux, que le phénomène le plus significatif, le plus important, pour l'avenir, de tous ceux qui sont apparus pendant cette première moitié du XIXe siècle; c'est l'avènement des paysans ou, pour parler plus juste, des populations rurales – fermiers, propriétaires, marchands de bestiaux, notaires, médecins et simples cultivateurs – à la politique active et par conséquent leur participation immédiate au grand courant des idées nouvelles et du mouvement révolutionnaire. La Révolution a passé de sa sphère première de propagande, à une sphère plus large, qui est l'action coopérative des masses; elle a sauté des bancs de l'école au champ de manœuvres; elle marche de l'initiation à la conquête, du principe à l'application. C'est un événement national. L'ouvrier des champs a rejoint l'ouvrier des villes. La distance a été franchie d'un bond. Et le riche tribut de persécutions, levé à travers les départements par la terreur bonapartiste, comble le déficit et nivelle les sacrifices, les souffrances, les martyres, entre le citadin et le campagnard républicains.

Jusqu'au 2 décembre, le faubourien a pu se souvenir avec amertume des marches forcées des gardes nationaux de la banlieue sur Paris; peut-être même qu'il y a là un des motifs qui ont conseillé au peuple l'abstention. Mais qui ne voit que la banlieue a eu aujourd'hui ses journées de Juin, et que, par l'étroit sentier de la solidarité, dont les droits ne sont jamais

---

1. La presse, largement inféodée au pouvoir bonapartiste, instrumentalise la résistance provinciale au coup d'État de façon à attiser les vieilles peurs nourries par les notables à l'égard des campagnes et de leur «barbarie», et à faire ainsi passer ce pouvoir pour un recours (cf. Philippe Vigier, *La Vie quotidienne en province et à Paris pendant les journées de 1848, 1847-1851*, Paris, Hachette, 1982).

impunément méconnus, elle a retrouvé et rajeuni les traces sanglantes des transportés, dans les casemates, sur les pontons, en Afrique ? Des deux parts a été reçu le baptême de sang et de feu ; nous ne voyons plus, dans la démocratie, qu'une forte phalange dont les soldats, tous égaux, tous frères, tous frappés, tous passés sous les mêmes fourches caudines, dévorent secrètement leur affront et attendent pour briser le joug l'heure marquée par les destins.

IX

La proscription actuelle desrépublicains a des précédents, mais elle est sans égale pour l'intensité et l'étendue. Nous avons les proscrits africains, les proscrits océaniens, les proscrits continentaux, les proscrits incarcérés, les proscrits internés, les proscrits libres, traînant avec eux la chaîne de la surveillance, non moins lourde à porter que les fers visibles que le forçat favorisé promène, le long des quais, auprès des bagnes.

Mais ce n'est pas tout. Il y a une proscription dans la proscription. Toutes les frontières ne sont point un refuge, et, parmi elles, celles qui le sont nous rendent restreinte ou capricieuse leur hospitalité nominale. C'est un pèlerinage perpétuel, commandé par une loi inexorable. Rien ne le borne, ni les fleuves, ni les monts, ni les mers. Des groupes de proscrits sillonnent les chemins comme des pestiférés ; la gendarmerie forme autour de nous un cordon sanitaire, et la misère, comme une louve affamée, suit nos pas dans ce désert. Du Piémont, souvent le démocrate errant cherche un asile en Suisse ; la vieille République helvétique, réduite à faire de la diplomatie, à déchiffrer des protocoles, éconduit hors de ses frontières le pauvre voyageur avant qu'il ait secoué la poussière de ses souliers et, comme ces bourrus bienfaisants, tout en le poussant par les épaules, elle laisse tomber le viatique dans le sac du fugitif. La Belgique alarmée n'a garde de lui ouvrir les bras sans conditions ; il lui faut justifier de moyens d'existence ; il lui faut exhiber un firman délivré par la haute administration du sultan du 20 décembre, faute de quoi, on le rejette sur le littoral britannique. On le rejette est le mot. Pour le moindre retard, la moindre contravention, c'est la prison cellulaire jusqu'à Ostende ; à Ostende, c'est la prison du dépôt jusqu'à l'embarquement. Le bateau le décharge à Douvres, et Douvres le sépare encore de trente lieues de la ville où il pourra trouver ses amis. Trente lieues à faire à pied, avec le pain emporté de la prison ou reçu en échange de quelques deniers le long de la route, pour quiconque n'a pas d'autres ressources, et c'est le plus grand nombre !

Londres nous reçoit tous et nous supporte sans peine, perdus dans l'océan de sa population, mais isolés par notre ignorance de la langue, par nos mœurs, par nos convictions, par notre nature même. Dans ce gîte assuré, un seul ennemi, le plus implacable il est vrai, peut encore relancer la proscription au repos. Cet ennemi est la faim[1]. Et aussitôt plusieurs de la troupe se remettent en marche sur les voies tracées par l'émigration irlandaise et naviguent vers les États-Unis. Ah ! qu'il en a coûté à ces vaillants républicains de passer sur un autre continent, quand plusieurs d'entre eux avaient déjà attendu, depuis deux ans, l'occasion et les moyens de concourir à leur

---

1. Les récits de proscrit insistent très souvent sur la misère qu'ils rencontrent à Londres. Artisans pour beaucoup, ils goûtent au chômage et aux taudis. Les reconversions nombreuses dans le professorat sont difficiles en raison de la concurrence des proscrits entre eux et de la mauvaise réputation dont ils jouissent dans le public anglais (voir Martin Nadaud, *Mémoires de Léonard ancien garçon maçon*, *op. cit.*).

propre délivrance, et de combattre, au péril de leurs vies, pour le triomphe de la révolution! Ni le désespoir, ni l'abattement, ni l'indifférence ne les éloignent; la nécessité les contraint. Ils ont emporté avec eux le drapeau rouge[1] sur lequel se trouvaient écrits ces mots: *Liberté, Égalité, Fraternité*, car ils se rendaient au milieu d'un peuple ami; quant à nous, nous avons conservé en face des despotismes européens, en face de nos oppresseurs, celui qui porte notre cri de guerre: *République démocratique et sociale!* Il faudra bien qu'un jour ou l'autre les deux drapeaux se rejoignent, vaincus ou vainqueurs; notre foi nous dit vainqueurs!

Vit-on jamais pareil spectacle dans le monde? Roulement d'abord, puis accumulation, puis dispersion. Reconnaissance des bataillons de l'avenir et propagation du mouvement. Un cordon de proscrits ceint la France dans ses embrasses, la réchauffe de son contact; contrairement à l'habitude, la force vitale persiste aux extrémités dans toute son énergie, et alimente les centres exténués. D'autres proscrits, captifs, symbolisent dans leurs chaînes l'oppression de la république, et créent des devoirs à leurs frères libres; d'autres, poussés par la fatalité, émigrent vers les États-Unis, et vont se mêler à de nouvelles générations, dans ces pays que la politique et le commerce

---

1. Le drapeau rouge, associé sous l'Ancien Régime à l'ordre (il est notamment brandi pour inviter la foule en cas d'attroupement à se disperser) bascule, semble-t-il, lors de la journée révolutionnaire du 17 juillet 1791, du côté du peuple et de l'émeute. Ce jour-là, les parisiens réunis au Champ de Mars pour demander la destitution du roi qui vient d'essayer de fuir à l'étranger, sont invités par le drapeau rouge à rentrer chez eux, mais avant que la dispersion ne se soit achevée, les gardes nationaux tirent sur la foule: le drapeau devient, comme Blanqui le dit en 1848, rouge «du sang des martyrs qui l'ont fait étendard de la République» (voir Auguste Blanqui, «Pour le drapeau rouge, 26 février 1848», *Maintenant, il faut des armes*, Paris, La Fabrique, 2006, p. 135). Le 25 février 1848, l'ouvrier Marche propose en signe de rupture de substituer le drapeau rouge au drapeau tricolore; Lamartine au gouvernement provisoire parvient à repousser l'initiative.

conduisent à d'immenses destinées. De rudes et infatigables hommes du Nord, des déshérités et des opprimés, grossissent surtout les forces de cet Hercule au berceau qui ne saurait tarder beaucoup de faire contrepoids à l'ancien monde ; ce sont des Polonais, des Hongrois, des Allemands, des Irlandais, à la suite desquels des natures méridionales, les Italiens, les Français, les Espagnols, portent les vestiges de leurs civilisations.

Si la persécution contre les juifs, au Moyen-Âge, a fait trouver les lettres de change ; si l'expulsion de quelques milliers de familles protestantes, sous Louis XIV, a donné naissance à la fortune industrielle de certains pays, quels devront être les résultats de la grande proscription européenne et démocratique du XIXe siècle ? Puissent ces combattants, fiers missionnaires d'évangiles nouveaux, sans bigoterie, sans imposture, sans superstition, colporter en tous lieux le livre vivant de la République universelle !

Les proscrits des différentes contrées où la démocratie a été frappée se font chaque jour, du plus au moins, sur le terrain commun de l'exil, des emprunts et une éducation réciproques. Le Polonais, limite déjà envahie du cosaquisme ; l'Italien, qui travaille avec persévérance à la destruction du royalisme catholique et de la tyrannie papale, tabernacles du passé, trop étroits pour y emprisonner le monde moderne ; le Roumain et le Valaque, broyés contre l'apathie ottomane par l'agression russe, comme le grain entre les deux meules ; le Hongrois, pierre d'achoppement de l'Autriche, négation agissante et armée des empires hétérogènes ; l'Irlandais, réduit à servir d'ilote à son orgueilleux, à son rapace dominateur ; le Badois, le plus socialiste des révolutionnaires, le plus révolutionnaire des socialistes ; l'Allemand, qui mûrit et digère sa révolution politique comme il fit de sa révolution religieuse, impossible à faire dévier du cours lent et profond de ses idées ; l'Espagnol qui se déchire, depuis vingt ans, dans les ténèbres politiques, aussi peu satisfait du drapeau sous lequel il combat que de celui contre lequel il est armé, cherchant sa pensée dans les guerres civiles, et ne sachant enfin ce qu'il a voulu et ce qu'il voudra, qu'une fois sorti de sa péninsule ; le Français, évocateur hardi, au berceau même d'une révolution, de ce génie terrifiant du sSocialisme, qui a précipité la république au milieu des tempêtes ; c'est ainsi que les caravelles de Christophe Colomb furent éprouvées par les tourmentes que déchaînait contre elles, du haut de son promontoire, le géant Adamastor, au moment solennel où elles passaient dans les eaux d'un nouvel hémisphère. Tous ces peuples écrivent leur page sur le livre de l'Humanité ; ils apportent tous un enseignement ; ils combattent tous, par un côté, l'ennemi commun et universel ; ils n'ont qu'à s'interroger pour se comprendre et pour décupler leur action.

Certes, si jamais le principe de la *solidarité des peuples* a été l'objet d'une propagande irrésistible, d'une démonstration éclatante, comme le soleil dans un ciel pur, c'est à coup sûr pendant ces dernières années. Elle résulte de ces rencontres multipliées de fugitifs, sur les grands chemins, sur les ponts des navires, sur toutes les frontières, boulevards de l'expatriation où nous débouchons par bandes, comme des sangliers traqués sur la lisière des bois ; des difficiles entretiens où chacun s'essaye à balbutier une langue rebelle ; de ce séjour prolongé dans les grands centres, qui favorise l'échange des idées et qui crée des relations ; de ce malheur commun, antithèse du bonheur commun qu'il réveille dans les esprits, en même temps que le souvenir des efforts perdus dans l'isolement qui les vit se produire, et le regret cuisant des occasions manquées. Les occasions ! Ces filles éphémères du coup d'œil et de la fatalité, qui demandent à se voir barrer le passage avec l'instantanéité de la pensée, car la vitesse de leur vol est incommensurable, et l'électricité ne les rattraperait point!

Qui donc, dans ces provinces libres des États-Unis, tout entières à la production, à l'industrie, à l'échange, indépendantes sur un sol vierge conquis sur la nature et non point arraché, feuillet par feuillet, du cadastre de fer de la féodalité; qui donc, si loin du bruit de nos canons et de nos chaînes, si loin du fracas de nos discussions, de nos débats, de notre propagande, si loin du tableau déchirant de tant de victimes frappées à mort, de tant de martyrs massacrés, suppliciés, de tant de sang et de larmes répandus, a su intéresser l'opinion publique aux questions européennes, mettre à l'ordre du jour le principe d'intervention, unir par les esprits ce qui est séparé par de si grandes distances, donner à de si nobles préoccupations, à des vues si neuves et si révolutionnaires, l'empreinte nationale et la sanction officielle des candidatures présidentielles? Qui, sinon les épaves des commotions européennes que, chaque jour, l'Atlantique charrie complaisamment sur ces bords hospitaliers? L'envahissement des idées a suivi l'envahissement des hommes qui sont arrivés là, par milliers, comme un aperçu complet de la race proscrite : militaires, savants, philosophes, artistes, moines, prêtres, nobles, roturiers, prolétaires des villes et des champs, familles entières avec ascendants et descendants, tous persécutés par la misère ou par la réaction, deux choses qui ne manquent pas de rapports. Ils se sont présentés à l'étude, à la curiosité, à la sympathie du pays, témoignages visibles et tangibles de la grandeur des événements, ardents propagateurs de la justice de leur cause.

Ces caravanes maritimes qui font le commerce des idées entre l'Europe et l'Amérique se suivent de si près que leur action n'est jamais interrompue, et le courant grandit toujours, car les émigrants qui, sciemment ou à leur insu, viennent enter sur le tronc sauvage le rameau de la révolution, loin de charger le sol de parasites, le fécondent de leurs sueurs, dotent le travail d'industries nouvelles, ou s'ajoutent aux impulsions données, et par là, hâtent eux-mêmes le moment où, par une heureuse récurrence, le nouveau monde rendra à l'ancien plus peut-être qu'il n'aura reçu.

Gardons-nous de crier bravo! et d'applaudir à tous les horions qui nous sont souvent portés au défaut même de la cuirasse, mais reconnaissons ce qu'un mal temporaire nous vaut de bien éventuel par la leçon qu'il comporte. Le caractère frondeur, léger, évasif parfois, du peuple français, devra s'assombrir un peu, se retremper, se concentrer, par suite des événements du 2 décembre. Ce sera le fruit amer mais fortifiant du sang et des larmes versés, des misères endurées, des libertés ravies, des chaînes traînées dans les bagnes et sur les grandes routes, des exécutions, des transportations, des exils, des séquestres, de la ruine, de la poursuite, de la suspicion, de la prévention, de la surveillance de la haute police, de l'espionnage occulte, de la dénonciation, de cette guerre sans merci qui a été déclarée à un tiers de la France, la partie la plus vivante, la plus généreuse, la plus brave, la mieux inspirée!

Faisons un retour dans l'intérieur de la famille, au foyer duquel la légende républicaine a désormais pris sa place et, avec elle, l'éducation qui toujours l'accompagne. Il y a quatre ans, le poids de la persécution pesait entièrement sur quelques initiateurs et, depuis le 9 thermidor jusqu'à nos jours, le fléau réactionnaire, comme le bâton de Tarquin, n'abattait que les pavots les plus élevés.

Il s'agit bien de bâton aujourd'hui, c'est de la faux qu'il s'agit; «*la faux*», dit le terrorisme monarchien,

«*qui ne discute pas avec l'ivraie!*» Et la faux va mois-
sonnant, dans les mansardes, dans les chaumières,
sans oublier sur son passage aucun de ses anciens
tributaires. Tel qui avait passé sa vie courbé sur une
charrue sans connaître d'autre cours d'eau que celui
qui fertilise son champ, s'est vu forcé de traverser
les mers, d'habiter les Sodomes du XIXe siècle et, pour
la première fois, s'est rencontré face à face avec cette
civilisation barbare qui le dévore. Que penseront tant
de veuves improvisées, tant d'orphelins décrétés à
volonté, enfants de la première jeunesse qui commence à réfléchir, enfants à l'aurore de la virilité, qui
veulent agir ; que penseront-ils de ceux qui, au nom
de l'ordre et du salut, apportent la perturbation et la
ruine sous le toit du travailleur, et, dans leurs maris,
dans leurs pères, prétendent frapper l'ennemi public ?
Puisse le chemin de l'exil être pour ces générations le
chemin de Damas, ouvrir leurs yeux aux horizons
nouveaux de la république et du socialisme !

Les idées arrivent aux masses par des sentiments,
et ces sentiments naissent des grandes situations. Les
blessures faites au cœur de la famille, l'émotion que
produisent cent mille hommes annihilés, laissant vides
leurs places à l'atelier et au logis, et dans ce logis,
vide, pour la plupart, la huche au pain, nous sont un
sûr garant d'une émergence d'idées fortes et nouvelles, et d'un irrésistible entraînement vers la régénération prochaine. Le sentiment du droit collectif,
qui se développait au sein de la démocratie à mesure
que ses principes se rattachaient un plus grand
nombre d'adhérents, diminuait l'initiative révolutionnaire, dépersonnalisait le républicain, menait à
l'affaissement des caractères, et menaçait de la disparition de ces tempéraments héroïques qui sont,
dans un moment donné, une incarnation même du
droit ; mais la persécution du 2 décembre, dans son
œuvre sans pitié, sollicite tous les courages, remet

l'énergie à l'ordre du jour, et pousse à l'élévation des caractères. Cette grande épreuve est comme un van : la poussière s'échappe ou passe à travers, le grain se trie et s'épure, plus propre à la semence.

X

Telle est l'histoire : le martyrologe des peuples ; un récit de catastrophes où s'abîment parfois des races entières pour léguer à leur descendance quoi ? une idée.

À tout prendre, les générations sont égoïstes. Elles croient que les plus grands maux de l'humanité sont les maux qu'elles endurent. Elles ne tiennent point compte de ce qu'ont souffert, avant elles, les générations ascendantes. Elles sont tombées dans l'oubli de ce qu'a coûté de sang et de larmes la moindre parcelle de liberté qu'elles trouvent sous leur main, dans cette sébile aux trois quarts vide, gardienne de l'écrin du prolétaire et que les peuples, depuis des siècles, tendent, au bout d'une pique, sur le passage des révolutions. En tournant la tête en arrière, elles verraient la raison de leurs épreuves.

Si quelque considération est de nature à faire abhorrer les royautés, c'est sans contredit le spectacle des calamités qu'elles ont déchaînées sur les peuples, du sang qu'elles ont répandu pour cimenter leurs trônes, et, d'autre part, la vue des cataractes sanglantes qui se sont ouvertes dans notre société moderne pour la dissolution du vieux monde et l'agonie du despotisme.

Rude escalade que celle de la Liberté ! Rome, Milan, Venise, Prague, Vienne, Berlin, Pest, Brescia, Livourne, Messine, Bade et Comorn, Paris, Paris surtout, c'est à ce grand assaut que vous venez d'échouer ! Échec apparent bien plus que réel.

C'est en présence de ces faits, c'est sous l'empire toujours grandissant de ces idées que se pose la question de l'avenir.

Là-dessus, l'aveugle réaction conteste ou dénature les faits ; calomnie les hommes et les idées, nie les principes et la destinée humanitaire. C'est l'aveu du philosophe de Rhodes. Cet insensé, sur son lit de souffrance, niant la douleur en l'apostrophant, fournissait la plus éclatante affirmation de la douleur qui ait été arrachée à la faiblesse de l'homme.

Hommes de réaction, c'est vous qui réagissez contre le salut de la société. Aventurés sans boussole sur l'océan révolutionnaire, vous vous y débattez sans cesse au sein des mêmes erreurs. Vous descendez un courant rapide sur une embarcation démâtée et sans agrès, encombrée de munitions de guerre. Emportés comme la flèche, vous ne le sentez pas, mais en voyant fuir sur le rivage les hommes chassés comme par un ouragan, vous les appelez sur votre navire qui mène au gouffre, quand vous devriez nager vers eux sur la terre ferme.

Vouloir le retour en arrière, c'est supprimer tout d'abord quatre ans de révolution écoulés depuis Février ; quatre ans remplis de faits et d'idées. C'est supprimer les problèmes discutés, les questions posées, les solutions écloses pendant ce laps de temps qui aura plus fait pour l'humanité que les dix-huit années du monarque constitutionnel.

C'est passer sous silence les événements de Juin et de Décembre, comme si c'étaient là des accidents fortuits, sans lien avec le passé, sans portée dans l'avenir, d'autant plus terribles et d'autant plus déplorables qu'ils seraient sans cause et sans résultat. Tant de sang n'a pu être versé sur la terre et s'en effacer si vite qu'on puisse, à la deuxième heure, repasser dessus comme sur un marbre bien lavé, pour reprendre impunément les traditions du passé, continuer les comédies aristophanesques et les *hauts faits* souillés de sang et de boue de la grande politique, inaugurée sous le dernier règne.

Entre hier et demain, entre le passé et l'avenir, le présent, c'est-à-dire la révolution, sert à rompre les ponts. Il ne reste plus qu'un abîme sans cesse s'élargissant, infranchissable – on le verra – et dans lequel il faut disparaître, si on ne préfère le laisser loin derrière soi.

XI

L'heure est venue. La nécessité parle. Il faut accepter sans réserve les propositions les plus rigoureuses de la révolution. Tous les enfants de 89, bourgeois et autres, auraient dû, ce nous semble, en prendre leur parti, et la propagande socialiste, pour être vraie, n'a pas à cacher sa nature révolutionnaire. Chercher à séduire l'ennemi n'est pas un sûr moyen de vaincre, surtout quand l'ennemi est prévenu. Est-ce que la révolution peut porter un autre nom que la révolution ? Pourquoi débaptiser l'histoire et refaire le dictionnaire, quand il n'est que trop vrai que le mot n'est pas suranné ? Le souvenir du 2 décembre offre de si claires démonstrations aux esprits les plus lents à comprendre ou les plus hésitants à opiner, que tout homme en France, à peine de crétinisme, peut aujourd'hui se prononcer en connaissance de cause. Ni surprise, ni duplicité. Il y a dualité dans l'état social, antagonisme et tiraillement. Que dans l'un des deux termes, chacun se classe avec franchise. Le socialisme, la république et la révolution se tiennent et ne peuvent faire qu'un ; tout le reste appartient à la contre-révolution et converge vers l'absolutisme, qui est le dernier anneau de la spirale. *Républicain ou cosaque !*

Le siècle discute et lutte. Partout où la voix de la conscience, appuyée par l'intelligence et la raison, domine la voix de l'intérêt particulier, la cause de la révolution est gagnée. C'est ainsi qu'elle se recrute pour le combat. Le socialisme par lui-même n'a rien de pacifique puisqu'il est régénérateur, et que le mouvement, pas plus que la résistance, n'est pacifique. Il a bravement arboré son drapeau en juin 48, il continuera dans cet esprit. Voudrait-on le désarmer, et le livrer pieds et poings liés à la dialectique de l'école ? Où est, dans ce système, le rôle du peuple qui ne fait son livre qu'avec les bribes tombées de la table des savants, comme Lazare son dîner avec les miettes du riche, du peuple qui rumine incessamment et discute à coups de fusil ?

Le chef des Égaux, Babeuf, était communiste, nul aujourd'hui ne peut se flatter d'avoir des aspirations plus droites vers l'égalité, mais tant s'en faut qu'il s'opposât à l'œuvre révolutionnaire, que lui et les siens, triomphant de leur répugnance, consentirent à conspirer avec des ex-conventionnels complices de la mort des deux Robespierre, de Couthon, de Saint-Just et de Lebas, et que, personnellement, il paya de sa vie, à la cour de Vendôme, sa courageuse initiative pour reconquérir la constitution de 93. Son socialisme, comme celui de ses contemporains, aussi étendu que possible par ses tendances et sa compréhension, était très borné à l'analyse, et restreint dans un cercle étroit d'observations et de connaissances. Son caractère était essentiellement agraire. C'est qu'aussi il précédait la grande industrie moderne, le grand commerce, le grand échange, la grande circulation, qui sont des moyens de simplification, des voies nouvelles et plus larges menant chacune, par des côtés divers, à l'escalade de la citadelle.

La science, sœur puînée de la démocratie, donne avec elle, tête baissée, dans la voie du progrès. Elle aide à pétrir un nouveau monde. La question sociale est un problème qui ne se résout pas uniquement dans le cerveau des penseurs et des statisticiens économistes. Les industriels, les inventeurs, tous les hommes de sciences expérimentales, les navigateurs, travaillent à une solution, et cela, d'une manière si absolue, que, jusqu'à ce jour, les théories sociales ont été comme une synthèse des faits scientifiques et industriels. D'échelon en échelon, les besoins sociaux se définissent par des formules ou par des actes qui correspondent à ces besoins. L'aristocratie terrienne a provoqué la révolution agraire par la vente des biens nationaux; la commandite capitaliste, la royauté des écus ont posé le problème de la solidarité industrielle et de la gratuité du crédit. La gratuité du crédit, l'abolition du droit d'aubaine[1] est en socialisme ce que le suffrage universel, ce que la souveraineté permanente et directe du peuple est en politique; les deux se cherchent et s'appellent.

Malheureusement, dans les transitions toujours trop longues d'une époque à une autre, la partie permanente qui supporte directement tout l'effort de cette œuvre, souffre, use ses forces à remplacer celles qui se déplacent dans la rupture de l'équilibre et, tandis qu'Atlas ne portait le monde que sur ses épaules, le producteur le porte sur ses bras, proscrit par la machine ou en concurrence avec elle. Ces masses ouvrières, qu'on accuse d'être révolutionnaires, ont subi dix révolutions, ont été ruinées dix fois par les variations du salaire, par la diminution des bras employés, par la hausse du prix des denrées de pre-

---

1. Le «droit d'aubaine» appartient au lexique d'Ancien Régime où il désigne le droit en vertu duquel un seigneur recueillait les biens que l'étranger non naturalisé laissait en mourant. Proudhon a revitalisé l'expression en en faisant le «droit de produire sans travailler»: «L'aubaine reçoit différents noms, selon les choses qui la produisent: *fermage* pour les terres; *loyer* pour les maisons et les meubles; *rente* pour les fonds placés à perpétuité; *intérêt* pour l'argent; *bénéfice, gain, profit* (trois choses qu'il ne faut pas confondre avec le salaire ou prix légitime du travail), pour les échanges.» (cf. *Qu'est-ce que la propriété? ou Recherches sur le principe du droit et du gouvernement, Premier mémoire (1840)*, Œuvres complètes sous la direction de C. Bouglé et H. Moysset, Genève-Paris, Slatkine, 1982).

mière nécessité, etc., avant qu'elles ne se soient décidées à donner du tintouin à messieurs de la finance, du coton, ou de la terre. Ajoutons que quels que soient les salaires, le régime politique et l'état de l'industrie, les patrons, les boutiquiers, les capitalistes, sous Louis XVI comme sous la Terreur, sous le Directoire comme sous le Consultat, comme sous l'Empire, comme sous la Restauration, comme sous la monarchie de Juillet, comme après la révolution de février et du 2 décembre, ont su et sauront palper de gros bénéfices, tandis que la masse n'a été et n'ira qu'à peine vivotant, jusqu'à nouvel ordre.

La révolution est prête en ce sens que, depuis qu'elle lutte, elle s'est constitué un terrain sur lequel elle peut s'implanter, fructifier et reproduire, espèce d'humus formé par tous les détritus des choses tombées ; richesses acquises et accumulées, arsenal de forces et de vérités. Après avoir, pied à pied, depuis un siècle et demi, fait son chemin à travers les institutions absolutistes, féodales et sacerdotales, elle se trouve au cœur de la place, partout au milieu de l'ennemi, mais assez forte de ses défaites pour fournir encore son étape. Les socialistes-révolutionnaires, les républicains, en un mot, sont un tiers de la France. Le suffrage universel, qu'on ne saurait dire, en notre faveur, un dynamomètre grossissant, en accuse des millions. Ces hommes sont-ils des zéros, ou leurs droits sont-ils des fictions ? Prétend-on les exterminer pour leur donner tort ? En faire les Albigeois, les Vaudois du siècle, et espère-t-on passer outre ? On tue des sectaires dans leur isolement, on brûle des hérétiques dans leurs chapelles où ils se sont séquestrés avec leur bagage d'erreurs et de vérités, mais on ne supprime point des millions d'hommes, dont le nombre est encore la moindre force, et qui, partie vivante et intégrante de la société, disséminés sur toute la surface, disposés sur tous les degrés, incarnent en eux mille vérités, mille besoins, mille nécessités, qui s'impliquent les unes les autres, et dont la société entière est solidaire. Aussi bien, la mission qui nous appartient est de combattre les réactions, qui ne sont que des temps d'arrêt où se mesure l'espace franchi, et de travailler au plus prompt avènement d'une cause dont le triomphe est assuré, il est vrai, mais duquel il serait puéril de discuter la date ou l'étendue avant de l'avoir produit ; car toute génération ne peut créer que des choses relatives dans ces deux termes, qui sont infinis : le temps et le progrès !

C'est ce qui nous fait un devoir d'être révolutionnaires.

XII

Le pouvoir sorti du coup d'État se dresse comme un rempart circulaire qu'on ne pourrait ni surmonter, ni tourner. Il faut le miner sourdement, et se préparer à faire brèche.

Ce coup d'État est un larcin de nouvelle espèce, *un vol à la révolution*, exploitation audacieuse des sentiments démocratiques d'un peuple. Le despotisme nouveau, en proclamant la déchéance morale et *foncière* des races royales, se pare habilement d'une sanction populaire et, déjà sur le pavois par la force des baïonnettes, se fait consacrer par le suffrage.

Le succès de ce criminel attentat a été favorisé par le caractère national qui incline plutôt vers l'égalité que vers la liberté – l'égalité ne consistât-elle qu'à avoir un maître commun – et qui préfère l'action à la délibération – l'acte fût-il une usurpation. Agir c'est prouver. Le peuple français est profondément révolutionnaire. Trop discuter l'ennuie. Il convient de ne pas l'oublier. Si une semblable nature se prête aux revirements les plus soudains, quelquefois les plus contradictoires, et fait obstacle à un développement progressif, raisonné, il faut convenir qu'il comporte des révolutions radicales et, pour ainsi dire, des créations instantanées au sein de la société. Nous sommes ainsi ; c'est notre manière de procéder. Et peut-être est là le plus sûr moyen de faire accoucher l'humanité ? Car enfin, où mène l'Angleterre, quel avenir offrirait-elle au monde, avec sa liberté nominale et son paupérisme constitutionnel ? De cette belle prospérité, qui paye l'écot ? L'Irlande asservie et sangsurée, l'émigration continue, déversant dans l'Amérique du Nord et dans l'Australie le trop-plein des réservoirs de la misère, toujours affleurés, jamais vidés ? Faudrait-il, à chaque grande nation, une Irlande et une Australie ?

Une certaine présomption habituelle à chaque époque, l'amour des choses faites ou faciles nous ont fait souvent répéter : ce n'est plus maintenant comme autrefois ; telles et telles choses sont aujourd'hui impossibles ; nos mœurs ne permettraient plus cela ; telles gens, telles idées sont mortes. Et ce qui ne devait plus être, est ; l'impossible est passé à l'état de fait accompli ; les gens qui devaient dormir dans la tombe se promènent au grand soleil et nous mordent à belles dents ; les idées soi-disant passées fonctionnent, offusquent le bon sens, et blessent la conscience publique. Rien n'est mort, tout se meurt ; mais il faut savoir achever. Si quelque chose est bien mort, nos enfants le verront dans cinquante ans.

La royauté de droit divin use, il est vrai, ses loisirs, d'intrigue en intrigue, de proclamation en proclamation, comme une *Vente* de simples conspirateurs ; mais encore est-elle là, prête à pêcher en eau trouble, et poussée en avant par le Nord, d'où ne nous viendra pas la lumière.

Le roi-citoyen est mort en exil, et il n'a duré que dix-huit ans, tandis que ses aînés comptaient presque autant de siècles, c'est fort juste ; mais il laisse nombre de roitelets qui se contenteraient au besoin d'une présidence, sauf à nous préparer une deuxième édition du 2 décembre.

La noblesse n'est plus qu'honoraire ; ses parchemins sont à la discrétion d'un décret, et ses blasons ne représentent guère que la valeur des pièces de cent sous payées au peintre d'ornements. Oui, mais ils sont les vedettes de toutes les restaurations, plantés comme des fiches de retour, et leur survivance est une négation de l'unité républicaine.

Le clergé, autrefois nourri par son Dieu, émarge au budget comme la gendarmerie, déchu de ses privilèges célestes et étiqueté par Mirabeau : *Salarié, mendiant, voleur*. C'est juste, mais son pape est encore à Rome ; et si, du haut de ses quarante mille chaires, il ne sait plus allumer le flambeau de la foi au cœur de ses fidèles, il excite les passions, réchauffe les préjugés, distille la calomnie. Il n'y a plus ni royauté, ni noblesse, ni clergé, mais il y a encore des rois, des nobles et des prêtres. Eux disparus, rien ne reste. Ils ont subjectivé dans leurs personnes l'institution qui a défailli dans la société et, comme des gens qui ont avalé un toxique, ils ne succombent qu'après d'affreuses convulsions. Ce ne sont pas les *révolutionnaires* proprement dits qui perturbent et paralysent la société, ce sont les *convulsionnaires*.

Avec eux le temps des superstitions expire, les vieux drapeaux sont abattus ; c'est à peine si quelques pans de leurs flammes se distinguent sous la poussière du passé qui les envahit. N'avons-nous pas entendu le gouvernement du 2 décembre se dater du XIXe siècle, se faire fort de son origine récente et révolutionnaire contre les *hallucinations monarchiques*, et s'investir de la tyrannie décennale au nom de la souveraineté du peuple ? L'hypocrisie, a-t-on dit, est un hommage que le vice rend à la vertu. Le même rapport existe entre l'élection du 20 décembre et le suffrage universel. Il ne s'agit point pour nous d'en être les dupes, mais de constater la méthode, et de voir si, par exemple, l'autocrate-président ne serait point, lui-même, un fossoyeur de royautés. Dans la période de la révolution, Louis Bonaparte n'est qu'un accident, fort grave d'ailleurs, et dont notre devoir nous fait une loi de hâter l'évanouissement. Il n'est qu'un accident, car la question n'est point entre son gouvernement et celui de ses prétendants rivaux ; nous n'en sommes plus aux guerres des Armagnacs et des Bourguignons ; partant, rien n'est résolu. Dans notre débat social, l'Égalité se pose en antithèse du privilège, la Science en antithèse de l'ignorance. Voilà le Sphinx. Et certes, ce n'est pas dans la constitution élyséenne[1] que nul s'avisera de trouver le mot de l'énigme, bien que le législateur se soit flatté d'avoir rétabli *la pyramide sur la base*, négligeant de nous dire s'il compte en habiter le sommet aigu ou les côtés glissants, et paraissant avoir oublié, dans ses rêveries géométriques, que l'humanité vit plus à l'aise autour d'une sphère.

XIII

Ces derniers événements nous ont enseigné, avec toute évidence, que chacun doit faire son métier et ne point trop finasser, sous peine de devenir sa propre dupe. Nous avons vu des généraux et des sabreurs, au lieu de jouer aux soldats, ce qui était leur affaire, s'isoler de leurs casernes, jouer aux hommes d'État, à la diplomatie, aux commissions, aux scrutins, tout

---

1. Lors du coup d'État du 2 décembre 1851, Louis-Napoléon Bonaparte promet une nouvelle Constitution qui est proclamée le 14 janvier 1852, et s'avère à la lecture passablement ambiguë puisque tout en confirmant et garantissant « les principes proclamés en 1789 », elle entérine notamment le principe d'un exécutif semi-monarchique qui confie le gouvernement de la République française « pour dix ans au prince Louis-Napoléon Bonaparte ».

entiers à leur nouvelle profession[1]. Ce n'étaient plus
que des petits bonshommes en habit noir ; quatre
hommes et un caporal les ont arrêtés dans leur frac ;
ils eussent été invincibles sous leurs épaulettes. Les
roueries parlementaires nous ont joué le même mauvais tour. Des hommes chers au peuple, propres à
l'action, profonds dans leurs études et, en forte partie, sincères dans leur dévouement à la révolution,
se sont noyés dans les bureaux, dans les majorités
relatives, dans les votes d'appoint, eux, chargés de
planter des jalons, de s'affirmer par initiative, de
lever l'étendard des minorités ; eux, envoyés là pour
veiller aux poudres, sentinelles avancées du parti,
placées par une favorable occurrence dans les retran-
chements même du camp ennemi ! Tout parti a sa vie
propre. Il faut qu'il en vive, sinon il s'étiole et périt
comme la plus belle des plantes sur une mauvaise
terre. Ainsi, pour les républicains-socialistes qui ont
pour base d'opération le *Droit*, il leur appartient de
créer le sentiment de la *Force* qui mène à la conquête
du fait. Nos adversaires, qui ont pour base la force,
décrètent le droit qui justifie l'emploi de la force. C'est
à eux que s'applique cette pensée de Pascal : « Ne
pouvant faire que ce qui est juste fût fort, on a fait
que ce qui est fort fût juste. » – Parmi des hommes
qui ont arboré un drapeau et qui constituent un parti,
l'indifférentisme n'existe pas. Il y a la peur ou l'audace, l'action ou la passivité, et ce dernier cas est
toujours un aveu tacite de faiblesse. La douceur,
l'abandon, le laisser-aller, l'oubli des hommes et des
choses peuvent être une imprudence plus ou moins
fatale, mais qui ne manque pas de grandeur, dans le

---

1. Allusion à l'itinéraire du général
Cavaignac qui, après avoir abandonné
l'armée d'Afrique au profit du pouvoir
en métropole, est arrêté lors du coup
d'État du 2 décembre 1851 et
emprisonné au fort de Ham.

triomphe. Sous le carcan de l'oppression, poussons à l'énergie. Vaincus, non domptés, rugissons dans nos fers. Même sous l'invasion de la force, surtout alors devrions-nous dire, la révolution n'abdique jamais. L'abdication est la condamnation de soi-même, et du moment qu'on s'est condamné les exécuteurs ont beau jeu.

Le XVIIIᵉ siècle, témoin de la splendeur de Louis XIV, a vu crouler son trône et guillotiner son petit-fils. Le XIXᵉ siècle, témoin des splendeurs napoléoniennes et des défaites signalées de la démocratie européenne, que ne verra-t-il pas ? La république sociale a fait pressentir son avènement et, aussitôt, d'une limite à l'autre du continent, s'est formée contre elle la ligue de tout ce qu'elle voulait atteindre. Pour empêcher l'humanité de suivre sa ligne dans les champs de l'avenir, on rouvre la cellule du passé et on l'y enterre. Viendra l'éruption. Le congrès de la paix[1] a par trop anticipé sur les événements, prenant pour un moyen ce qui ne saurait être qu'un résultat. Il n'est qu'une appréhension du congrès de la guerre, et a servi à dénoncer une situation par son idée contraire, à peu près comme les sociétés de tempérance dans les populations adonnées à l'ivrognerie. L'esprit de combat est immanent sous la blouse et sous l'uniforme, pronostic de la grande crise. Gardons-nous de la redouter dans l'intérêt du socialisme ; ce sont là des moyens

1. Il s'agit du congrès de la Paix réuni à Paris les 22, 23 et 24 août 1849. Présidé par Victor Hugo qui en appelle à la création des « États-Unis d'Europe », il témoigne de l'existence d'une Internationale pacifiste d'obédience libérale (voir Guy Rosa, « La République universelle, paroles et actes de Victor Hugo », in *Révolution et République, l'exception française*, actes du colloque international de l'Institut d'histoire de la Révolution française de Paris I ; Évelyne Lejeune-Resnick, « L'idée d'États-Unis d'Europe au congrès de la Paix de 1849 », in *1848 : révolutions et mutations au XIXᵉ siècle. Bulletin de la Société d'histoire de la révolution de 1848 et des révolutions du XIXᵉ siècle*, 1991, n° 7, pp. 65-72 ; Alix Héricord, *Mentalités européennes. Autour du congrès des Amis de la paix universelle réuni à Paris en 1849*, Mémoire de maîtrise d'histoire, Université Paris I-Sorbonne, 1995-1996).

proportionnés au but. Voilà tout. Autant de soldats enrégimentés de la Seine à la Néva, autant d'agents révolutionnaires voués au conflit. Les canons fondus pour la compression vont traverser le monde, attelés à la révolution. Ces innombrables bataillons, au milieu de la paix, trouvent leur raison d'être dans les événements qui les attendent, et qui, donnant une solution dans le fracas et le grondement européens, vont décharger la terre des armées permanentes, comme un orage désobscurcit le ciel et lave le sol, emportant avec des immondices, des moissons, des arbres et des créatures vivantes.

Cette conflagration est latente ; sans la craindre, les républicains doivent s'y attendre et y préparer leurs courages, afin de ne pas être pris à l'improviste, et de ne point rester au-dessous d'une mission aussi grandiose. Les faits militaires de la première révolution et qui, malheureusement, ont fini par l'absorber, auront leurs corrélatifs. Mais leur caractère sera changé et leur danger aura disparu. Aux guerres de conquête, succéderont les guerres pour la solidarité.

XIV

La révolution de février, et principalement les mouvements et les réactions qui lui ont succédé, nous ont appris à connaître la vieille histoire. Des faits qui, sur la foi de mauvais travaux historiques, nous avaient paru jusqu'à ce jour incompréhensibles, repoussants ou condamnables, nous sont expliqués par des situations analogues ou conséquentielles. Par là même se trouve démontrée leur légitimité. La révolution est comme une chaîne dont tous les anneaux se marient et se solidarisent. Insensé celui qui dit que le premier chaînon ne supporte point l'effort du dernier ! Insensé celui qui s'isole devant la responsabilité de la logique et de l'histoire !

Guillotinés de Thermidor, mânes héroïques de la Montagne, ô vous dont le souvenir, depuis un ample demi-siècle, habite les gémonies de l'histoire et le pilori de la polémique, aviez-vous prévu que, déjà si loin de votre supplice, une nouvelle république n'aurait pour vous ni bonnes paroles, ni hommages ; qu'elle craindrait, au contraire, l'invocation de vos mémoires et le témoignage compromettant de vos actes ? Vous attendiez-vous à une seconde exécution par les mains d'aucuns républicains d'un autre âge, âmes molles, étrangères à l'héroïsme ; esprits cultivés, puits de science, têtes sans chaleur, sans élan ; écrivains profonds, publicistes habiles, plumes rapides et fécondes, mais sans éclair et sans foi, et comme imprégnés, depuis la Restauration qui les vit naître ou se développer, de l'atmosphère épaisse et calomnieuse des Loriquets[1] ? S'ils ont exploré l'ossuaire où dorment confondus les athlètes de la Révolution, c'est pour en évoquer vos squelettes muets, qu'ils ont fait comparaître à leur barre, mouvoir, agir, penser, qu'ils ont broyés sous leur logique pour la plus grande gloire de l'école, et dont ils ont jeté les cendres aux quatre vents, comme athées, despotes, crétins et buveurs de sang ! Inutiles, pitoyables concessions à la médiocrité, à la peur, à la haine, aux préjugés, au fanatisme ! Ah ! si vous pouviez vous lever et parler aux générations modernes ; rappeler les terreurs de la Bastille, les détresses du *pacte de famine*, les grandes émotions du canon de Verdun, le gouffre béant de la conspiration royale, l'altière et antinationale domination de l'*Autrichienne !*

Quel est le mètre qu'on vous applique ? Entre vos temps et les nôtres, où est la commune mesure ? S'il

---

1. Allusion à l'abbé Jean-Nicolas Loriquet dont les manuels servent sous la monarchie de Juillet à enseigner l'histoire de France aux élèves des séminaires d'une façon pour le moins peu objective.

est vrai que nous soyons si en avant de vous, aujour-
d'hui vieux patriarches d'une révolution accomplie ;
si vous n'êtes plus que des antiquailles meublant le
musée de l'histoire, n'est-ce pas là votre gloire et
votre justification ? Notre monde dédaigneux et vain
de sa science, n'est-il pas votre œuvre ? N'avez-vous
pas payé notre rançon ? Ne bénéficions-nous pas,
ingrats héritiers, de l'œuvre terrible et nécessaire
accomplie par vous, ainsi que du sang expiatoire qui
a jailli de vos artères, sous le triangulaire tranchant ?
Trop de vertu isole, trop de logique épouvante ; c'est
dans cette austère solitude que vous avez marché à
l'échafaud, au milieu du déchaînement des plus viles
passions. Le roi traître à la nation, la reine complice,
le maire de Paris, bourreau du peuple au Champ-de-
Mars, la femme assassin d'un agonisant sans défense,
les Girondins transfuges de la Révolution recueillent
sur leur passage, quelques fleurs, quelques larmes, et
se réfugient dans le sein d'une postérité imbécile qui
leur dresse des autels et chante leur apothéose. Vous
seuls pourrissez encore sur la claie de l'infamie, où de
rares initiés vous apportent, avec le tribut solitaire
de leurs sympathies, quelques feuillets de l'histoire,
quelques parfums de poésie ! En attendant votre tombeau, publions votre épitaphe : « Le temps n'est point
arrivé où les hommes de bien peuvent servir impunément la patrie. Les défenseurs de la liberté ne
seront que proscrits, tant que la horde des fripons
dominera[1]. »

Maintenant, que nos plaies vives nous inspirent, par
l'égoïsme contemporain, la volonté et la force de venger nos propres maux, alors que nous consentions à
oublier la leçon du passé, léguée par la persécution et

---

1. Discours prononcé par Robespierre   le 8 Thermidor an II, déjà cité
l'avant-veille de sa mort,   en exergue.

l'extermination de nos pères, sur toute la surface de la France, ensanglantée, attristée comme aujourd'hui, des défaites et du deuil de la démocratie. Relions une forte tradition révolutionnaire ; faisons une légende pour l'avenir. L'action de la révolution veut être ininterrompue. Quiconque se met à l'écart s'affaiblit. La tenace réaction s'est chargée de renouer les fils, afin que nous rejoignions les anciens dans les labyrinthes de la mort, de la prison et de l'exil.

Ceux qu'on guillotinait, on les fusille, au besoin on les guillotine ;

Ceux qu'on fusillait autrefois, on les fusille encore ;

Cayenne s'est doublée de l'Algérie ;

Sinnamari est Nouka-Hiva[1] ;

À la déportation s'est ajoutée la transportation[2] ;

Les prisons se sont étendues aux forteresses et aux navires ;

Ceux que les blancs égorgeaient, les réacteurs[3], aujourd'hui, les dénoncent ;

Ceux qu'on dénonce, sont *pontonnés*, transportés, et périssent, un jour l'un, un jour l'autre ;

Les dix mille Jacobins dans les prisons de Thermidor, sont cent mille socialistes dans les prisons du 2 décembre ;

Les conventionnels sont déportés, incarcérés ; les représentants du peuple sont transportés, exilés ;

Les compagnies de Jésus, du Soleil, etc., massacraient avec impunité ; 400 000 soudards, 50 000 gendarmes ont le même privilège ;

---

1. Sinnamary fut en quelque sorte le premier bagne d'outre-mer ; en effet après le coup d'État du 4 septembre 1797, furent déportés sans jugement dans cette petite ville de Guyane toute une série d'ennemis politiques. L'île de Noukhahiva dans les Marquises fût désignée par la loi du 8 juin 1850 pour purger les peines de déportation simple destinée aux prisonniers politiques.
2. La peine de déportation. S'inspirant du système anglais.
3. Terme vieilli pour désigner les « réactionnaires ».

À côté de l'odieux, s'étalait le ridicule ; dans l'arène de la persécution, la police prend ses ébats ; nous avions les bâtons noueux des muscadins[1] ; nous avons les triques des décembraillards.

Nous sommes punis pour ce que nous avons fait, et non moins punis pour ce que nous n'avons pas fait. Le passé nous fait retour. Que cette cruelle expérience soit la mort des illusions. Nos ennemis, mieux que nous, savent ce que nous sommes ; ils ne nous séparent point de nos précurseurs ; ils poursuivent en nous les ouvriers de la même tâche ; ils s'attaquent à toute la Révolution ; leur logique inflexible nous impose le supplice de la responsabilité. La réaction refait son câble. Révolution, reprends ta hache ; on médite de t'amarrer pour te couler à fond !

XV

Il est urgent que l'action révolutionnaire se produise d'une façon aussi unitaire, aussi intense que possible ; que chacun, par l'énergie de la volonté, par la fixité, par la souveraineté du but, se dispose à peser sur les événements, de telle sorte qu'il reste des traces ineffaçables des choses accomplies, et non plus seulement des aspirations, des tâtonnements et du verbiage. Le sang du peuple ne saurait couler toujours infructueusement. Les leçons de l'histoire ne doivent point nous trouver aveugles. Ce qu'on appelle une révolution perdue – et l'expression n'est que relative, car une révolution n'est jamais perdue, elle a été, elle a servi – cette révolution, disons-nous, devient la meilleure garantie de la révolution future. Nous savons que défendre une révolution pied à pied, dans

---

1. Sous la Révolution et le Directoire, jeunes royalistes qui se distinguaient par leur mise recherchée.

le dédale des réactions parcellaires des législateurs et des gouvernants, sur le terrain préparé par l'ennemi espérant de revenir par des circuits aux positions déjà perdues, que la défendre ainsi, c'est la livrer ; que suspendre les hostilités, par l'expectative, c'est se mettre dans l'impossibilité de les recommencer, quand les circonstances en feront une nécessité inéluctable ; qu'assoupir les esprits, c'est s'ôter les moyens de pouvoir les stimuler ; que pacifier un transport révolutionnaire, c'est le combattre ; qu'attendre pour en appeler au peuple, c'est-à-dire aux hasards de la bataille, d'être dépossédé de son dernier bout de tribune, de son dernier carré de papier, c'est attendre le coup de grâce, sur le talus du fossé.

Point de franche lippée,
Tout à la pointe de l'épée.

Le voyageur pressé d'arriver et qui, néanmoins, étant parvenu sur les bords d'un fleuve, n'imaginerait d'autre moyen pour gagner la rive opposée que de laisser l'eau couler afin de passer à pied sec, ne serait pas plus le jouet de sa simplicité que le novateur qui compterait sur l'épuisement naturel de la réaction pour donner cours à ses idées. La loi du progrès, en France, se déduit de ces deux termes : le budget de la Guerre et le budget de l'Instruction publique. La France est comparable à une opulente famille dotée de plusieurs millions de revenus et qui consacrerait cinq francs par an à l'éducation de ses membres. Pour n'envisager qu'un côté de la révolution, le suffrage universel, avec un pareil régime, n'est pas purement une question de droit mais aussi une question de force. Le premier acheminement, et le plus facile, vers la sincérité du vote universel est l'armement universel. Quelle est l'égalité de deux électeurs, dont l'un présente son bulletin au bout d'une baïonnette, l'autre seulement au bout de ses doigts ? Ces deux électeurs n'en font qu'un. Si le premier commande, le second obéit ; sinon, on l'écrase. Le 20 décembre[1] l'a prouvé. Le ministère du *Progrès* ne serait-il point, par hasard, le ministère des *Fusils* ?

Toujours on se croit fort, plus fort, parce qu'on vient de faire un pas, et volontiers nous nous écrions : «Nous avons jeté» ou bien «Jetons nos béquilles ! la République est assez forte, etc., etc.» – Assez forte, pour quoi faire ? – Pour épargner celui-ci, pour rappeler celui-là... – Ah ! j'entends ; assez forte, alors, pour miner sa propre force ; assez forte pour s'affaiblir, assez forte pour se blesser ? Je me porte assez bien pour gagner une maladie ; j'y vois assez clair pour m'introduire une paille dans chaque œil ! – Et voilà comment, pour avoir commencé par où on ne saurait même finir, on finira, il le faut bien, par où on aurait dû commencer.

Où est la révolution, à l'heure qu'il est ? Où a-t-il transporté son aire, l'aigle républicain ? Quelque système inexpugnable l'a-t-il assise au milieu de ses victorieuses formules ? Quelque chasseur intrépide le porte-t-il sur son poing d'airain ? La révolution s'est réfugiée dans le sein des masses ; elle y fermente ; elle y renaît. Des bras du peuple, l'aigle reprendra son vol, les serres aiguisées ; ce sera l'œuvre des sociétés secrètes, dont les ressorts se bandent sous le poids croissant de la compression et, ainsi que des réservoirs animés de vie et d'intelligence, emmagasinent la force. C'est moins une conspiration qu'une ligue. Les mêmes noms ne signifient pas toujours les mêmes choses. Il n'en est pas de même des sociétés de la

---

1. Par le plébiscite du 20-21 décembre 1851, Louis-Napoléon Bonaparte est autorisé par 7 439 000 voix contre 647 000 à «établir une nouvelle constitution».

Restauration et de la monarchie de Juillet, et des sociétés actuelles qui, comme une riche mine révolutionnaire, se sont épanchées en filons d'or dans tous les départements. Les premières avaient pour mission d'entretenir le feu sacré dans le secret de leurs retraites et, à divers intervalles, d'affirmer le principe, par la revendication à main armée ; tout ce que peut une infime minorité. Noble rôle, pourtant ! Le gland s'est fait chêne. Les secondes créent et organisent la puissance, la victoire, par la coopération. La plupart d'entre elles, constituées en dehors des grands centres policiers, ramifiées à travers champs, ont un caractère primitif, et sont moins exposées à la dénonciation. Elles ont pour effet, chose capitale, de donner au paysan et au manœuvrier conscience de leur dignité civique et de leur force, en les faisant se rencontrer dans un travail politique avec les bourgeois, les riches et les gros bonnets du bourg qui, jusque-là, avaient monopolisé l'opposition libérale ou la conspiration républicaine. Par le même canal, les républicains des banlieues se rapprochent de ceux des villes, avec des rapports de solidarité et d'égalité, précédemment inconnus au point de vue de l'ensemble, et dont les résultats sont de généraliser et d'unifier le levain insurrectionnel. Telles sont les fédérations de la nouvelle république, les seules que la dureté des temps nous permet : la Ligue des Opprimés ! Gloire à ces hommes que conseille le génie invisible et partout vivant de la révolution ! Gloire à ces hommes qui, sans profit personnel, ni de célébrité, ni de bien-être immédiat, font de leurs corps un rempart à la liberté des penseurs et, par la voie raide et sanglante des minorités, entraînent l'Humanité vers ses fins !

Il est vrai qu'aujourd'hui, le républicain-démocrate-socialiste ne se nomme plus Initiateur, il se nomme Légion. L'armée est recrutée ; qu'elle se défende, ou

mieux qu'elle attaque. La grande guerre de l'extermination n'est-elle point, contre elle, décrétée par le
pouvoir, soudoyée par la finance, prêchée et sanctifiée
par le sacerdoce ? En avant ! Lève-toi, marche, révolutionnaire, subjugue le pouvoir, ruine la finance,
damne la papauté ; arme-toi ! combats ! Affrontant la
mort par devoir, condamné à mort par sentence,
frappe à mort, s'il le faut, tu te nommes Légion ; en
avant ! pour l'Humanité !

Londres, ce 23 juin 1852

II. La rue Saint-Jacques

Imminence d'une crise. – Réunion nocturne sur la place du Panthéon. – Impression sur le peuple des mesures prises contre les ateliers nationaux et des expéditions en Sologne. – Appel dans les clubs. – Matinée du 23. – 11ᵉ et 12ᵉ légions. – Attitude première des mobiles et des gardes républicains. – Attaque des barricades au Petit-Pont et dans le haut de la rue Saint-Jacques. – Orage. – Les mobiles mettent la crosse en l'air. – Supercherie. – La rue Chartière. – Reconnaissance aventureuse. – Arrestation.

L'insurrection de Juin s'est faite, il est vrai, sans plan d'ensemble, sans conspiration dans la force du mot, sans état-major, mais elle ne s'est point faite sans un travail du peuple sur lui-même, sans un concert préalable.

D'ailleurs, une crise était imminente depuis le commencement du mois. Le rappel des troupes et la loi sur les attroupements avaient été un premier aiguillon. Les mesures prises contre les ateliers nationaux – l'incorporation dans l'armée des hommes de 17 à 25 ans ; l'ordre, donné le 21 juin, de fermer les inscriptions dans les mairies ; le départ de plusieurs brigades de ces ateliers dans les départements ; les échecs éprouvés par les ouvriers à Courbevoie, à Puteaux, à Orléans et ailleurs ; les démarches infructueuses des délégués auprès du directeur ; leurs menaces réciproques au sortir de leur dernière entre-vue – avaient enfin posé et défini le *casus belli*. Le gouvernement et le peuple s'apprêtaient en même temps, car, dès le 22 juin, l'ordre était donné au général Damesme[1] de consigner la garde mobile dans ses casernes et, dans cette même journée, 5000 ouvriers, réunis sur la place Saint-Sulpice, voulaient sonner le tocsin, répétant que le citoyen Marie les avait traités d'esclaves. Un bataillon de la ligne vint occuper les lieux et empêcher tout.

Dans la soirée du 22, j'eus connaissance qu'une réunion aux flambeaux se tenait sur la place du Panthéon[2]. Cette manière de conférer en plein air, la nuit venue, présentait quelque chose d'étrange et dénotait l'urgence. Nous y courûmes.

Plusieurs orateurs y prenaient la parole à la fois, et sans entraîner de confusion. Chacun d'eux avait son public. Il n'eût pas fallu moins que la voix de Stentor pour se faire entendre de la foule préoccupée, dont les derniers rangs noirs et immobiles se perdaient dans l'obscurité de la place.

À certains moments, des murmures sourds et des oscillations parmi ces groupes où l'on ne distinguait pas même les visages, prouvaient qu'une pensée commune émouvait tous ces esprits, pensée aussi grave et froide qu'absorbante, car on ne remarquait pas les cris, les vivats, les applaudissements et l'expansion ordinaires aux réunions populaires.

Ce qui fait que cette assemblée, composée d'ouvriers en grande majorité, était si attentive, c'est

---

1. Le général Damesme est chargé de la rive gauche, mais blessé d'une balle dans la jambe du côté des barricades de la rue Sainte-Geneviève, il ne survivra pas à son amputation. Il est remplacé par le général Bréa.
2. Le Panthéon est un haut lieu de la vie politique du Quartier latin, un lieu de rassemblement les jours de révolte, une zone de contact entre les Écoles et le très populaire XIIe arrondissement, la place où les travailleurs des ateliers nationaux du quartier viennent toucher leur paye…

qu'on s'y occupait du sort de l'ouvrier, et des moyens de sortir d'une situation qui n'était plus tenable. Tout concourait au même but. Le sentiment et le pittoresque, qui exercent tant de puissance parmi le peuple, se joignaient à la réflexion et aux souffrances positives. On y parlait de la Sologne, et des brigades des ateliers nationaux qui y avaient été envoyées pour leur malheur.

Accueil hostile de la part des habitants de la contrée ; abandon général ; pas de travail, pas de chantiers dans le pays, partant pas de pain ; rien de prêt pour les recevoir, rien de prêt pour les retourner ; les ouvriers échelonnés sur la route de Paris, souffrant de la faim, sans argent et presque sans chaussures ; quelques bandes, rentrées dans la capitale, jetant le cri d'indignation et d'alarme, montrant leurs figures hâves et amaigries, semant partout l'émoi, et criant à la trahison du gouvernement et de l'Assemblée, voilà la situation ; et les motifs en étaient aussi sérieux que l'impression en était profonde.

Le spectre de la Sologne se présenta bientôt à tous les esprits comme une Sibérie française, où l'on aurait voulu exiler les travailleurs des ateliers nationaux pour trancher la question du *droit au travail*, et pour dégarnir Paris de ses forces révolutionnaires. L'avis unanime fut qu'il fallait en demander raison à la commission exécutive et à l'Assemblée nationale. Contre cette dernière pesait, dans l'esprit du peuple, un souvenir concentré du 15 mai. On savait que depuis ce jour elle s'était protégée contre la désaffection populaire par du canon et des baïonnettes. Il fut décidé que le faubourg ne se porterait point en manifestation auprès d'elle, mais que si les réponses de la commission exécutive, qui serait mise en demeure, n'étaient point conformes à la volonté du peuple, on prendrait immédiatement les armes. On se donna rendez-vous sur la place pour le lendemain matin à cinq heures.

On se sépara aux cris de : Vive la république sociale ! avec une attitude qui promettait beaucoup.

Les ombres de Darthé, de Buonarroti et de Babeuf[1], qui conspirèrent longtemps là, tout près, dans les caveaux de Sainte-Geneviève, eussent tressailli d'aise, en entendant pousser ces cris de guerre et de régénération sociale par des milliers d'ouvriers.

Nous nous répandîmes dans les clubs, propageant la nouvelle de cet arrêt du Forum, et exhortant les membres à se trouver présents au rendez-vous matinal. La connaissance de ces faits, énoncés avec chaleur, et non sans une peinture des désastres sanglants et de la perte de tant de bons patriotes qui allaient être la suite de cette levée de boucliers contre la réaction, impressionna vivement les assemblées chez lesquelles un morne silence remplaça le vacarme habituel, et coupa court aux ordres du jour.

Les femmes, et beaucoup de personnes qui venaient dans les clubs par curiosité ou par passe-temps, se retirèrent un peu effrayées. Des jeunes gens de diverses professions et des ouvriers de tout âge formèrent des groupes et continuèrent de parler sur ce sujet, se promettant de coopérer à l'insurrection.

Nul doute qu'un travail de même nature que celui que nous opérâmes dans le XIe et dans le XIIe arrondissements[2], n'ait eu lieu dans les autres quartiers de Paris et n'ait préparé les journées du 23 au 26.

---

1. Ce sont les trois principales figures du Club du Panthéon fondé en 1795 et où se fomentera la conjuration des Égaux.
2. Il s'agit de l'ancien découpage de Paris en douze arrondissements, resté en vigueur jusqu'en 1860, date à laquelle l'absorption des villages limitrophes de la capitale devait déboucher sur un redécoupage en vingt arrondissements. Le XIe arrondissement englobait les quartiers du Luxembourg et de l'École de médecine dans l'actuel VIe arrondissement, de la Sorbonne dans l'actuel V[e], et du Palais de Justice dans le IVe. Le XIIe arrondissement, contigu, comprend quant à lui les quartiers Saint-Jacques, Saint-Marcel, du Jardin du Roi (l'actuel jardin des plantes) qui se trouvent actuellement dans le Ve, ainsi que le quartier de l'Observatoire (actuellement dans le XIVe).

Le 23, dès le grand matin, la place du Panthéon avait reçu de nombreux conjurés, sans armes. Je ne trouvai pourtant pas l'attroupement que j'avais prévu. Bon nombre de survenants ne faisaient qu'apparaître, et peu après se retiraient parcourant sans doute de cette façon les divers centres révolutionnaires.

La 11ᵉ légion[1], c'est-à-dire son état-major, cherchait de son côté à former ses bataillons, pour se tenir prête à marcher contre nous. À 6 heures et demie du matin, le *rappel* fut battu dans les compagnies ; à 8 heures, ce fut le *rappel général*. Personne ne se souciait encore de se compromettre, et les places d'armes restèrent inoccupées. On attendait probablement l'engagement de la ligne et de la mobile. À 1 heure de l'après-midi, on battit la *générale*, on ne réunit que 1000 hommes.

Nous étions trois ou quatre cents en expectative sur la place depuis plusieurs heures, et je m'avisai de profiter de ce répit pour visiter quelques citoyens sur les personnes ou sur les armes desquels j'avais lieu de compter.

Je songeai également à me rendre rue Albouy[2] où tous les journaux socialistes du jour nous convoquaient à midi précis, comme commission électorale[3] pour la liquidation de l'élection des Onze[4]. Je m'y ren-

---

1. La garde nationale était divisée en légions selon chaque arrondissement, la 11ᵉ légion est donc la légion recrutée sur le XIᵉ arrondissement.
2. Elle se situait dans l'actuel Xᵉ arrondissement, il s'agissait d'une parallèle de la rue de la Grange-aux-Belles et d'une transversale de la rue des Vinaigriers, à peu près au niveau de l'actuelle rue Lucien-Sampaix. C'est là que se trouve le siège du Club des Droits de l'homme.
3. Pardigon est membre de la commission centrale démocratique pour les élections qui se constitue à partir du 29 mai 1848 et organise la campagne électorale socialiste pour les élections complémentaires des 4 et 5 juin. Cette commission donne rendez-vous à ses membres précisément le 23 juin pour liquider cette affaire électorale.
4. Il y avait onze sièges de représentant parisien à pourvoir aux élections du début juin.

dais avec d'autant plus de hâte, du moment que rien n'était encore engagé dans notre faubourg, que je pensais qu'aux Droits-de-l'Homme[1], siège de notre commission, on devait s'occuper de la question insurrectionnelle, et centraliser tous les renseignements touchant les faubourgs Saint-Denis et Saint-Martin.

J'étais avec deux membres du club du Deux-Mars[2]. Ce club fut plus tard qualifié comme un des plus dangereux de Paris dans le rapport d'enquête Bauchart[3]; ce n'est pas seulement, je suppose, à cause de l'énergie révolutionnaire des discours qui y étaient tenus, mais aussi parce qu'on avait commencé de s'y organiser militairement et par décuries[4]. Je venais d'en être nommé président en remplacement du citoyen Dauzon qui s'éloignait de Paris. À la hauteur du Pont-Neuf, nous rencontrâmes une soixantaine d'officiers dégommés de la garde républicaine qui allaient demander à la commission exécutive d'être réintégrés dans leurs grades. Mais la destinée de ces hommes de Février n'était pas de servir un gouvernement entré dans les voies contre-révolutionnaires, et s'ils reprirent tous leurs grades dans cette journée, ce fut, on le pense bien, derrière les barricades.

---

1. Fondée dès les années 1830, la Société des Droits de l'homme remonte aux âges héroïques des sociétés secrètes, ce qui lui confère une expérience organisationnelle que n'ont pas les clubs plus récents.
2. Le Club du Deux-Mars est un club étudiant fondé le 2 mars 1848 et se réunissant à la Sorbonne.
3. Quentin Bauchart (1809-1887), élu député en 1848 et 1849, l'un des dictionnaires biographiques qui fait autorité en matière de personnel parlementaire sur la période écrit qu'« Il fut l'auteur du remarquable rapport de la Commission d'enquête sur les journées de Juin ». (Adolphe Robert, Gaston Cougny,

Edgar Bourloton, *Dictionnaire des parlementaires français depuis le 1er mai 1789 jusqu'au 1er mai 1889*, Paris, Dourloton éditeur, 1889-1891.) Comprendre qu'il fut nommé rapporteur de la commission de quatorze députés, en majorité conservateurs, chargée de «l'enquête sur l'insurrection qui a éclaté dans la journée du 23 juin et sur les événements du 15 mai» et que son rapport instruisit à charge contre les insurgés et les leaders socialistes comme Louis Blanc.
4. Ce type d'organisation est hérité du fonctionnement des sociétés secrètes des années 1830 et 1840.

C'est encore là que nous apprîmes l'engagement des ouvriers avec des compagnies de la 2e légion, à la porte Saint-Denis[1] ; engagement qui devenait dès lors le signal de l'insurrection. Rue Planche-Mibray[2], nous vîmes les premières barricades ; c'était une preuve que le mouvement gagnait du terrain et se ramifiait rapidement.

Nous nous empressâmes de revenir sur nos pas, car nous n'aurions pas voulu, pour tout au monde, que notre absence fût constatée après la parole donnée, si peu connues que fussent nos personnes, si petite que fût notre action.

Le vent de guerre qui soufflait sur Paris, et faisait les boutiques se fermer de proche en proche, poussait en même temps le monde dans les rues, qui présentaient une animation toute particulière, soit qu'on courût aux armes, soit qu'on allât en curieux, soit qu'on regagnât son domicile pour s'y mettre en sûreté.

Sur la place du Panthéon ne se trouvait plus personne, si ce n'est quelques compagnies de la 11e légion qui étaient venues là par défiance de la 12e, et avec la prétention de maintenir l'ordre[3]. Il est évident que chacun avait été s'armer. Je me rendis chez moi[4] dans ce but, accompagné de deux ouvriers du club avec lesquels je partageai quelques fusils, dépouilles

---

1. C'est porte Saint-Denis, à 10 h du matin, qu'ont lieu les premiers heurts entre les ouvriers et les IIe et IIIe légions.
2. Elle se situait au débouché du pont Notre-Dame sur l'actuelle partie de la rue Saint-Martin qui va jusqu'à l'avenue Victoria.
3. La défiance entre la légion du XIe arrondissement encadrée par des professions libérales et intellectuelles, et celle du très populaire XIIe arrondissement est telle, qu'elle débouche en début d'après-midi sur un combat d'une rare violence (Rémi Gossez, «Diversité des antagonismes

sociaux», in *Revue économique*, 1956. Consultable en ligne).
4. Pardigon habite rue Royer-Collard, à la frontière entre le XIe et le XIIe arrondissement, du côté des numéros pairs au 14 (selon le nouveau numérotage réalisé à partir de 1847), c'est-à-dire côté XIe arrondissement. Cette rue, anciennement rue Saint-Dominique-d'Enfer (ou Saint-Dominique) parce qu'elle se jetait dans la rue d'Enfer, est en 1846 rebaptisée du nom de Royer Collard, un homme politique mort un an auparavant.

opimes de Février, et plusieurs centaines de capsules, munitions du plus haut prix.

Le quartier était désormais en pleine insurrection ; les rues se dépavaient en mille endroits. Nous formâmes une patrouille et nous parcourûmes le faubourg pour attiser le feu, et pour avoir une idée exacte de ce qui se passait. De nombreuses patrouilles du même caractère sillonnaient déjà les rues. Des officiers de la garde nationale les commandaient en uniforme, et beaucoup d'entre eux présidaient à l'érection des barricades. C'est la 12ᵉ légion qui a fait le mouvement dans les faubourgs Marceau et Saint-Jacques, et c'est encore elle qui en a été le nerf pendant le combat. Un très grand nombre d'ouvriers étaient alors dans la garde nationale[1].

Quelques gardes mobiles et quelques gardes républicains comptaient parmi les insurgés, présage trompeur, mais de bonne foi de la part de ceux qui en étaient le sujet. Il est constant qu'à la caserne de la rue des Grès[2] et à la caserne de la rue du Foin[3], on se considérait en ce moment comme devant protéger l'insurrection. Des barricades furent faites sans obstacles, et des pavés furent pris à vingt pas de la porte de ces casernes. Quand nos patrouilles passaient devant les gardes en poussant le cri de : Vive la République Sociale ! ceux-ci répétaient le cri ou donnaient un signe d'assentiment. Le travail infernal qui devait les égarer n'avait point encore été opéré sur

1. Corps hérité de la Révolution française, basé sur le principe du citoyen en armes, mais dont le recrutement et l'encadrement est de façon prédominante bourgeois.
2. Elle se situait sur l'actuelle portion de la rue Cujas comprise entre l'actuel boulevard Saint-Michel (anciennement en cet endroit rue des Francs-Bourgeois) et la rue Saint-Jacques.
3. Elle se situait dans le prolongement de la rue Serpente en direction de l'Est, et constituait une parallèle de la rue de la Parcheminerie. Elle a été détruite lors des aménagements liés au percement du faubourg Saint-Germain par le baron Haussmann.

leurs esprits. Le revirement, quelques heures plus tard, fut aussi soudain qu'absolu. Il suffit de quelques tonnes de vin et d'eau-de-vie, et de quelques calomnies plus perfides, plus enivrantes que le Bourgogne. Si l'on avait une juste idée de l'incertitude qui, dès le début, a présidé à l'attaque de telle et telle barricade, on verrait l'insurrection sous un jour tout nouveau. De désespoir, plusieurs soldats de la ligne brisèrent leurs fusils sur des monceaux de pavés. Un fait, aussi rare que caractéristique, se produisit entre la place Maubert et la rue Saint-Victor, près d'une rue transversale appelée, je crois, des Bernardins. Les assaillants se trouvaient, en face de la barricade, dans la plus grande perplexité. Les défenseurs étaient muets à leur poste. Des négociations furent entamées, mais sans aboutir.

Le feu commence, sans acharnement, il est vrai. Un officier sort des rangs, le képi au bout de son sabre, la tête voilée dans son manteau ; il marche droit devant lui et escalade la barricade. Il n'est fusillé, ni par devant, ni par derrière. C'est ainsi qu'il passe à l'insurrection, non pour combattre, mais pour protester ; car tout le temps du combat, il reste nu-tête, les bras croisés, après s'être désarmé lui-même et avoir arraché ses épaulettes.

Après cette excursion, nous nous appliquâmes à barricader la partie de la rue Saint-Jacques comprise entre la place du Panthéon et la place Cambrai[1]. Tous les allants et venants furent requis de transporter quelques pavés en échange du droit de passage, et ceux qui s'étaient mis en route par une vaine curiosité virent leur promenade changée en une véritable corvée. Je remarquai, sans me méfier, qu'ils pou-

---

1. Elle se situait à côté du Collège de France, au niveau de l'actuelle place Martin-Berthelot.

vaient jouer le rôle d'espions, que des soldats, et plus souvent des officiers de la garde républicaine, passaient au milieu de nous. Au reste, ils ne se refusaient pas à transporter des pavés.

La lutte faillit s'engager entre le bataillon de la 11ᵉ légion qui campait sur la place, et quelques compagnies de la 12ᵉ qui exigeaient qu'il rentrât dans les limites de son arrondissement. Une trentaine d'élèves de l'École normale, dans leur nouvel uniforme et armés chacun d'un fusil, intercédèrent pour éviter l'effusion de sang. Sans être hostiles à l'insurrection, ils la déploraient. C'est une chose digne de remarque que l'apparition, au milieu d'un mouvement populaire, de cette école purement scientifique et littéraire, et dont, à la vérité, la plupart des élèves sont d'une opinion très avancée. Les gardes nationaux de la 11ᵉ légion battirent en retraite et revinrent, peu après, ayant avec eux M. François Arago et d'autres notabilités politiques, emporter au pas de charge une barricade inachevée de la rue Soufflot. M. F. Arago essaya d'une harangue qui ne devait changer les dispositions de personne, comme c'est la coutume, et les choses en restèrent là pour le moment, mais néanmoins sur une menace de coups de canon. Le membre du gouvernement rapporte lui-même qu'il lui fut répondu par les ouvriers : «N'ayant jamais eu faim, vous n'avez pas le droit de nous parler.» Tel est le langage excessif, mais bien pardonnable, de l'extrême misère.

La fusillade éclata tout à coup dans le bas de la rue. C'était l'attaque de la barricade du Petit-Pont. Le citoyen Guinard[1] était en tête avec ses artilleurs, qu'il

---

1. Le colonel Joseph Guinard (1799-1874), républicain ardent contraint de s'exiler sous la monarchie de Juillet, nommé chef d'état-major de la garde nationale après février 1848. Proche du général Cavaignac, il accepta de réprimer les journées de juin 1848. Par contre, hostile au bonapartisme, un an plus tard il participe à la journée du 13 juin 1849, ce qui lui vaudra d'être condamné à de longues années de prison.

n'avait pas tous, car quelques-uns de ces derniers étaient dans la barricade, de façon qu'ils pouvaient réciproquement se connaître et s'appeler par leurs noms. De là, un mouvement d'hésitation. Quelques ouvriers descendirent de la barricade et entrèrent en pourparlers avec des artilleurs de la 11e batterie, que cette situation inquiétait, car leurs sentiments étaient les mêmes que ceux des insurgés. Initiative inutile ! Pendant ce temps, Guinard, qui prétendait avoir affaire à des bonapartistes, lança ses hommes à l'assaut, au cri de : « Vive la République ! » et la barricade, dans une première décharge, lui en coucha trente sur la place.

Nous ne savions rien de tout cela, mais la multiplicité des coups de feu et le grondement du canon nous prouvaient que l'affaire était des plus sérieuses et nous touchait doublement de près, puisqu'à la hauteur où nous étions les balles perdues portaient encore.

Un orage subit, marqué par de violents coups de tonnerre et une pluie diluvienne, fondit sur Paris dans ces circonstances, et vint à l'appui du préjugé qui veut qu'il n'y ait point de révolution sur la terre sans une tempête dans le ciel.

Cette pluie porta un certain tort aux débuts de l'insurrection, en fournissant une bonne occasion de retraite à beaucoup d'hommes qui n'auraient pas osé le faire sans ce prétexte, et en rendant la défense plus difficile. La grande majorité d'entre nous n'étaient armés que de fusils à silex et à bassinet.

Cela parut tellement naturel à nos ennemis que c'est précisément à ce moment que se fit l'attaque de notre côté. Elle eut lieu sur trois points à la fois et d'une façon très molle, par la rue des Grès, par la rue des Cordiers, et par la rue Neuve-des-Poirées. Au reste, toutes ces barricades n'étaient pas de nature à être défendues ; nous n'étions pas une vingtaine répartis sur ces divers points, et ceux qui n'avaient pas de fusil à capsule étaient obligés, pour charger, de s'abriter dans l'embrasure des portes. Nous changions de barricade et de rue en fuyant le long des murs, les reins et les genoux pliés, comme des braconniers qui se coulent derrière une haie. Cette tactique faisait dépenser beaucoup de munitions aux mobiles qui n'en déchargeaient pas moins leurs fusils, et avait pour but d'appeler du renfort et de gagner du temps, cette pluie orageuse devant bientôt cesser.

Nous nous trouvâmes enfin réunis à une quinzaine dans une barricade construite à un endroit resserré de la rue Saint-Jacques, contre un vieux bâtiment dépendant du collège Louis-le-Grand. C'est cet édifice qui a servi à loger l'École normale à l'époque de sa fondation, avant qu'elle n'eût son magnifique palais de la rue d'Ulm[1]. On lit encore l'inscription en lettres dorées au-dessus de la porte cochère.

La barricade était assez forte. Nous pouvions résister. Un petit quart d'heure s'écoula avant que personne ne se présentât contre elle, puis, en un clin d'œil, par une évolution sur le flanc gauche, une compagnie de mobiles déboucha de la place du Lycée[2], et barra la rue. Ils furent immédiatement salués par une décharge suivie des cris de : « Vive la République ! » Quelle ne fut pas notre surprise en les voyant s'arrêter, crier comme nous, et mettre les crosses en l'air !

– Va parlementer ! me crièrent les camarades. Je mentionnerai ce fait en détail, car il est avéré que ce procédé a été employé bien des fois, et a, tout d'abord, réussi.

Je descendis et courus vers la compagnie. De son côté, un mobile se détacha vers moi, et nous tom-

---

1. L'École normale supérieure ne fut installée dans ses locaux de la rue d'Ulm que le 4 novembre 1847. Avant cela elle occupa successivement plusieurs lieux du Quartier latin.

2. Il y avait devant l'ancien Collège Louis-le-Grand une place qui occupait une portion de la rue Saint-Jacques.

bâmes dans les bras l'un de l'autre. Chose remarquable ! cet homme avait des larmes aux yeux, de
vraies larmes. Et on n'aurait su le prendre pour un
pleurnicheur, car il avait le corps trapu, l'œil ferme,
la figure caractérisée, marquée de la petite vérole,
et la barbe rouge. Il répétait : « Nous sommes frères ! »
ce qui était, on s'en souvient, le mot du moment.

J'ai gardé la conviction qu'avant que les mobiles
ne fussent complètement saoûls, ç'a été pour beaucoup d'entre eux un crève-cœur que de marcher
contre les barricades. Je ne parle pas des officiers.

J'abordai le capitaine qui était retranché derrière sa
compagnie et calfeutré dans un manteau de toile
cirée. Son abord très froid contrastait avec l'élan du
mobile. Je lui dis :

– Nous sommes ensemble ! Vous ne vous battrez pas
contre le peuple.

Il se mit à discourir :

– Oui, nous défendons la République. Mais pourquoi
ces barricades ? Démolissez-les. Nous nous enten-
drons après, mais tant qu'il y aura des barricades...

Je fus penaud. Tout homme l'eût été à ma place.
Ce qu'il y a de plus fâcheux, c'est qu'en me voyant
embrassé par un mobile et accueilli dans la compagnie, les autres insurgés avaient quitté la barricade,
et s'étaient mêlés dans les rangs. Cette circonstance
appela l'attention du capitaine, qui craignait évidemment que ses hommes ne lui échappassent. Il
leur commanda d'arrêter les insurgés. Je m'esquivai
des rangs, en sortant par derrière, et je courus à
corps perdu, sur le trottoir, du côté de la barricade. En
faisant ce détour, mes yeux avaient porté sur la place,
et là, j'avais aperçu le reste du bataillon en bon ordre,
ce qui nous expliqua la contenance du capitaine, et
nous découvrit le piège. Nous restions au nombre de
cinq. Nous tirâmes plusieurs fois et jusqu'à ce qu'ils
eussent envahi la barricade, car nous avions un

moyen sûr de nous sauver, à travers les cours du bâtiment que nous avions explorées, et dont je m'étais fait remettre les clefs par le concierge.

Nous tombâmes ainsi dans la rue Chartière, petite rue rapide, formant carrefour avec trois autres rues[1]. Ce carrefour était défendu par une barricade circulaire dans laquelle nous fûmes reçus. Nos mobiles fouillèrent dans les cours ; un certain nombre d'entre eux y firent le guet, mais ils n'osèrent s'aventurer dans la rue Chartière. Autant il en serait sorti par l'étroite porte, autant il en serait tombé.

La barricade du carrefour fut attaquée par une rue perpendiculaire à la rue Chartière. Le combat ne cessa qu'à la brune. Trois chiffonniers s'y distinguèrent, ne cessant pas de tirer. Ils avaient chacun deux fusils et un petit garçon pour charger. Nous aurions pu tenir tête, même étant attaqués de plusieurs côtés à la fois, pourvu que ce fût sans canon.

Sur le soir, toute attaque fut donc suspendue. D'aucun côté nous n'entendîmes plus retentir un seul coup de feu. Les troupes se retirèrent, et les quartiers insurgés restèrent abandonnés à eux-mêmes.

Frappés de ce silence et de cette retraite, enfouis dans un trou comme nous étions, nous parlâmes d'aller aux renseignements. Il fallait repasser par plusieurs points que nous avions battus toute la journée. Je pris la précaution de mettre une blouse par-dessus ma redingote, et je troquai mon képy contre une casquette de fantaisie. Je tournai l'institution Sainte-Barbe, et je tombai sur le Panthéon.

Tout était comme un désert. Une formidable barricade, qui n'attendait que des défenseurs, s'accotait

---

1. Sur les arrières du Collège de France qui l'a depuis absorbée, la rue Chartière formait avant de devenir la rue Saint-Jean-de-Beauvais un carrefour avec trois petites rues adjacentes, les rues Saint-Jean-de-Latran et Fromentel actuellement disparues, et la rue Saint-Hilaire (actuellement rue de Lanneau).

fièrement contre le flanc nord du Panthéon et contre la bibliothèque Sainte-Geneviève. Aux alentours, et dans le haut de la rue Saint-Jacques, une foule de petites barricades étaient détruites et les pavés disséminés. Tout le monde, sur les portes, causait des événements de la journée. Il était dit que les insurgés avaient tenu bon, qu'ils se fortifiaient partout, et que tous les faubourgs étaient en jeu. Suivaient les appréciations politiques. Je rencontrai plusieurs brancards, portés par des soldats de la ligne, qui se rendaient à l'hôpital du Val-de-Grâce.

Je me rendis chez moi, et je me nettoyai pour recommencer plus sûrement mon expédition vers onze heures du soir. Mon plan était de descendre la rue Saint-Jacques, autant que je pourrais, et de revenir à la rue Chartière par la place Cambrai. À quelques pas de la rue des Grès, un homme en blouse, armé d'un fusil et faisant faction, m'interpella :

– Qui va là ?

– Je rentre ici près, au cloître Saint-Benoit[1].

Mon interlocuteur ne m'opposa pas la moindre objection. Il paraissait revenir sur ses pas, quand tout à coup il retourna la tête en homme qui se ravise ou qui se demande s'il ne s'abuse pas.

– Je vous arrête ! s'écria-t-il en se rapprochant.

– Vous m'arrêtez, moi ?

– Oui, je vous mène au poste.

– Mais encore… Vous avez un motif ?

– Oh ! *je vous connais*, suffit. Je vous mène au poste.

Le garde républicain – car c'en était un – depuis qu'il m'avait arrêté, me serrait le bras, au-dessus du coude, avec une énergie qui faisait le plus grand honneur à ses poignets.

---

1. Il était situé entre la rue de la Sorbonne et la rue Saint-Jacques, en face de l'actuel Collège de France, ses bâtiments on été ultérieurement absorbés par l'actuelle Sorbonne.

– Lâchez-moi, lui dis-je brusquement, je vous suivrai bien sans ça.

Il hésita un moment, puis il desserra ses doigts qu'il tenait crispés.

Dans cette allure, nous arrivâmes à la caserne où on se mit à me fouiller. Mes *fouilleurs* furent désappointés. Je vis à leur mine qu'ils s'attendaient à quelque chose comme une fine paire de pistolets, des munitions, ou peut-être même des papiers compromettants.

Mon homme paraissait très fier de sa capture, et m'avait recommandé en entrant. Je n'avais rien, absolument rien ; ni papiers, ni armes, ni munitions ; mes mains étaient blanches, c'est-à-dire sans traces de poudre ; il est vrai que mes habits, sous la blouse, étaient encore mouillés, mais qu'est-ce que cela prouvait ?

J'insistai pour faire dresser procès-verbal. J'avais bien compris que le garde républicain avait dû me remarquer dans la journée, et qu'il m'avait reconnu malgré mon travestissement ; peut-être même me connaissait-il déjà, car j'avais fréquenté sa caserne et il avait pu fréquenter mon club ; quoi qu'il en soit, je jugeai que les circonstances de mon arrestation ne m'étaient point défavorables, et qu'à tout événement, il était bon de les constater. On passa sur mes réclamations, on ouvrit une porte au fond de la petite pièce où nous nous trouvions, et on la referma à clef sur moi.

J'étais dans les ténèbres ; j'étais *coffré*, c'est le mot. On fait, je crois, des meubles plus grands que notre prison. Si étroite qu'elle fût, un lit de camp la coupait au milieu ; trois matelas de poste, minces et étriqués, occupaient ce lit dans sa largeur. C'était la couche ordinaire de trois hommes : quatre y étaient déjà étendus ; j'arrivai, moi, cinquième ; nous allâmes jusqu'à sept.

III. La caserne des Grès

Le poste. – L'homme au fusin. – Réveil de l'insurrec-
tion. – Attaque et défense du Panthéon. – Contenance
de notre gardien. – Vains efforts pour obtenir des ren-
seignements. – Nos espérances. – La cour de la
caserne. – Scène de meurtre sur la place du Panthéon.
– Premier échec des insurgés. – Capture de prison-
niers. – Sortie de la caserne. – Trajet de la rue des
Grès à la rue de Tournon.

Je m'approchai à tâtons, et me hissai sur le lit de
camp ; il ne restait pas pour m'étendre la plus petite
place. Je dus m'estimer heureux, m'étant mis à la
découverte, de palper un petit espace laissé vide sur
la planche, entre un matelas et la muraille. N'étais-je
pas assuré, d'ailleurs, d'avoir d'un côté au moins,
dans le mur, un assez bon coucheur ?

Tous les prisonniers n'étaient pas à jeun ; ils avaient,
pour la plupart, le verbe haut et abondant. Le premier aspect de tout cela était si peu sérieux qu'on
eût dit, comme en temps calme, d'une simple nuit
passée au poste.

Au bout d'une demi-heure, il se fit un grand tumulte
dans la chambre à côté. Un groupe d'hommes, voci-
férant et se culbutant, entraînaient un prisonnier.

Celui-ci avait un fusil, ou, pour mieux dire, il l'avait
eu, car on venait de le désarmer. Légèrement exalté
par le vin, il redemandait son arme avec obstination.

En attendant, on le fouillait comme on m'avait fait, on lui visitait les mains et les lèvres pour rechercher des traces de poudre ; on mettait à nu sa poitrine pour s'assurer si, au-dessus du sein droit, la peau ne portait pas l'empreinte de la crosse.

Le prisonnier, rudoyé et tiraillé en tous sens, voyait sa blouse s'en aller en lambeaux et son arme lui échapper. Son indignation était grande, mais son fusil, qu'il appelait son *fusin*, était surtout l'objet de sa sollicitude. Lorsqu'on l'interrogea sur son nom et sur sa demeure, il n'hésita pas un instant, et il ajoutait avec fierté : « Je suis parisien ! je suis français ! » Un moment après, la clef grinça dans la serrure et il nous fallut faire place au nouvel hôte.

C'était un ouvrier de belle figure, de 24 ans au plus. Son langage et son geste étaient ceux d'un homme de cœur dont la bravoure est à l'épreuve. Il concevait volontiers le combat, mais loyal. Il réclamait sans cesse son *fusin*, et la faculté de s'en servir en face de n'importe qui. Son humeur était gaie, sa diction facile et entraînante, son esprit leste, son cœur brave ; un vrai Parisien, il l'avait dit lui-même. Cet homme, d'un tempérament héroïque, incapable, j'en suis sûr, d'une bassesse dans la défaite, d'une infamie, d'une atrocité dans la victoire, n'en était pas moins tenu pour un pillard, un brigand, un assassin, comme on nous appela tous.

Moi, faisant ces réflexions et d'autres, eux, riant et criant au milieu des parenthèses faubouriennes, la nuit s'écoulait. Un septième compagnon nous arriva. C'était un enfant du peuple, de neuf ans environ. Pour l'arracher à une mort certaine, on lui avait ouvert les portes de notre prison. Ainsi, le même réduit, à la même heure, se trouvait être pour l'un de nous un lieu de refuge, un asile sûr ; pour tous les autres, une première station sur une voie périlleuse, féconde en funérailles.

La surexcitation passagère qui les agitait, tombant avec les fumées du vin et domptée par un repos forcé, les laissait enfin de sang-froid. Quelques-uns avaient si peu le soupçon de la vérité qu'ils s'imaginaient devoir être remis en liberté le jour venu, après douze heures de *violon*, comme des tapageurs nocturnes.

L'homme au *fusin* jugeait plus juste, bien qu'il ne prévît pas tout.

– Parbleu ! disait-il, nous y sommes pour longtemps. Prisonniers politiques, diable ! je suis sûr qu'on va nous mener au Luxembourg. Ah ! si j'avais mon *fusin* !

C'était son ordinaire conclusion.

Pour obtenir, sur le sort qu'on nous réservait, quelques notions plus précises, il résolut de s'adresser au sergent qui tenait le guichet. Il s'approcha de la serrure et frappant quelques coups :

– Sergent ! Sergent !

– Que voulez-vous ?

– Va-t-on bientôt nous lâcher ?

Et comme le sergent ne répondait pas :

– Eh ! dites donc ?

– Ce n'est pas mon affaire. Restez tranquilles, autrement vous n'y gagnerez rien.

C'est tout ce qu'on put obtenir du sergent. La fatigue et aussi, sans doute, un retour de chacun sur soi-même, firent naître le silence. La caserne était calme et la rue aussi. Rien ne donnait signe de vie, si ce n'est les sentinelles au pas lent ; par intervalles, le retentissement des crosses frappant le sol, la voix des officiers, et, plus fréquemment, ces cris sinistres et monotones comme une mélopée funèbre, ces cris que tout le monde a entendus dans l'insomnie de ces nuits, ces voix filant dans l'ombre et se propageant d'un angle à l'autre, dans les rues, sur les places, le long des quais : – Sentinelles ! prenez garde à vous !

Tout à coup, les sentinelles perdues, de toute la vitesse de leurs jambes, se replièrent sur la caserne,

et un cri significatif, bref et tranchant, – Aux armes !
– nous tira en sursaut de nos ennuis. Nous prêtâmes
l'oreille.

Les gardes républicains se précipitèrent sur leurs
armes, se rangèrent en bataille devant la caserne, et
d'un pas assez ralenti mais ferme, se dirigèrent vers
le Panthéon.

La bataille se réengageait. Nous étions au petit jour ;
une vague lueur nous venait de l'unique fenêtre qui
éclairait notre bouge. Un feu de peloton éclata comme
un tonnerre dans la direction de la rue Soufflot, l'artillerie réitéra de sa voix tonnante. Vers le bas de la
rue Saint-Jacques, la même voix sourde gronda. La
rue des Mathurins nous renvoya des échos formi-
dables. Les rues s'embrasaient à l'entour.

Durant cette sombre harmonie, un bruit lointain,
constant, venant de la place Maubert, de la rue Mouffetard, des barrières du faubourg, accompagnait
comme une voix en sourdine cet orchestre sans nom,
sublime dans son horreur.

La décharge provocatrice qui avait vomi sur le Panthéon une grêle de balles resta sans réponse. Nouvelle
décharge, nouveau silence. Une troisième fois, avec
un épouvantable concert, les fusils des bataillons et
les canons des artilleurs soufflèrent sur les barricades
une avalanche de plomb et de fer. Après cette longue
et terrible provocation, une décharge unique, qui témoi-
gnait hautement de l'accord des combattants, riposta
à l'improviste. Trois fois interrogée, la barricade avait
enfin signé sa réponse, et le message meurtrier, volant
sur l'aile du plomb avec accompagnement de tonnerre,
dut émouvoir et éclaircir les rangs épais des assaillants,
comme un vent d'automne agite en les effeuillant les
cimes des arbres dans un bois.

Nous étions, pour ainsi dire, sur le théâtre du combat ; nous pouvions en suivre de l'oreille toutes les
péripéties. Pour ma part, possédant, comme je la pos-

sédais, la connaissance des localités, j'aurais pu dire, par à-peu-près, tel coup de fusil part de là.

L'attaque était donc furibonde. Il y avait de ce côté, on le comprenait sans peine, abondance de gargousses[1] et de munitions de toute espèce. La défense était des plus énergiques, mais avisée, cauteleuse, avare de poudre et de plomb ; on semblait prévoir, on prévoyait que les munitions manqueraient avant la fin de la journée.

Pour nous, nos esprits n'étaient plus captifs dans la prison, ils avaient pris leur vol. Ils planaient sur le champ de bataille, ils suivaient les différents points sur lesquels la lutte s'acharnait. Nos espérances allaient se fortifiant. Nous nous attendions, d'un moment à l'autre, à voir la caserne envahie par les insurgés et, sous leur puissante intervention, la liberté forcer nos portes. La lutte une fois engagée, comme nous l'avions fait la veille, plus la victoire était disputée, plus notre position devenait périlleuse. Il ne nous était plus donné de peser dans la balance où s'équilibraient nos vies, et notre sort dépendait d'un mouvement du plateau. Il y avait entre nous, claquemurés, désarmés, hors du combat, et les barricades de la rue, il y avait forcément la plus étroite solidarité. Nous comptions parmi les combattants, victorieux avec eux, avec eux vaincus ; nous vivions de leur vie, nous mourions de leur mort.

L'homme au *fusin*, est-il besoin de le dire ?, était désolé de voir cette chaude affaire s'engager et se vider sans lui ; il se consumait dans l'impatience et le regret. À voir ce qui se passait en lui, il n'avait pas un moindre mérite à rester impassible sur sa planche que Montézuma sur son lit de braise ardente.

---

1. Terme d'artillerie désignant la charge de poudre destinée à un canon, enveloppée dans un sachet.

Les insurgés, retranchés sous les portiques et sur les ailes du Panthéon, manœuvraient et se défendaient en maîtres. Deux barricades, fortes comme des bastions, flanquaient le monument. L'une d'elles commandait la rue d'Ulm (car l'attaque était simultanée) et causait de vrais ravages parmi les assiégeants. Le canon de la troupe tirait de la rue Soufflot, perpendiculairement sur le fronton, et un peu obliquement sur les deux ailes. Les boulets traversaient la nef dans le sens du grand axe ; l'un d'eux fit sauter la tête à la statue de l'Immortalité qui se dresse sur le perron du chœur. Le percement de la rue Soufflot, alors en construction, tourna au préjudice de l'insurrection et favorisa la stratégie militaire, en permettant de construire les batteries à une trop longue portée pour les fusils des insurgés. Cette disposition des lieux aurait pu devenir bien autrement redoutable pour la troupe, si, par une de ces combinaisons qu'on n'a pas malheureusement toujours présentes à l'esprit, on avait élevé une barricade colossale, en jetant hardiment à bas les deux maisons neuves, à ce moment inhabitées, qui font encoignure avec la rue Saint-Jacques, et, pour ne pas être pris par derrière, doublé cette barricade d'une seconde, vers le milieu de la rue qui est très courte, et qui abondait en matériaux de construction.

De cette façon, une grande partie de la place du Panthéon, la rue Saint-Jacques à droite et à gauche, la rue d'Enfer[1], la rue Saint-Hyacinthe[2], et même la

---

1. La rue d'Enfer partait du côté Est du palais du Luxembourg (au niveau de l'ancienne place Saint-Michel et un peu au-dessus de l'actuelle place Edmond-Rostand) longeait le Luxembourg empruntant l'actuel tracé du faubourg Saint-Michel qui l'a partiellement recouverte, puis au niveau de l'actuelle rue de l'Abbaye-de-l'Épée (anciennement rue des Deux-Églises), elle empruntait l'actuel tracé de la rue Henri-Barbusse, puis du boulevard de Denfert-Rochereau jusqu'à la place Denfert sur l'emplacement de laquelle se situait la barrière d'Enfer. **2.** La rue Saint-Hyacinthe, dans le prolongement de la rue Monsieur-le-Prince se jetait dans la rue des Fossés-Saint-Jacques au niveau de la rue Saint-Jacques.

place Saint-Michel[1] se trouvaient commandés par l'insurrection, dont le Panthéon restait le fort principal. Ce fort, un corps d'armée n'eût pu l'attaquer de face sans se trouver entre deux feux, et sans se mettre dans l'impossibilité de faire agir le canon. Seule, la contre-barricade pouvait être attaquée directement par la rue d'Enfer, mais sur peu de développement et à courte portée, par un bataillon ou deux seulement en mesure de combattre et toujours sans artillerie, à moins de s'exposer à faire clouer les artilleurs sur leurs pièces, comme cela a eu lieu sur la place de la Bastille.

Les derrières de la caserne des Grès, mis à découvert par les démolitions et par les terrassements opérés lors du percement de la rue nouvelle, étaient faciles à aborder et à incendier, si les besoins de la défense l'exigeaient, ainsi que cela été pratiqué, en face du Panthéon, sur l'École de Droit, prise et reprise deux fois, par les insurgés sur les mobiles, par les mobiles sur les insurgés. En somme, le Panthéon me paraît avoir été mieux défendu sur les côtés qui présentaient des fortifications presque naturelles, que de front où l'on avait contre soi une étendue de terrain sur laquelle pouvaient manœuvrer des milliers d'hommes.

Quoi qu'il en soit, les feux de peloton des insurgés rivalisaient de précision avec ceux de la troupe, et laissaient bouche béante les officiers de la garde nationale. Nous aurions pu confondre leur fusillade habilement nourrie avec celle de la ligne ou des mobiles, si le Panthéon, qui absorbait d'abord dans ses vastes

---

1. La place Saint-Michel en 1848 n'est pas à l'emplacement de l'actuelle place Saint-Michel, mais elle se situe à l'intersection, au niveau du palais du Luxembourg, de l'actuelle rue Cujas (anciennement rue des Grès), et de l'actuel boulevard Saint-Michel (qui à cet endroit reprend l'ancien tracé de la rue de la Harpe qui à l'époque reliait le pont Saint-Michel au Luxembourg).

flancs et répercutait ensuite les détonations des barricades, ne les avait renvoyées, comme un bourdon gigantesque, d'une voix sonore, un peu voilée, mais ample, retentissante, immense. À cet écho, signe certain, nous ne pouvions nous tromper. Rien ne peut mieux faire juger de la force des insurrections, quand elles veulent prendre un caractère sérieux, que la force même des troupes employées à les réprimer. On n'évalue pas à plus de 6000 le nombre des hommes des ateliers nationaux qui ont pris part au combat. Un vingtième seulement a manqué à la paye, qui ne fut point suspendue, dans la crainte de lancer une armée entière au secours des premiers insurgés. Quelques hommes résolus se présentèrent à la paye, et restèrent fidèles aux barricades. Il y avait en ce moment, à Paris, outre 180 000 hommes de gardes nationales, dont les deux tiers, au moins, nous combattirent :

16 000 gardes mobiles ;

2500 gardes républicains ;

2000 gardiens de Paris ;

23 000 hommes de troupes.

De cette dernière masse, 15 000 fantassins, 500 cavaliers, 600 artilleurs, 569 hommes du génie ont marché au feu. À ne considérer que la prise du Panthéon, elle a occupé, indépendamment de plusieurs bataillons des 11e et 12e légions et des mobiles commandés par le général Damesme, puis par le général Bréa : 450 hommes du 75e de ligne ; 75, du 7e léger ; 800, du 14e léger ; 600, de l'infanterie de marine ; 120, du 6e cuirassiers ; 44, du génie ; 4 pièces d'artillerie.

Outre ce point de concentration où la discorde civile secouait ses torches les plus dévorantes, le combat gagnait, s'étendait de proche en proche, se propageait aux alentours. Les abords de la rue des Grès étaient menacés. Les corps stationnés sur la place de la Sorbonne s'ébranlèrent; la rue de Cluny fut occupée. À cinquante pas de notre prison, le feu s'engageait; d'un autre côté, la place Saint-Michel était le théâtre d'un nouveau combat. C'est dans une de ces oscillations que nous avions l'espoir de voir venir jusqu'à nos portes le flot populaire. Partout, autour de nous, des hommes se battaient, s'égorgeaient; seule, la caserne dormait comme un point obscur dans un disque lumineux, ou comme un roc immobile, à fleur d'eau, au milieu des vagues qui se courroucent, le blanchissent d'écume, et font se demander au spectateur sur la rive si cet athlète rebelle ne sera pas bientôt submergé.

Le sergent, notre gardien, qui était déjà un excellent homme, si l'on veut bien donner ce nom à un homme qui n'était pour nous qu'indifférent et sans aigreur, lorsque tous les autres étaient ou brutaux ou agressifs, était devenu d'une aménité fort louable, et qui lui eût fait le plus grand honneur, si l'issue du combat, encore douteuse, ne se fût présentée comme une circonstance atténuante. Nous traitions encore, à cette heure, de puissance à puissance, et il voulait bien avoir pour nous les égards qu'il attendait à son tour, dans le cas où la fortune, par un jeu de bascule fort simple, l'eût couché à notre place, sur notre grabat, et eût fait passer de ses mains dans les nôtres les clefs de la prison.

Par intervalles, le feu se ralentissait, et, suivant que les derniers coups nous le faisaient conjecturer, nous perdions espoir, ou nous nous laissions aller aux plus folles illusions. Mais tout à coup, le feu qui se traînait, paresseux, débile, mourant, se redressait intense, tumultueux, étourdissant, et tout se retrouvait mis en question. On eût dit alors que, dans une subite éruption, les eaux profondes du bassin de l'Estrapade, ayant rompu leurs digues et crevé leurs conduits, jaillissaient comme une lave incandescente, en colonnes de mitraille, avec un épouvantable fracas.

La situation restait la même, et la barricade n'ayant rien rabattu de son fier langage, les plus impatients voulaient à l'instant sommer nos gardes d'ouvrir les portes à deux battants. C'était, certes, un peu trop se hâter. Il n'y avait pas pour nous péril dans la demeure, et, dans une démarche inconsidérée, non seulement nous nous ôtions toute chance d'évasion, mais nous brûlions, en pure perte, nos vaisseaux derrière nous.

Je fis prévaloir mon avis : « Que voulez-vous faire ? leur dis-je ; il n'y aurait qu'un homme dans la caserne, qu'il serait encore notre maître à tous. Il lui suffirait d'une botte de paille pour nous enfumer comme des renards. »

L'argument fit sensation. On se tint coi.

Mais comme l'impatience commande, on voulut au moins procéder par insinuation. L'homme au *fusin* héla le sergent de sa voix la plus douce. Le connaissant pour être coutumier du fait, le sergent fit la sourde oreille. Harcelé, il répondit d'un ton qui ne demande pas à lier un entretien :

– Que voulez-vous ? Voyons.

Et comme il fallait trouver un motif :

– De l'eau ! répondit l'homme au *fusin*.

En même temps, il saisit le broc, mais le broc était plein. Il ne fut pas longtemps embarrassé, il vida le broc sur le parquet et le tendit au sergent qui le rapporta à plein bord. De vains efforts furent dépensés pour entamer une conversation. La porte se referma. Nous n'avions gagné à cette tentative que quelques litres d'eau sur le parquet et autant dans le broc. Force nous fut d'attendre.

Le grand jour avait paru. Notre réduit, qui était formé de quatre murs nus et sales, surmontés d'un noir plafond à solives saillantes, nous sembla plus triste encore et plus détestable. La fenêtre ouvrait sur la rue des Grès. Elle était à châssis dormant, grillée de fortes barres de fer, et garnie en dehors d'un appareil en bois, espèce de voile inflexible qui nous défendait la vue de la terre ; car la planche qui portait obliquement sur l'appui de la fenêtre, s'ouvrait en s'évasant vers le ciel, et découpait en perspective un large pan dans l'atmosphère bleuâtre.

Les barreaux de fer étaient loin de nous choquer autant que cet autre obstacle plus frêle, mais qui ne nous laissait d'autre faculté que celle de noyer au hasard notre vue dans le bleu céleste : pour un prisonnier, trop monotone distraction !

L'un de nous, depuis un assez long temps, avait obtenu la permission de sortir ; il ne revenait pas. Persuadé qu'il avait trouvé moyen de s'évader, chacun voulut essayer de cette dernière planche de salut.

Ce fut infructueusement ; plusieurs sortirent pour rentrer un instant après.

Mon tour se présenta. J'arrivai, après avoir monté quelques marches, dans une assez grande cour entourée de toutes parts de murs de clôture, et avoisinée, du côté de la rue Soufflot[1], par de vieux bâtiments en démolition. Ce premier coup d'œil me fit à l'instant concevoir quelque espérance, et mon cœur en battit plus vite d'émotion.

J'étais prêt à tout, et disposé à sauter par-dessus la muraille ; ni la résolution, ni la force, ni une certaine adresse ne me manquaient pour cela. Espoir de courte durée ! Dans un des côtés de la cour, une sentinelle se promenait l'arme au bras, et sans nul doute, avec une tout autre mission que celle d'y respirer l'air frais du matin.

---

1. En 1845, une ordonnance royale déclara d'utilité publique le prolongement jusqu'au jardin du Luxembourg de la rue Soufflot qui jusque-là s'arrêtait à la rue Saint-Jacques.

J'avais beau me morfondre en réflexions, tous les calculs du monde ne pouvaient rien changer aux forces extérieures dont la fatalité nous avait imposé le joug. À quoi m'aurait servi d'affronter des dangers, de franchir des obstacles, de grimper au haut d'un mur, sinon à assurer ma perte, en fournissant moi-même aux canons visibles ou invisibles qui suivaient nos pas un admirable point de mire au moment où, par-dessus la crête de la muraille, mon corps se détacherait sur l'horizon transparent ?

Je pesais, en revenant sur mes pas, ces décourageantes considérations. Je humais l'air vif et fortifiant, je l'aspirais à pleins poumons. Une vague odeur de poudre avait imprégné l'atmosphère, et lui donnait cette saveur mordante qui gonfle les narines, élève le cœur et échauffe le cerveau. Les batteries étaient à cent cinquante mètres, au plus, de distance, et l'haleine du matin chassait sur son passage d'épais nuages de fumée qu'elle amincissait bientôt, en les soulevant dans l'espace et en en dispersant les parfums.

Jamais contraste plus complet entre le ciel et la terre ! Ciel doux, clément ; ciel gai, ondoyant et lumineux ; air pur, matinal, renouvelé, rajeunissant ; terre sombre, inhospitalière, inhumaine, homicide !

Si peu méditatif que soit un homme, il ne saurait se dérober toujours à l'influence des choses extérieures, et s'empêcher de faire une comparaison.

Je ne songeais guère à rentrer dans mon bouge, et je décrivais habilement dans la cour une courbe qui me ramenait au point de départ, mesurant du reste mes pas, et en atténuant le bruit. Je pensais ainsi échapper à la surveillance, toujours un peu insoucieuse, d'une sentinelle.

À peu près à la même heure, une scène tragique entre toutes se passait sur la place du Panthéon. Je l'ai apprise d'un témoin oculaire. Des soldats de la ligne avaient arrêté, derrière le Panthéon, un ouvrier dont les poches étaient fournies de cartouches. Rien de plus simple en temps de guerre. Le prisonnier, ramené par deux soldats, était arrivé sur la place où était établie une espèce d'ambulance et une salle d'arrêts dans laquelle on concentrait provisoirement les prisonniers.

Quelques mobiles l'avisent au milieu de ses deux conducteurs ; on s'aborde, le prisonnier leur est confié. Deux mobiles des plus humains, tenant chacun par un bras le captif, l'entraînaient vers l'ambulance.

Le groupe arriva en vue d'une compagnie de mobiles chez lesquels le sens moral, atrophié par l'ivresse du vin et par les ardeurs de la lutte, était momentanément disparu, sans voix pour se faire entendre, sans force pour commander.

Malheur à l'homme, quand la partie brutale l'emporte ! Les oiseaux de proie, ceux que dans l'histoire naturelle on classe parmi les *ignobles* et qui, dans les hauteurs de l'atmosphère, flairent au loin la chair morte, ces monstres sont dépassés dans leur rôle infâme, de la distance qui, en tout état de cause, sépare l'homme de la brute.

– Lâchez-le ! lâchez-le ! crièrent à l'instant ces pourvoyeurs de la mort.

Et les deux mobiles, obéissant à un sentiment contraire, serraient au milieu d'eux le prisonnier, afin de le protéger de leurs corps.

– Lâchez-le ! lâchez donc ! nous tirons quand même ! répétèrent les mêmes voix ; car les misérables, pour se distraire, voulaient tirer à la course au milieu de la place un prisonnier éperdu, pantelant, traqué, menacé de tous côtés par les canons ajustés qui plongeaint sur sa poitrine.

Et déjà, après un suprême avertissement, le groupe était couché en joue.

Alors les deux mobiles, à la hâte, s'éloignèrent de cet homme voué à la mort. Au même instant, les fusils détonent, et le prisonnier foudroyé s'abat sur la terre ; il s'abat, et instantanément il se relève. Il semblait avoir pris à ce contact des forces nouvelles.

Il était sanglant, criblé de balles, blessé à mort, et pourtant il se dirigeait à pas précipités, les bras tendus en avant, vers la porte de l'ambulance où il espérait trouver son salut.

Un mobile se détache, il s'élance : l'élan du tigre n'est pas plus sûr ni plus prompt.

Il allonge sa main, comme il eût fait d'une griffe altérée de sang, vers le prisonnier dont le pied allait passer le seuil de la porte ; il saisit par derrière un pli de sa blouse et le ramène par devers lui, continuant par bonds sa course de vampire, et l'entraînant au large.

Il lâchait à peine sa victime qu'une seconde décharge se fit entendre. Deux hommes s'abattirent : le prisonnier et le mobile.

Le prisonnier couvrait le sol comme une masse inerte ; il était mort, peut-être, avant d'avoir touché la terre. Mais le mobile s'était à moitié soulevé, semblable à un homme endormi qui se réveille. On l'eût dit intact, et pas une goutte de sang ne souillait son uniforme. Seulement, avec des yeux effarés, la bouche entr'ouverte, il murmurait une plainte inintelligible.

On s'empressa autour de lui, et on entendit clairement ces paroles : « Déshabillez-moi ! déshabillez-moi ! », qu'il prononçait, ou pour mieux dire qu'il jetait avec cet accent guttural, inarticulé, rapide, qui est le langage des mourants. En même temps, avec un geste cadencé, machinal, il approchait sa main de son côté gauche et l'éloignait alternativement, à mesure que ces mots : « Déshabillez-moi ! déshabillez-moi ! » tombaient de ses lèvres, de plus en plus faibles.

C'est alors que ses camarades purent apercevoir sur sa tunique, à l'endroit du cœur, une déchirure étroite, telle qu'on la remarque après le passage d'une balle. Le sang, néanmoins, ne jaillissait pas ; ses flots s'épanchaient dans les cavités du thorax ou sur la poitrine même, entre la chair et la chemise.

Lorsqu'on eut enlevé sa tunique au moribond, il ne resta plus qu'un cadavre ; on avait déshabillé un mort !

Si jamais le hasard a revêtu les apparences d'une puissance providentielle, d'une intelligence souveraine qui récompense ou qui punit, c'est à coup sûr dans cette circonstance.

Que ce soit une balle perdue, au hasard lancée ou déviée de sa route ; que ce soit une balle adroitement dirigée, comme eût pu en envoyer une, par un mouvement spontané, immédiat, quelque mobile indigné, révolté dans sa nature intime, le bourreau n'en avait pas moins suivi sa victime de près, et lui-même avait été précipité dans l'abîme qu'il venait d'ouvrir pour un autre ! Je continuais ma promenade silencieuse dans la cour de la caserne, trop heureux si j'avais pu avoir cette cour pour prison, lorsque la sentinelle me fit comprendre que j'avais laissé sur le lit de camp une place vide. J'obéis, et d'un pied lent, de cette démarche qui semble demander au sol une chaîne pour l'y fixer, je retournai dans notre cellule commune.

Pendant ce temps, sur divers points, la victoire se décidait tantôt pour nous, tantôt contre nous. La lutte, du côté de la Sorbonne, avait atteint ce degré d'exaspération qui indique que la question est à la veille d'être vidée. Un mouvement d'artillerie, dont le passage ébranla les maisons d'alentour, nous fit croire à une retraite après une défaite subie, ou à un renfort contre une défaite imminente. Les lourdes masses roulèrent au grand trot sous notre fenêtre, et notre oreille les suivit dans leur course jusqu'au moment où le grincement du fer sur le pavé fit place aux ondulations sonores de l'air après une détonation. Le dénouement approchait. Cette manœuvre leur réussit. Un certain nombre d'insurgés se trouvèrent réduits à l'alternative de mettre bas les armes, ou de se faire exterminer en faisant payer cher leur défaite, qu'ils ne savaient pas devoir payer encore plus cher en la cédant. Car pour nous, il n'y avait pas de promesse d'honneur, et pourquoi auraient-ils respecté leurs paroles, ceux qui n'ont pas observé leurs engagements écrits, ceux qui d'une proclamation solennelle où il était parlé, entre autres choses, de *frères*, de *victimes*, d'*oubli*, ont fait un monument d'imposture, un piège tendu au courage par la ruse ?

Les prisonniers furent conduits vers la caserne des Grès, et le convoi s'arrêta devant la grande porte d'entrée. Mais pour des raisons quelconques, au lieu de les incarcérer dans le bâtiment, on jugea plus convenable de leur donner une autre destination, et on nous adjoignit à eux. J'en conclus que la partie n'était pas encore si belle pour les *défenseurs de l'ordre*, puisqu'ils ne se jugeaient pas eux-mêmes à l'abri d'un coup de main qui aurait pu emporter la caserne, et leur jeter sur les bras de nouveaux adversaires.

Le jeune enfant dont j'ai parlé suivait paisiblement nos pas ; son âge ne lui permettait guère d'entrevoir les dangers qu'il courait, si son sort restait attaché au nôtre. Ne pouvant comprendre, pour ma part, que cet être inoffensif comptât parmi des prisonniers de guerre, je rappelai à un lieutenant que les portes de la caserne s'étaient ouvertes à cet enfant pour l'abriter pendant la nuit, et non point pour l'emprisonner. J'eus la satisfaction de voir mon protégé sortir des rangs.

Nous descendîmes la rue des Grès, nous traversâmes la place Saint-Michel, nous passâmes par les rues des Francs-Bourgeois[1] et de Vaugirard derrière

---

1. Il y avait à l'époque trois rues des Francs-Bourgeois, et l'une d'entre elles, celle qu'emprunte Pardigon, se situait le long des jardins du Luxembourg, au niveau de la fontaine Médicis, et à peu près à l'emplacement de l'actuelle rue de Médicis.

l'Odéon, devant la grille du Luxembourg. Les gardes nationaux qui occupaient cette position se mirent à rugir sur notre passage, et, ouvrant les grilles avec empressement:

– Amenez-nous ça ici, criaient-ils, nous allons les fusiller! Ah! ces brigands! Où les menez-vous donc?

Le capitaine de l'escorte, avec une énergie qui nous rassura, commanda à ses gardes républicains de serrer les rangs et de mettre l'arme au bras. Nous passâmes le long de la grille, et c'est à travers ses barreaux – singulier effet du hasard! atroce similitude! – que des gardes nationaux se démenaient et hurlaient comme des tigres en cage. Échappés à ce danger, nous continuâmes notre route jusqu'à la caserne de Tournon, notre seconde étape.

IV. La caserne de Tournon

Nouveau péril. – Le lieutenant Carte. – La sellerie des anciens gardes municipaux. – Moral des prisonniers. – Incident. – Les trembleurs. – Réaction contre la propagande de la peur. – Notre horizon s'assombrit de plus en plus. – Appréhensions. – Détermination de ma part. – Départ pour l'Abbaye.

La caserne de Tournon faillit tenir les promesses de la grille du Luxembourg et, un moment, nous nous y trouvâmes suspendus entre la vie et la mort.

On nous fit stationner dans la cour, en attendant que certaines dispositions fussent prises. Cette attente était on ne peut plus dangereuse. Nous faisions cohue ; les rangs étaient déformés, et je ne nous voyais plus sous la discipline militaire, la seule protection qui nous restât ! En contact avec nos gardes, nous pouvions, à tout instant, en être brutalisés ; leurs yeux, d'ailleurs, nous couvaient avec impatience. Le garde républicain qui m'avait arrêté se trouvait dans l'escorte ; il ne tarda pas à me reconnaître. Il était dans un état d'ivresse repoussant ; il ne lui restait de forces et de volonté que ce qu'il en faut pour vouloir une mauvaise action et, l'ayant voulue, pour l'accomplir.

Après m'avoir nargué et signalé aux ricanements de ses camarades avec le courage facile que lui permettaient les circonstances, il allongea sa main vers ma figure et, avant que j'eusse pu faire un mouvement pour me détourner, il m'avait enlevé les lunettes dont je me sers, étant myope.

Je le vis porter maladroitement les lunettes devant ses yeux, et aussitôt, s'apercevant qu'il n'y voyait pas mieux qu'à travers une glace dépolie, il me tendit la main pour me les rendre ; un *nouveau garde républicain*, qui voulait à son tour s'amuser à mes dépens, me repoussa, et prit les lunettes à ma place. Cet incident, puéril en lui-même, et sans portée, devait me mettre à deux doigts de ma perte.

J'attendais, patiemment en apparence mais au fond avec une irritation contenue, que mon importun eût satisfait sa plate curiosité. Il tourna et retourna cinq ou six fois l'objet dans ses doigts avec l'ignorance curieuse d'un sauvage. Puis, l'ayant élevé, à tout hasard, devant ses yeux, il demeura immobile, écarquillant ses rouges paupières. Ce temps ne fut pas long ; il n'y vit pas plus clair que l'autre, attendu qu'aucun d'eux n'était myope. Pour lui, les choses ne pouvaient se passer aussi naturellement ; il me regarda de l'air d'un homme qui soupçonne quelque sortilège ; j'allongeai le bras pour reprendre mes lunettes, et je les tenais, lorsque le premier garde républicain, d'un mouvement brusque, les saisit, les tordit dans ses doigts, et en jeta les morceaux qu'il pulvérisa sous ses talons avec une précipitation bestiale.

Déjà l'impatience me gagnait à me voir ainsi joué ; ce dernier coup m'enflamma de dépit et d'indignation ; je ne pus retenir un geste menaçant, ni une apostrophe violente que je leur lançai en style de corps de garde, langage le plus intelligible de tous pour leurs esprits.

Je ne fus que trop compris. Mon imprudence réveilla leur bile et leurs colères assoupies. Au même instant (je n'avais pas encore fini de parler), cinq ou six canons de fusil obliquèrent vers ma tête ; quelques-uns, à bout portant, me heurtaient et me fouillaient la poitrine. Je restai comme pétrifié, froid, immobile, et pâle, sans doute, autant qu'une statue de plâtre. Si quelqu'un d'eux, plus ivre ou plus avide de sang, crispait ses doigts sur la gâchette, c'était fait de moi ! J'étais tué, ou pour le moins, je payais trois jours plus tôt le tribut sanglant que je devais à la balle.

Cette situation, on le conçoit bien, ne pouvait se prolonger au delà de quelques secondes sans tourner mal. Les officiers étaient intervenus en même temps que le mouvement avait eu lieu : les canons de fusil se redressèrent, et pour couper court, ils me poussèrent dans un autre groupe.

J'étais en proie à une souffrance intérieure inexprimable ; que de déchirements dans une colère qu'il faut réfréner ! C'était un premier éclair impétueux dont je n'avais pas été maître, me trouvant pris à l'improviste. Cette lutte d'un moment prit toutes mes forces, je fus sur le point de défaillir. Une chaleur brûlante me monta plusieurs fois à la tête, et j'en éprouvai à peu près la sensation qu'eût produite une langue de feu venant me mordre à la face. Ma vue s'était troublée et se perdait dans une épaisse atmosphère cendrée et rougeâtre. Je m'adressai à un sous-lieutenant de la garde mobile à cheval, pour qu'il voulût bien me servir de guide et me prêter son appui dans le cas où il faudrait marcher, car je me sentais incapable de me diriger, voyant à peine l'homme qui était à mon côté. Il me répondit d'un ton froid, mais digne. Ce maintien me fournit une occasion que je cherchais :

– Connaissez-vous, lui dis-je, le citoyen Carte[1], lieutenant dans votre corps ?

---

1. Dans le feuilleton de 1849, Pardigon anonymise le nom de Carte qu'il désigne seulement par son initial, ça n'est plus le cas en 1852. Le lieutenant Carte, militaire de carrière et républicain, fut tout comme Pardigon, délégué par le Comité révolutionnaire de Paris dans les Bouches-du-Rhône afin de préparer les élections d'avril 1848. C'est à cette occasion qu'il fait la connaissance de Pardigon avec lequel il va parcourir le département (Arch. nat., C 938).

– Oui, je le connais.

– Si vous pouviez me faire avoir avec lui un entretien d'une minute, vous me rendriez un service que je n'oublierai de ma vie.

– Cela n'est pas possible ; il me faut garder les rangs. Au reste, le citoyen Carte n'est pas dans la caserne, et je crois qu'il est blessé.

Une malheureuse nouvelle de plus ! Je pris pourtant mon parti. J'avais, après un moment de mûre réflexion, l'esprit et le cœur remis. Je me dis que c'était l'heure ou jamais de mettre à profit une éducation en quelque sorte privilégiée, et de puiser, dans des considérations morales et rationnelles, des motifs de calme, de sang-froid, si déjà une complexion naturelle ne me les fournissait. Ce double stoïcisme ne fut pas un vain mot ; sous l'empire de la raison et de la volonté, je le traduisis en une immédiate réalité, et je me fis par réaction une cuirasse philosophique, si je puis parler ainsi, et une force passive qui me rendirent insaisissable, pendant le reste de cette longue épreuve, à la colère qui aveugle, où à la peur qui paralyse.

Cependant, on nous ouvrit les portes de notre nouvelle prison ; ce n'était pas autre chose qu'une écurie donnant sur cette même cour ; nous opérâmes militairement un demi-tour sur le flanc droit, et par un simple défilé nous fûmes introduits dans le séjour qui nous était assigné.

Nous ne nous y trouvâmes pas trop mal ; il restait encore de la litière pour les chevaux ; tout hommes que nous étions, nous ne la dédaignâmes pas. L'écurie était pavée, aérée, spacieuse, bien entretenue ; on voyait clairement que sa destination n'était pas de loger des hommes !

Je viens de dire que nous ne nous trouvions pas mal. On nous prouva sur-le-champ, comme si on avait lu dans notre pensée, que nous y étions trop bien ; on nous fit échanger notre écurie contre la sellerie qui se trouvait à côté, séparée seulement par une forte cloison en maçonnerie. J'explique notre retraite par la crainte où ils étaient que nous ne missions le feu à la paille.

Nous étions dans la sellerie des anciens gardes municipaux. Notre logement était un peu étroit pour le nombre de ses hôtes insolites. Le parquet était formé de froides dalles de pierre ; la fatigue ne tarda pas à nous forcer de nous y étendre ; mais alors la superficie se trouvant véritablement insuffisante à recevoir tous nos corps, nous y suppléâmes par un expédient. Des appareils en bois assez solides étaient disposés sur deux rangs tout le long des murs, pour recevoir les lourdes selles des municipaux.

Les murailles se trouvèrent tapissées de don Quichottes de nouvelle espèce, à califourchon sur des chevaux de bois, et il ne manqua pas parmi nous de loustics pour faire remarquer que nous étions bien tous *des chevaliers de la triste figure*.

Dans cette situation, nous eûmes, derechef, tout le temps de réfléchir ; d'autant plus que les cris, les hourras, et l'arrivée de nouveaux prisonniers ne laissaient pas que de nous donner à penser. Vers le milieu de la journée, la caserne n'avait plus assez de caves, d'écuries, de selleries, de corridors, de réduits quelconques ; tout regorgeait de prisonniers ; or, on ne songe jamais tant à se débarrasser des gens que quand on s'en trouve embarrassé à ce point.

Un blessé se trouvait dans un peloton de prisonniers auxquels on fit partager les jouissances de nos chevaux de bois.

C'était un homme jeune, un blondin, petit, gras et même potelé ; sa figure était la moins belliqueuse du monde ; et, comme chez les enfants, la vue de son sang qui lui rougissait le corps à partir de la ceinture, était peut-être pour une grande part dans ses cris et dans sa frayeur. La balle l'avait atteint au flanc gauche ; la blessure était fraîche, et beaucoup de sang en sortait. Par un de ces caprices fort communs dans les coups de feu, la balle lui avait cinglé les chairs par un mouvement demi-circulaire : la plaie était peu profonde. Cette solution de continuité se trouvant au-dessus de la hanche, si le blessé se penchait du côté gauche, il froissait l'une contre l'autre les lèvres de la plaie ; du côté droit, il entrouvrait la plaie et déchirait d'une façon douloureuse les fibres entamées. Impossible à lui de trouver une position où il ne se tordît et n'ondulât comme sur un gril chauffé au rouge.

Plusieurs de mes compagnons le trouvèrent trop bruyant ; leurs âmes, d'une plus forte trempe, ne comprenaient pas cette douleur enfantine, car le blessé versait d'abondantes larmes, et ses cris leur étaient importuns et désagréables.

– Ah ! bah ! oui, disait l'un d'eux, si on voulait me tenir quitte pour deux fois autant, j'accepterais bien. Parce qu'une balle l'a *rifflé*... Je vous demande un peu !

Je n'étais pas fâché de me trouver avec des hommes énergiques, mais je les aurais désirés plus compatissants ; il est vrai que les rudes natures regardent certains sentiments comme une faiblesse, et que toute faiblesse les fait sourire de pitié.

J'avais devant moi, à peu de chose près, les deux termes du cœur humain : tempérament faible, mou, timide, facile à pétrir et à dompter ; tempérament audacieux, imbridable, inaccessible à la peur, mais dur, inflexible, *barbare* ; l'un de cire, l'autre de fer. Je me demandais, moi, l'ennemi des *juste milieux*, s'il n'y avait pas entre ces deux extrêmes un point intermédiaire où l'homme, plus complet, souffre et sympathise avec la douleur, qu'il comprend, en même temps qu'il lutte et réagit contre cette douleur, qu'il surmonte. Je me serais estimé heureux si j'avais pu être cet homme.

Un chirurgien entra dans la sellerie, examina le patient, donna ordre de l'emmener, et mit fin à ce petit incident qui fut presque aussitôt suivi d'un autre. C'étaient des cris furieux d'une part, suppliants de l'autre : cris de menaces, cris de détresse. Des gardes luttaient entre eux, se repoussant, jurant, criant et rugissant ; ils se disputaient un homme.

– Dans la cour ! Dans la cour ! criaient les uns.

– Non pas. Non ! pas dans la cour ! criaient les autres.

À tout cela, nous ne comprenions rien d'abord ; nous ne tardâmes pas à y voir clair. Il s'agissait de fusiller un homme, et la question qui était pendante, c'était de savoir si on le fusillerait dans la cour ou pas dans la cour, c'est-à-dire dans le jardin, ou tout autre part.

Qu'importe au *victimé* qu'il soit fusillé dans une cour ou sur les toits ? Que pouvait faire aux *exécuteurs* d'immoler un homme dans un lieu de préférence à un autre ? Le caractère de l'acte était-il, à leurs yeux, modifié par le lieu qui en serait le théâtre, et n'était-ce plus fusiller un homme que de le fusiller ailleurs que dans la cour ? Où diable les scrupules vont-ils se loger ?

Quelques hommes, pourtant, nous semblèrent conjurer de tous leurs efforts l'orage qui grondait sur la tête du prisonnier. Leurs voix étaient seules et ne rencontraient pas d'écho. J'étais heureux de les entendre, mais consterné de voir que nous seuls les entendions. Leur parole solitaire s'élevait comme une protestation perdue, comme une consécration du droit violé, comme un anathème anticipé sur la réprobation générale.

Le groupe tumultueux s'éloignait peu à peu, et les clameurs nous arrivaient plus faibles, non qu'elles eussent diminué d'intensité, mais parce que la distance nous les transmettait amoindries, vagues, confuses. On avait donc décidé que ce ne serait pas dans la cour ?

Parmi nous, les cœurs s'étaient ouverts aux inspirations de la peur. Les trembleurs se lamentaient et faisaient de leurs terreurs une dangereuse propagande. Ils allaient d'un homme à l'autre, et d'une voix éteinte :

– Voyez-vous : nous serons fusillés ! Je vous le dis, allez, nous serons fusillés ! Nous serons fusillés !

Et dans leur panique, ils ânonnaient sans cesse ce triste refrain :

– Nous serons fusillés ! Nous serons fusillés !

Or, comme la peur est contagieuse, et comme, plus que la faim, la peur est mauvaise conseillère, il fallait, pour en prévenir les dangers, prévenir d'abord la contagion.

La peur va toujours – et j'ai eu cent fois l'occasion de le constater – directement contre ses fins. Elle craint un danger, elle le fait naître ; elle appréhende la mort, elle l'attire. J'essayai d'abord de faire, par la persuasion, une propagande contraire. Erreur ! La peur ne se discute pas ! Il faut qu'une force extérieure l'enchaîne et la muselle là où il n'y a pas assez de volonté pour la vaincre et la dompter. Il fut décidé que quiconque se ferait lâchement prophète de malheur serait à la première fois invité au silence, à la seconde fois qu'il y serait contraint, car une peur n'est vaincue que par une autre. Nous étions assez d'hommes énergiques pour avoir raison de tous ceux qui l'étaient moins, ou qui ne l'étaient pas du tout.

À ce prix nous obtînmes, sinon du calme et de l'impassibilité, du moins de l'immobilité, du mutisme. Il était temps : nos rumeurs intestines avaient éveillé l'attention du garde républicain qui faisait faction à notre porte, et nous avaient déjà valu de sa part une impérieuse injonction. Cet homme s'était montré assez raisonnable pour que nous n'eussions à faire des reproches qu'à nous seuls, s'il était amené à faire feu selon la consigne.

Le silence qui s'ensuivit fut tel que les moindres bruits du dehors étaient perceptibles à nos oreilles. Des mobiles lavaient leurs canons de fusil dans une cour latérale. Par un soupirail qui ouvrait de ce côté, nous saisissions leur conversation presque entière.

Nous cherchions à lire dans leurs libres propos comme dans un oracle, et à interpréter notre destinée. Nous n'eûmes pas cette satisfaction, car leur entretien coupé, allant par soubresauts, sans suite et sans lien, nous transportait d'un faubourg de Paris à l'autre, et si, par instant, il nous faisait connaître quelque hideux exploit, nous n'osions voir là matière à conclure à une loi générale.

Pendant ce temps, les baguettes[1] tintaient dans les canons, alternativement poussées et ramenées ; l'eau, chassée et comprimée par la bourre, jaillissait par la lumière avec un léger sifflement. Tous ces bruits s'accordaient avec nos pensées.

Qui ne le voit ? Dans ce drame de la plus grande unité, tout se tient, tout se relie. Ici la cause, là les effets ; ici l'enclume, là le marteau ; ici les victimes, les condamnés, là... je ne dirai pas les bourreaux, non... Le rôle du bourreau est passif, quoi qu'il en semble, pour le moins autant que celui du patient ; son rôle est passif, mais accepté, par suite infâme.

Nos *maîtres* n'étaient pas ainsi : instruments d'action et d'extermination, c'étaient encore des hommes libres, autonomes, républicains, pouvant agir ou s'abstenir, moraux par conséquent, et responsables devant leurs concitoyens... À leurs concitoyens de se prononcer ! Pourquoi leur enlèverais-je cette responsabilité qui fait la grandeur de l'homme, bien que parfois elle l'écrase ? Amoindrir ne serait pas juger, avilir ne serait pas condamner...

---

1. Désigne la tige, le plus souvent de bois ou de fer, avec laquelle on enfonce la charge dans les armes anciennes qui se chargent par la bouche.

La journée passait, et la faim aiguillonnait nos estomacs vides. Comment se substanter avec de l'eau pure ? Nous *criâmes la faim !*

Avec une générosité dont nous ne devions plus, nulle part, retrouver les effets, on nous fit passer des aliments, de la soupe en quantité suffisante. Un sergent-major, qui avait la haute main sur tout ce qui nous concernait, se conduisit de manière à mériter de nous un bon souvenir.

Des preuves de sympathie ou, pour parler plus juste, de compassion, nous furent données par plusieurs gardes républicains. Il n'était pas nécessaire d'avoir un esprit trop pénétrant pour comprendre que cette pitié était un plus mauvais symptôme que les traitements les plus durs. Il ne fait pas bon être tant à plaindre ! Chez un homme qui s'appartient, un coup d'œil peut résumer une confidence. C'est ce qui eut lieu pour un jeune garde républicain auquel je pus adresser quelques mots, étant sorti avec lui dans la cour. Son silence obstiné à la plupart de mes questions, le jeu de sa physionomie, l'expression de ses regards, me frappèrent d'un terrible contrecoup. Je tins dès lors pour assuré que nous étions balancés sur un abîme.

En effet, étions-nous si loin du Luxembourg ? Combien fallait-il de minutes pour nous conduire dans ses jardins, sous ses vastes allées sombres, dont l'épais feuillage n'a pas étouffé les nocturnes détonations[1] ? Et d'ailleurs, en face de l'édifice imposant qui élargit ses ailes aux quatre points de l'horizon et dont la Médicis posa la première pierre, le bassin polygonal, comme une immense cuvette, n'offrait-il pas ses eaux à des milliers de Pilates, pour se laver les

---

1. Allusion aux fusillés du Luxembourg.

mains, non plus avant cette fois, mais après le sang versé ?

Qui nous dira les mystères de ces nuits qui jetèrent l'épouvante et le trouble dans le cœur des habitants d'alentour, témoins involontaires d'un drame joué dans l'ombre, au bruit sourd des tambours et des détonations, aux Tuileries, au Luxembourg, au Champ-de-Mars ?

Le soir venait, et nous redoutions d'avance la nuit affreuse qu'il nous faudrait passer dans notre étroite prison, où la plupart de nous garnissaient les murs, perchés sur les porte-selles, d'où la fatigue et le sommeil ne manqueraient pas de les précipiter.

Il était encore grand jour lorsqu'on nous donna l'ordre de former un groupe de six hommes. Les six premiers qui se trouvaient plus près de la porte sortirent.

Le temps qui s'écoula avant qu'on ne vînt redemander un nouveau groupe fut assez long pour que les esprits se fussent égarés à la suite de mille fantômes, pires que la réalité.

Ces sentiments avaient tant gagné de terrain que personne ne voulut répondre au second appel. C'était, comme toujours, cet anxieux moment de la transition, ce saut redouté, cette peur qui prend l'homme en face de l'inconnu et le fait se cramponner au présent, si affreux qu'il soit, comme à une planche de salut.

Pour moi, je m'étais tracé une ligne de conduite : je me présentai. Cinq hommes prirent de leur côté la même résolution, et le groupe fut complété sans qu'on ait dû s'apercevoir de notre embarras.

Les raisons qui me déterminèrent toujours, en semblable circonstance, à passer dans les premiers, étaient simples. Je me considérais comme un homme perdu dans une carrière, ne comptant qu'une chance de vie sur quatre-vingt-dix-neuf chances de mort. Qu'y a-t-il de mieux à faire que de pousser droit en avant, jusqu'à extinction des forces ? N'est-ce pas ainsi qu'on peut espérer trouver l'issue qui est votre unique chance de salut ? Pour me rapporter à notre cas particulier, n'était-il pas évident qu'en me déplaçant, je multipliais mes chances de rencontrer un auxiliaire, et qu'au reste, si notre arrêt était rendu, la mort vers laquelle nous ne voudrions pas marcher viendrait, elle, vers nous ? Où est la nécessité de finir lâchement ?

Bien que ce raisonnement ne m'ait pas réussi, je le tiens encore pour juste. Le lieutenant que j'avais fait demander rentra le lendemain matin. Il n'était pas blessé. Prisonnier des insurgés à la manufacture des Gobelins, dépouillé de ses insignes d'officier, il avait couru le danger plus grave d'être fusillé par représailles. La ligne, qui au bout de quelques heures s'était réemparée de la position, l'avait délivré et reconduit dans sa caserne. Le sous-lieutenant lui transmit ma réclamation, et Carte fit des recherches inutiles dans tous les réduits de la caserne où étaient tassés des prisonniers. Il courut à l'Abbaye (où nous allions en ce moment), se fit ouvrir le livre d'écrou et, ayant lu mon nom, déclara vouloir communiquer avec cette personne. Mais avant toute chose, le greffier lui mit sous les yeux une feuille de sortie sur laquelle je me trouvais porté, sans que ladite feuille fournît aucune indication sur l'endroit où nous avions été dirigés.

Et là-dessus mon ami revint à Tournon, déplorant mon sort, m'a-t-il dit, et consterné de l'inutilité de ses démarches.

Des diverses parties de la caserne sortirent des groupes semblables au nôtre. Tous réunis, nous formâmes un convoi d'une trentaine de prisonniers. Nous passâmes de la caserne dans la rue de Tournon, et nous descendîmes du côté de la Seine.

V. L'Abbaye[1]

Le trajet. – Rencontre. – Aspect de la prison. – Le préau. – Affluence de prisonniers. – Un jeune homme abâtardi par la domesticité. – Le froid au cœur de l'été. – La pistole. – La nuit. – Résignation héroïque de certains prisonniers contre les angoisses de la faim. – Retour dans le préau. – De profundis. – Le porteclefs. – Appel nominal. – Départ pour les Tuileries. – Réclamation d'un ami. – Il est trop tard!

Ce n'est pas sans un grand froissement de cœur que je traversai ces lieux où j'étais connu. J'aurais voulu passer invisible, épargner à certains amis qui n'en peuvent mais une fâcheuse découverte, et m'épargner à moi-même l'humiliation de tomber sous les yeux de quelque adversaire politique, triomphant de notre défaite et lâchement railleur.

Ces appréhensions étaient fondées. En face de la rue du Petit-Lion[2], je m'entendis appeler hautement par une voix connue. C'était un ancien garde national de Louis-Philippe (*un bonnet à poil*), conservateur de

---

1. La prison de l'Abbaye, édifiée par les abbés de Saint-Germain-des-Prés, fut reconstruite au XVIIᵉ siècle dans la partie qui a été absorbée par la construction du faubourg Saint-Germain, et devint prison d'État. En septembre 1792 y furent «massacrés» de nombreux prisonniers. Elle fut détruite en 1857.
2. Elle se trouvait dans l'actuelle rue de Saint-Sulpice dont la portion est comprise entre la rue de Tournon et la rue de Condé.

173

nature, réactionnaire par peur. Je le croyais bon, mais à cette heure il me sembla méchant. Je saisis dans son intonation quelque chose de narquois. D'indignation, je détournai la tête. Cet homme m'avait plus que complimenté dans les journées de Février. Je me dis qu'il n'avait d'autre Dieu que le succès : la religion des lâches.

Vers la hauteur de la rue de Bussy [Buci], nous prîmes à gauche, et bientôt, sur une place irrégulière, se dressa la noire silhouette de l'Abbaye.

Notre nouvelle prison ne laissait rien à désirer. Abat-jour fixes, en entonnoir. Fenêtres garnies de forts barreaux. Murailles nues, sans crevasses. Angles flanqués de tourillons naissant à dix pieds du sol et finissant au troisième étage. À l'entrée, lourd péristyle à piliers carrés. À droite, poste militaire. Sentinelles, partout.

Ce qu'on dit encore des verrous et des portes qui crient, des geôliers aux trousseaux de clefs retentissants n'a rien d'exagéré. La liberté ne vient pas seule expirer sur ce seuil, notre civilisation moderne n'a point encore passé par là. On y compte trois siècles en retard. C'est dans le vieux monde que le monde nouveau s'emprisonne.

Dans la geôle, on nous fouilla derechef et fort soigneusement, on inscrivit nos noms, nos adresses, nos professions, et on nous lâcha dans le préau. C'était, à défaut d'autres avantages, de l'air pur assuré. Une fontaine coule dans un angle de la cour, mais l'eau en est peu saine. La cupidité du geôlier nous ouvrit une source plus fortifiante. Il vendait du vin à la bouteille, et l'occasion lui parut bonne de faire aller son commerce.

Le préau était peuplé d'hôtes nombreux, une centaine environ. Tout le monde causait, mais d'une conversation sinistre.

La fameuse question : serons-nous fusillés ? était

remise en grand sur le tapis. De terribles arguments disaient : Oui, tandis que l'instinct de la conservation nous criait : Non, ce n'est pas possible !

En attendant, on regardait avec terreur les murailles hautes, crépies, infranchissables ; l'unique porte, verrouillée ; la cour sans issue comme une citerne, et les fenêtres du bâtiment, défendues par des barreaux et plongeant sur nous comme une menace.

Ici, de même que partout ailleurs, le nombre des captifs augmentait incessamment. C'est même par ce seul moyen que nous avions des nouvelles de l'insurrection. Données insuffisantes jusqu'à ce jour pour fonder de sérieuses conjectures. Il n'en fut plus ainsi le lendemain matin. Le procès nous parut jugé, bien qu'un immense besoin d'espérance nous fît tourner les yeux vers le faubourg Antoine, Encelade[1] de la Révolution, dans les convulsions duquel nous comptions toujours.

Entre autres prisonniers fut amené un tout jeune homme de seize à dix-sept ans, fort proprement mis, des joues fraîches comme une jeune fille, mais sanglotant amèrement et les yeux noyés de larmes. Il ne nous était pas possible, avec la meilleure volonté du monde, de voir sous cette bénigne enveloppe l'étoffe d'un insurgé. Ce n'en était pas un. C'était une espèce de *groom* ou *factotum* d'une maison du faubourg Saint-Germain. Il était sur sa porte. Pour un rien, un geste, un mot, un coup d'œil, des gardes mobiles l'arrêtèrent, prétextant qu'ils étaient insultés. L'infortuné avait beau déclarer qu'il en était incapable, on l'emmena passer un fort mauvais quart d'heure au milieu de nous. Il ne puisait dans son âme énervée

---

1. Géant de la mythologie grecque
emprisonné sous l'Etna dont
les éruptions passent pour être
les grondements.

par la domesticité aucun motif d'énergie. Un peu plus, il serait mort de peur. Je me rappelai ce pauvre enfant du peuple qui avait couché avec nous à la caserne des Grès, et qui nous eût suivis partout sans sourciller. Le *grand seigneur* ne tarda pas à faire réclamer son bien, et le jouvenceau fut rendu à son maître, je n'ose pas dire à la liberté.

Nonobstant, la nuit était venue. Il faisait froid dans ce large puits, exposé au nord, à ciel ouvert. Bientôt nous grelottâmes, et nous étions au mois de juin! Étendus sur les pavés, nous tâchions de nous reposer, nous réchauffant les uns contre les autres. Un froid glacial parcourait nos membres; il fallut se lever et rester debout, malgré la fatigue et le besoin de dormir.

– Quoi! Il nous faudra passer ainsi la nuit? se demandait-on avec angoisse. Nous manquions de forces pour un exercice suffisant, et le refroidissement paralysait de plus en plus ce qu'il nous en restait. La nuit n'était que trop belle! Le rayonnement nocturne redoublait d'intensité. Le ciel déployait sur nos têtes son radieux pavillon, il étalait des myriades d'étoiles, et notre chaleur, avec celle du sol, s'envolait vers les espaces célestes.

J'ai marché, j'ai joué dans la neige, j'ai subi de très basses températures, et je n'ai pas souvenir d'avoir éprouvé jamais ce froid d'une nature toute particulière. Nos dents claquaient.

Nous réclamâmes le droit d'être enfermés dans les prisons non occupées de l'Abbaye, ou parqués dans les corridors. Le guichetier nous écouta avec assez de bonhomie, mais sans plus s'émouvoir qu'un mannequin. En l'examinant, on l'eût pris pour un homme qui ne comprend pas la langue qu'on lui parle. *La pistole! la pistole!* telle est la formule sacramentelle avec laquelle on conjure l'impassibilité d'un guichetier.

– Voyons! Mais vous ne pouvez tenir tous, s'écria-t-il enfin, car son esprit supputait déjà la somme de gros sous qui allait lui revenir, si chacun pouvait trouver un gîte, et le payer.

Entra qui put, moyennant six sous. Une pile de petites paillasses et d'oreillers ou traversins, également en paille, firent les frais de notre literie. Nous envahîmes les combles et les mansardes qu'on nous assigna pour retraites. Ce fut la meilleure nuit de notre captivité. Nous dormîmes en hommes rompus par la fatigue et par les veilles. En nous réveillant, le matin, nous avions presque oublié notre situation critique. On fit la causerie comme dans une chambrée d'ouvriers au réveil.

Aucun ordre n'avait été donné pour nous distribuer des vivres ; pas même du pain de munition. Il y avait là, pourtant, des hommes qui n'avaient rien mangé la veille, car chacun n'avait pas de monnaie pour acheter du pain au guichetier.

Cette pensée me navrait. Je voyais bien que plusieurs périssaient d'inanition, et cela dans un mutisme absolu, mais avec des souffrances intérieures que trahissaient, sous un masque apparent d'insensibilité, l'altération des traits, la lividité du visage, et je ne sais quoi de hagard dans les yeux. Quelques-uns, auxquels nous offrîmes de notre pain, le refusèrent d'un simple signe de tête. De désespoir, ils semblaient s'être condamnés eux-mêmes. Déchirant tableau ! Figures humaines sur lesquelles venaient se peindre les affres d'une mort cruelle et d'une lente extinction !

Dès le matin, nous étions redescendus dans le préau. Chacun s'occupa de donner signe de vie au dehors, et même de se cramponner au reste de la société dont nous étions violemment séparés, en écrivant à des parents, à des amis, une espèce de *De profundis clamavi* qu'un garçon de service, moyennant prime, avait juré de mettre à la poste.

Pour que cette dernière consolation ne manquât à personne, il fut fait une collecte dont le produit servit à se procurer du papier, des plumes et de l'encre. Les plus habiles se transformèrent en écrivains publics. Cette opération fit renaître un peu de vie. On parlait, on s'agitait, on griffonnait à qui mieux mieux.

On annonça l'appel ; rangés d'un même côté du préau, nous répondîmes en défilant nominativement.

Notre guichetier nous harangua, moitié sérieux, moitié badin, en chat qui se joue de la souris. Il nous fit connaître, en forme de péroraison, qu'à midi on nous servirait la soupe. Mais cet homme avait dans sa diction, bien que sans effort, sans affectation aucune, un tel air diabolique, qu'on ne pouvait trop savoir, après l'avoir entendu, sur quel pied danser.

Je suis convaincu, pour mon compte, qu'il ne fit qu'amorcer notre patience. Il devait savoir quel dessert on nous gardait. Vers midi, on fit un second appel. Cette fois, les citoyens appelés sortaient du préau. Mon nom fut prononcé, je sortis.

C'est peu après que mon ancien maréchal des logis, le lieutenant Carte, arriva en retard ; malheureusement pour moi, car on nous menait aux Tuileries !...

VI. Le caveau des Tuileries

Désillusion. – Description du caveau. – Les fous dans la nuit. – Coups de feu au tas. – Retour de la lumière. – La soif. – Arrivée de nouveaux prisonniers. – Une figure d'insurgé. – Incident grotesque. – Les gardes nationaux aux lucarnes. – Tortures morales et physiques. – Invasion de la peur. – Un incident tragique. – Étouffez-les ! – Épilepsie et terreur. – Situation. – Différentes catégories de prisonniers. – Leurs caractères. – Visites d'un chirurgien et d'un représentant du peuple. – Vaines promesses. – La vidange. – Quelques types de fous. – Colloque avec un officier. – Sortie nocturne. – Assassinat. – Quiproquo.

Aux Tuileries, pensions-nous, on trouvera assez d'espace pour nous loger. Dans cet espoir, nous nous acheminions volontiers vers l'immense édifice. C'était dans la matinée du dimanche, 25 juin ; nous comptions notre quatrième prison, et nous avions toujours été de mal en pis.

Après une courte halte dans la cour d'honneur, nous pénétrons, je crois, sous le pavillon de l'Horloge. Dans le vestibule même, au rez-de-chaussée, on ouvre une grille à gauche d'un grand escalier. À ce premier mouvement, notre déception commence et nos dernières illusions s'évanouissent avec le grand air et le grand jour que nous laissons au-dessus de nos têtes.

Au bout d'une vingtaine de marches, nous débouchons sur un carré à ciel ouvert. En face de nous est une nouvelle grille donnant entrée dans un caveau. L'aspect en est semblable à l'embouchure grillée des vastes égouts de la ville se dégorgeant dans la Seine. La barrière s'entrouvre, puis se referme sur nous, limite de deux mondes.

L'un de ces mondes, le nôtre, est un enfer. Je n'arriverai jamais qu'à en donner une idée incomplète, affaiblie. Mais quoi ! N'est-ce point dans le palais des rois que des républicains, vainqueurs de Février, vaincus de Juin, vont expier leur première victoire ?

Nous sommes dans l'étroit boyau qui établit une communication souterraine entre le château des Tuileries et la terrasse du Bord de l'eau.

En entrant, nous pataugeâmes dans une espèce de boue, dont je ne m'expliquai pas d'abord la nature. Au bout de quelques pas, nous allâmes dans l'obscurité. Cela veut dire que nous étions dans la partie du caveau qui passe sous l'Esplanade, non loin de la porte d'entrée. Dans ce trajet, ni air, ni lumière suffisante.

À mesure que nous avancions, une chaleur malsaine nous frappait le visage, et quelque chose d'âcre et de pénétrant nous fatiguait les paupières et nous suffoquait à la gorge.

Nous accomplîmes enfin ce rude trajet à travers une masse compacte d'hommes à la physionomie altérée. Ces premiers moments nous furent affreux, et c'est le cœur oppressé que nous touchâmes le fond du caveau. Les nouveaux venus devaient toujours passer au fond. C'était, néanmoins, la partie la plus saine. Les urines, qui avaient détrempé cette boue dont j'ai parlé, n'y séjournaient pas. Elles suivaient la pente, et allaient former, vers le bas, des flaques infectes où piétinaient un millier d'hommes.

Le sol était recouvert en bitume, les murs cimentés, et, les eaux ne pouvant filtrer, la mare allait toujours croissant et envahissant.

La nuit vint. Le sol sous nos pieds n'était qu'humide ; nous étions les moins entassés ; nous cherchâmes une disposition qui nous procurât un peu de repos. Rangés sur deux files contre la paroi, nous nous assîmes par terre en nous adossant au mur. Nous nous renversâmes sur le côté, tous dans le même sens, la tête de l'un sur l'épaule ou sur le flanc de l'autre, les jambes repliées et les genoux emboîtés dans les jarrets les uns des autres.

Le caveau est si étroit que si l'un de nous allongeait les jambes, il portait ses pieds dans la poitrine de l'homme qui était en face de lui. En un mot, nous étions, selon une énergique expression que j'ai recueillie, couchés en *chien-à-fusil*. Il va sans dire qu'après un court usage de ce nouveau lit de Procuste, nous fûmes forcés de reconnaître que nous nous étions infligé nous-mêmes un supplice auquel il fallait échapper en nous redressant sur nos jambes.

Quelle nuit ! Il arrivait par moments que des masses d'hommes brisés par des postures incommodes, ou succombant, debout, à la fatigue, roulaient les uns sur les autres. C'était un ébranlement général, des cris, des gémissements qui couraient d'un bout du caveau à l'autre et l'agitaient, comme une chaîne, à ses deux extrémités.

Ces perturbations, si douloureuses par elles-mêmes, nous valaient, en outre, des menaces sauvages du haut des lucarnes. À coups de feu, on imposait silence à des tourments intolérables. Chaque détonation était suivie d'une immobilité de tombeau. *L'ordre régnait* dans le caveau… comme dans un cimetière !

Par instants aussi, dans le calme général, quelques fous se levaient, poussant d'horribles cris, expression de la terreur qui remplissait leur âme. Mes oreilles n'avaient jamais perçu de tels accents. Il y avait quelque chose qui n'était plus d'une voix humaine, et pourtant cela vous déchirait cruellement les entrailles.

Leurs discours accouplaient des idées incohérentes ou bizarres : « On me vole ! on m'assassine ! mon portefeuille ! eh ! donc eh !… brigands ! brigands ! »

Ils se dressaient, ces malheureux, comme des fantômes, s'efforçant de fuir, culbutant les uns, foulant aux pieds les autres, trébuchant sur leurs genoux, et galopant au milieu de tous les obstacles, « comme à travers un champ de carottes. » Ainsi s'exprimait à côté de moi un ouvrier.

Non, je n'ai pas oublié ces exclamations, ces cris, avant-coureurs de quelque détonation, si bien prévue qu'il était répondu de toutes parts, dans les angoisses de l'attente :

– Ce n'est pas ici ! non ! ce n'est pas ici ! ne tirez pas ! aïe ! aïe ! !

Tout à coup, éclatait un bruit sourd, mat, sans vibration dans ce caveau aux parois massives, bas, étroit et gorgé d'hommes. C'était un nouveau coup de fusil, *au tas*… Le plomb, fouillant dans l'ombre, frappait au hasard une victime… ou plusieurs.

Combien, en écrivant ces lignes, je sens que le récit est impuissant à reproduire l'horrible réalité !

Quand le lever du soleil nous envoya quelque clarté par les soupiraux, il nous sembla que nos maux nous étaient enlevés. Nous n'avions de moins que les ténèbres !

J'avais compris, durant cette nuit, qu'à un certain ordre matériel était attachée notre vie à tous. Nous étions plusieurs que le sang-froid n'avait pas abandonnés. Nous nous divisâmes la besogne. Chacun de nous s'appliqua à former des brigades de vingt hommes avec un brigadier pour assurer à tous la distribution du pain et de l'eau, et en même temps, retenir les fous qui se multipliaient selon une progression effrayante.

Je redescendis, organisant ainsi le caveau, jusque vers la grille d'entrée. C'est surtout là que des flaques profondes d'urine et d'ordures exhalaient de putrides émanations, bien plus intenses dans le reste du caveau qu'elles empoisonnaient d'une atmosphère lourde et dormante, qu'à l'endroit même où l'air, quelque peu renouvelé, nous permettait de conserver nos forces, malgré un contact révoltant et une odeur insupportable.

Vers le centre, des centaines de malheureux succombaient à une asphyxie lente. Ils étaient dans un état de marasme et d'atonie dont on ne se fait pas d'idée ; insensibles au présent, sans préoccupation de l'avenir, indifférents à leur propre sort. Ces hommes échappaient par l'inertie à toute espèce de dispositions, de combinaisons salutaires. Plusieurs étaient accroupis par terre et foulés, qu'on essayait vainement de relever. Leur bouche, plus près du sol, aspirait à longs traits l'acide carbonique que sa pesanteur y condense. Ils précipitaient leur mort.

Nous étions en outre tourmentés par une soif inextinguible. L'eau nous manquait. Je fis signe aux gardes nationaux, qui avaient leur poste de l'autre côté de la grille, que je désirais leur parler. On me permit d'approcher, et je franchis, en m'éclaboussant jusqu'aux genoux du mélange infect que je traversais, un espace d'environ dix pas, que nous étions tenus, sous peine de mort, de laisser entre nous et la grille, fermée pourtant.

Notre position était telle qu'ils en parurent un peu touchés. Un gardien du château, qui se tint constamment à la grille et qui en gardait les clefs, fit preuve de sentiments d'humanité.

Je demandai de l'eau ; on nous en accorda. On nous donna aussi du pain, moins nécessaire que l'eau. Peu pouvaient manger. Notre ration était, pour vingt-quatre heures, une moitié de pain de munition ; pas d'autre pitance.

Le milieu du jour (lundi 26) arriva. De nouveaux prisonniers vinrent partager et accroître nos misères.

Ces derniers venus étaient, pour la plupart, dans

un état que je ne saurais peindre. Des groupes entiers allaient sans chaussures, à peine vêtus d'une chemise en lambeaux et d'un pantalon en guenilles. Sans doute, on avait tiré hors de leurs misérables retraites bon nombre d'infortunés, coupables de pauvreté, d'indigence, d'absolu dénûment. Le pauvre, hélas ! est suspect ; le pauvre fait peur !

Quand elle n'est pas barbare, étrange est souvent la logique de la répression. C'est elle qui inventa ce qu'on a appelé *une figure d'insurgé*. Désignation multiple et très compréhensive.

Ouvrier à front hardi, œil vif, bras prompt : figure d'insurgé. Barbe épaisse, désordonnée, excentrique : figure d'insurgé. Aspect réfléchi, pensif, calme, ferme : figure d'insurgé. Teint pâle, hâve, maigre et dévasté : figure d'insurgé. Figure comme tout le monde : encore figure d'insurgé.

Ne demandez pas de raison, il n'y en a point. Plus physionomiste que Lavater, plus phrénologiste que Gall et Spurzheim, chacun de s'instituer juge appréciateur. Arrêtons celui-ci, celui-là, celui-ci encore... Attention ! Vous vous arrêtez vous-mêmes. Oui, Harpagons en tunique, votre main droite arrête votre main gauche, pendant que d'autres se battent !

Arrive un incident. Par les soupiraux, une sentinelle a entrevu une arme aux mains des insurgés. Le fait, dénoncé par lui, vole de bouche en bouche. Les prisonniers sont armés ! Alerte ! Rumeur aux postes.

On nous fait sommation de livrer nos armes sous peine d'être exterminés. Qu'on se figure notre étonnement. Nos armes !... Chacun regarde autour de lui. On se trouble, car on ne sait de quoi il s'agit, et ce tumulte irritant les gardes, nous allons être sacrifiés pour n'avoir pu deviner l'énigme.

Enfin on se récrie. L'arme est découverte. Chose non moins ridicule qu'incroyable, c'était un parapluie ! Tel est l'arsenal qui, pendant cinq minutes, avait tenu en échec l'imagination de nos gardes.

Si toutes nos crises n'avaient eu de solution plus sanglante, je n'aurais pas entrepris ce récit.

De temps en temps, des bourgeois, des gardes nationaux de diverses banlieues, des curieux, venaient se repaître de l'abominable spectacle de nos souffrances. Plusieurs trépignaient de rage à notre vue. Certains donnaient naïvement des signes d'une terreur exagérée, ainsi que ferait un enfant devant un objet qu'on lui assurerait être hideux. Bien peu d'hommes surent s'élever à la hauteur de notre infortune et à la dignité de leur victoire.

Nos rangs s'emplissaient toujours. Nous nous massions en serrant les files, les bras collés le long des côtes. Les petits étaient littéralement étouffés. À tout instant, du sein de la masse profonde, on poussait en avant, de mains en mains, des prisonniers évanouis. Ce sont les épaves du naufrage que la vague couche sur la côte. Nous les exposions, aussi près que possible, à l'air de la grille, nous leur rafraîchissions les tempes et le visage avec de l'eau.

Les moindres bruits nous trouvaient attentifs. S'il arrivait une patrouille nouvelle ; si la voix d'un chef se faisait entendre ; si, traversant les jardins, les escadrons prolongeaient au-dessus de nous leur sourd piétinement ; si, longeant les quais, les trains d'artillerie ébranlaient nos voûtes, mille conjectures, mille pressentiments nous agitaient.

Tant que durait la lutte, on ne devait s'occuper de nous qu'accessoirement. Nous le sentions. Mais une fois le dernier fusil brisé dans les mains de l'insurrection, nous étions à l'ordre du jour. Anxieux quart d'heure qui se faisait bien attendre et qui ne devait pas être loin.

Voilà dans quelles tortures et morales et physiques s'écoulait cette journée, lorsqu'une nouvelle crise vint en rompre la monotonie.

Sans motifs, sans cause apparente, on nous jette un arrêt d'une férocité innommée. Défense expresse de toute circulation et de tout mouvement ; injonction de ne pas remuer d'un pouce, pour quelque motif que ce soit ; de faire le vide dans la projection des lucarnes, et – je n'oserais en vérité l'écrire, tant ce me semble impossible, si ce n'était empreint dans ma mémoire en souvenirs ineffaçables – défense aussi de tourner, même de nos places, la tête vers les soupiraux d'où nous venaient l'air et la lumière, et cela sous peine de mort !

On connaît le fossé qui sépare le parterre des Tuileries du reste du jardin toujours accessible au public. Les soupiraux qui ouvrent sur ce fossé sont à hauteur de poitrine.

Il faut avoir vu par ces soupiraux nos sentinelles, le cou tendu, l'œil fixe, le fusil abattu, armé et amorcé, les jambes fendues, la main gauche à la capucine et la droite à la gâchette, toujours prêts à faire feu, pour un geste, un froncement de sourcils. Il y en a qui ont eu la force et le triste courage de rester, une heure entière, dans cette attitude.

La situation était tendue au dernier point. Des bruits sinistres couraient dans la foule : nous allions être fusillés. La terreur envahissait toutes les âmes. Les esprits faibles ne s'appartenaient plus. Cette heure fit perdre la raison à plus de deux cents personnes. Au même instant, par une coïncidence formidable, un coup de fusil gronda dans le caveau. L'émotion fut indicible, le silence en devint plus profond. On se crut au commencement de la fin.

Le moment, en effet, paraissait approcher où douze cents hommes allaient s'affaisser misérablement sous le poids de la terreur, ou bien, dans un effort désespéré, assaillir la grille et braver la mort. Ce coup de fusil, au milieu du calme, émut jusqu'aux gardes nationaux, toujours menaçants, qui gardaient la grille.

– Qu'est-ce donc ? demandèrent-ils.

Je répondis ce qu'on m'avait appris :

– C'est un pauvre fou à qui l'on vient de brûler la cervelle, à bout portant.

L'infortuné, s'étant arraché aux étreintes de ceux qui l'entouraient, s'était précipité vers un soupirail comme le papillon vers la flamme. Il y avait trouvé la mort.

– Ayez pitié des fous, ajoutai-je.

– Retenez-les.

– Ils nous débordent.

– *Étouffez-les...* ils vous feront tous fusiller.

– Ah ! fis-je en moi-même, avant d'en venir là nous y aurons tous passé.

Et par un singulier retour, mon esprit se reporta sur le naufrage de la *Méduse*. Toutes les horreurs m'en furent expliquées.

Je me retirai tristement sans mot dire.

– Apportez le cadavre, il faut l'enlever, nous dit un officier.

Deux minutes après, deux hommes parurent, tenant, l'un par les deux pieds, l'autre par les épaules, un homme mort dont la tête presque entière semblait avoir été dévorée par un monstre. Il ne restait qu'une partie de l'occiput, le menton et la mâchoire supérieure. Plus de nez, plus d'yeux, plus de front, plus de crâne ! On l'étendit roide dans l'espace qui nous séparait de la grille.

Les gardes nationaux ne purent sans frémir garder ce spectacle sous les yeux. On jeta sur le cadavre une toile grossière. Aucun d'eux n'osait encore porter la main, pour l'enlever, sur ce tas d'ordures et de lambeaux sanglants qui fut un homme. Deux prisonniers s'offrirent pour ce triste ministère, on accepta. Mais deux gardes nationaux reconnaissants firent crier la batterie de leurs fusils, et les suivirent pas à pas.

Parmi nous, tous ne furent pas impunément témoins

de cet incident lugubre. Ils se sentirent frappés d'une espèce de vertige et de défaillance. D'autres, d'une nature plus forte, se serraient en secret la main avec une sombre énergie. L'indignation et la colère éclatèrent dans leurs regards.

Désarmé, emprisonné dans un cercle de périls imminents, le courage, sans issue, refluait dans la poitrine des hommes vaillants. La faiblesse, au contraire, s'épanchait au dehors, en cris, en gémissements, en folies.

Il en fut un qui poussa un immense éclat de rire, ouvrant de larges yeux vitrés et secouant machinalement les bras et les jambes. Il se renversa ensuite d'un seul bloc sur l'asphalte qu'il heurta à coups redoublés, des poings, des pieds et de la tête, et finit par se roidir comme un bronze, foudroyé qu'il était par la peur et par le mal.

Je jetai les yeux autour de moi. L'émotion nous avait rendus très pâles. L'impression était indescriptible ; la mort se reflétait sur tous les visages.

La mort ? Elle n'est pas loin, elle est là, à quelques pas. Elle ne suit pas des voies détournées, elle apparaît toute nue au bout d'un canon de fusil ; elle scintille à la pointe d'une baïonnette. Il ne faudrait pas une seconde pour qu'elle s'abattît sur nous, et, après ces tristes preuves, qui nous garantit la minute qui vient ? Si de nouvelles balles sont envoyées, qui sera frappé ? qui tombera ? Fatal problème que seul le fait accompli peut résoudre.

Je veux souffrir encore ce que j'ai souffert si le tableau que j'essaye de tracer n'est pas au-dessous de la vérité. Joignez à cela les sanglantes apostrophes qu'on nous jetait comme autant de promesses qu'on saurait bien tenir, et les actes d'une brutalité inouïe déjà exercés sur bon nombre de prisonniers que j'ai vus, dans le caveau, étancher le sang de leurs blessures.

Ainsi se dessinait, dans sa véritable expression, la physionomie de tous les acteurs du drame.

Les uns, pris au hasard dans la rue, dans leurs chambres, dans leurs lits – il y en eut ! –, frappés d'une accusation que leur faiblesse, leur tempérament, leur maintien, leur ineptie, leur lâcheté rendent absurde, tremblent, défaillent et meurent par crainte de la mort même.

Les autres passent de l'inertie la plus complète au paroxysme de la fureur. Le jeûne, l'effroi, l'insomnie, ont triomphé de leur raison. Atteints dans leurs facultés mentales, gouvernés par leur folie, ils appellent, ils provoquent aveuglément des dangers que les plus braves, de sang-froid, n'entrevoient pas sans frémir.

D'autres enfin, ceux qui ont vraiment fait ce dont on les accuse et qui, au commencement de leur action, n'ont pas reculé devant la responsabilité qui s'y attache, ces hommes envisagent ou reçoivent la mort avec cœur et emportent dans la tombe une fierté indomptable.

Un officier supérieur parut à la grille. Je demandai à lui parler et il me fut permis d'approcher. Je lui expliquai que si notre situation continuait, nous pouvions tous périr par l'asphyxie, ou par quelque typhus que, dans la saison d'été, cette agglomération d'hommes au milieu d'excréments en décomposition devait vraisemblablement engendrer.

Il fut touché, du moins il le parut, et promit de nous tirer de là. Un chirurgien militaire survint qui s'éleva noblement contre le traitement infâme qu'on nous faisait subir. Il parla de faire agrandir les lucarnes à coups de marteau, pour donner passage à un plus grand volume d'air.

Un représentant du peuple arriva également, car il paraît que l'on se préoccupait enfin de la vie de douze cents prisonniers. C'était, dit-on, M. de Cormenin. Il voulut s'assurer par lui-même de l'état où nous nous trouvions. Il se décida, non sans avoir hésité, et sur nos instances expresses, à mettre les pieds dans le caveau. On eût dit qu'il s'aventurait dans un repaire de bêtes fauves.

La vérité est que nous aurions plutôt embrassé les genoux de celui qui nous aurait donné un peu d'air et d'espace ; car enfin, l'homme vivant n'avait pas même les droits du cadavre, six pieds de terre pour s'étendre !

Nos rangs déjà si pressés se resserrèrent sur son passage. La consigne de tirer par les lucarnes venait d'être levée.

Le représentant du peuple n'eut pas fait une douzaine de pas qu'il s'arrêta comme foudroyé. Il revint vivement sur ses pas en portant la main sur ses yeux. L'ammoniaque lui avait enflammé les paupières où perlaient des larmes cuisantes.

On ne passait pas sans transition d'un air pur à cette atmosphère viciée. Nous seuls qui y vivions, ou, pour mieux dire, qui nous y éteignions depuis deux jours, nous seuls pouvions la respirer.

On nous fit alors passer des instruments de vidange... Mais je ne veux pas un moment de plus m'arrêter sur ces détails repoussants. Il me suffit d'avoir constaté qu'on fut obligé d'avoir recours à ces moyens, sous peine de nous laisser étouffer durant la nuit.

En même temps, on nous déclara que les adolescents, jusqu'à l'âge de seize ans, allaient évacuer la place. Dieu sait s'il y en avait ! Ce qui m'étonna, en les voyant sourdre de toutes parts des profondeurs du caveau, c'est qu'ils n'eussent pas été déjà victimes d'un pareil séjour. Il est vrai qu'ils avaient une allure, un air ! oh ! des simulacres d'enfants !

On devait aussi faire un choix parmi ceux qui avaient été interrogés. Cette première mesure nous permettait d'attendre qu'on eût reçu des ordres pour nous transférer ailleurs. Il était bien entendu qu'au moindre désordre nous étions refoulés à coups de fusil, et que la porte de la pitié était fermée sur nous.

Il fallait donc opérer ce mouvement sans trouble, et ce n'était pas facile. Les fous avaient conservé de leur raison tout juste assez pour comprendre que, d'autres sortant, il serait bon pour eux aussi de sortir. Une force invincible les attirait vers cette grille dont l'abord était impitoyablement défendu.

J'insiste sur le rôle des fous. Outre qu'ils pouvaient à tout instant faire revenir la fusillade, c'est bien la plus grande des calamités que cette condition où l'homme, privé des conseils de la raison, n'a pas même, pour le guider, les saines inspirations de l'instinct qui appartient à la brute.

L'un ne parlait que de sa femme. Il voulait voir sa femme ; sa femme était inquiète ; sa femme l'attendait. De quel droit l'empêchait-on de sortir ?

Un autre faisait valoir des raisons commerciales. C'est lui qui tenait la boutique ; il n'y avait que lui pour cela. Que vont dire ses pratiques s'il ne revient pas au plus tôt ? Sa présence était nécessaire. Comment pouvait-on ne pas le comprendre ?

Un autre s'avançait hardiment, les mains dans les poches. Il désirait une bouteille de bière ; il allait la boire. Il avait soif et il montrait de l'argent. De quel droit l'empêchait-on de se désaltérer ?

Rien n'était plus plaisant – si quelque chose pouvait être plaisant à cette heure – que l'air de souverain mépris avec lequel ils nous regardaient, quand nous répondions : « Ce n'est pas possible ; vous allez vous faire tuer ! » Leur œil étonné cherchait le danger et ne le trouvait pas.

Nous avions d'autres fous encore, non moins incommodes et bien plus terribles. Ceux-là n'avaient sauvé du naufrage de leur raison qu'une seule idée, une idée fixe et qui pouvait se traduire ainsi par rapport à ceux qui nous gardaient : « Vous êtes des assassins!» Dans cette sphère, ils déployaient une logique terrassante. Ils parlaient avec force et avec chaleur. Ils étaient, pour la plupart, puissants de muscles. Nous avions la plus grande peine à les maîtriser. Quatre de nous se tenaient enlacés à leur ceinture, et nous n'empêchions pas toujours leurs provocations d'arriver jusqu'aux oreilles des gardes nationaux.

Quatre cents personnes environ quittèrent le caveau; mais notre position n'était pas changée, à cause surtout de l'insalubrité du local. On nous promit que nous ne passerions pas la nuit dans ce réduit mortel.

Un homme, dont je ne sais ni le nom, ni les fonctions, et qui portait un uniforme bleu avec des épaulettes et des aiguillettes blanches, nous montra beaucoup de sollicitude.

J'eus avec lui le petit colloque suivant:

– Ce soir, vous défilerez par colonnes; on vous changera de prison.

– Où nous mènerez-vous? dites-le nous, je vous en prie.

– Soyez tranquilles, quelque part où vous serez bien, très bien.

– Mais, voyons! pourquoi pas tout de suite? pourquoi de nuit?

– Cela ne dépend pas de moi, croyez-le, mais attendez...

– Nous sommes bien forcés d'attendre. Mais enfin, qui sait!... est-ce bien sûr?

– Oh! pour cela, répondit-il, je vous donne ma parole de militaire.

Et, en disant ces mots, il me serra rudement, ou si on aime mieux, franchement la main.

Nous attendions avec impatience, d'autant plus que c'est à peine si nous pouvions encore nous tenir debout, et il fallait, nonobstant, maintenir l'ordre.

Plusieurs d'entre nous montraient de la défiance.

– Pourquoi a-t-on fait sortir tous les enfants, ainsi que ceux qui ont été interrogés, mais de ces derniers, une partie seulement ? Voyez, on va nous fusiller. C'est pour cette nuit.

– Oui, ça y est, répondait quelque ouvrier de l'air d'un homme qui serait tombé d'accord sur la chose du monde la plus simple.

Je m'attachai à combattre cette idée. Je n'étais pourtant pas sans inquiétude, bien que résigné à tout pour ma part. Mais j'appréhendais qu'ils ne se portassent à quelque extrémité, si cette idée prenait trop de consistance, et ne fissent par là naître le malheur que nous redoutions, lequel, après tout, n'était qu'une crainte.

Le soir arriva, la nuit aussi. On alluma comme d'habitude, en face du caveau, une lanterne à réflecteur, qui éclairait, pour nos gardiens, les abords de la grille, et qui ne faisait que nous éblouir.

Nous ne savions trop qu'espérer. Les heures, longues et mornes, s'appesantissaient durement sur nos têtes. Jamais hommes n'ont vu le temps s'écouler avec plus d'anxiété. Nous comptions chaque minute au passage avant de tomber dans l'éternité.

Vers onze heures, on appela vers la grille. Je recommençai, pour la centième fois de la journée, ce petit trajet, non moins périlleux que désagréable. Il fallait tout prévoir. Les gardes eux-mêmes m'avaient recommandé de passer vivement devant les soupiraux, en m'effaçant. Les lucarnes à cette extrémité du caveau étant très bas percées, je devais ployer les genoux et les reins, pour que ma tête n'atteignît pas à leur hauteur.

– Formez une première colonne, me dit l'officier dont j'ai parlé. Surtout pas de bruit, vous savez pourquoi.

– Avant que vous n'ayez parlé aux sentinelles, personne ne bougera, et ce n'est pas moi qui leur conseillerai de le faire.

– Mais on ne tire plus.

– Si ! Si ! On nous a formellement menacés. Si nous remuons, on nous brûle.

– Ce n'est pas la consigne.

(La consigne, en effet, avait été donnée de ne se servir que de l'arme blanche.)

– Que vous dirai-je ? Je vous répète ce que j'ai entendu. Il y a là une lucarne devant laquelle il nous faut passer. La sentinelle a coupé avec son briquet les branches qui lui faisaient obstacle. Au moindre bruit, elle passe la tête pour nous menacer, son fusil toujours en avant.

– Assez, assez ! je vais faire prévenir tout le monde.

Cette mesure une fois prise, je répétai à haute voix dans le caveau l'ordre qui venait de m'être transmis, et j'expliquai bien, pour que personne n'en ignorât, qu'il n'avait qu'à souffler un mot dans les rangs, celui qui voulait se faire tuer.

On ne se pressait pas beaucoup. Par peur ou par pressentiment, la nuit venue, personne ne voulait plus quitter le caveau. Cette marche nocturne ne présageait rien de bon. Pour moi, je trouvais qu'on ne pouvait guère nous créer une condition pire que la présente ; si, d'ailleurs, nous étions voués à la mort, on saurait nous la donner quelque part que nous fussions. Je n'hésitai donc pas, avec plusieurs autres compagnons dont les résolutions étaient les mêmes, à me mettre à la tête de la colonne.

À travers une double haie de gardes nationaux, nous défilâmes dans le plus grand silence, jusque dans la cour des Tuileries, où l'on fit une halte. L'éclat des lumières nous força à clignoter, et l'air pur qui entra dans nos poumons nous fit chanceler sur nos jambes comme des hommes avinés.

En sortant de ce caveau, que bon nombre d'entre nous allaient regretter comme un asile hospitalier, il se produisit une scène de mort.

Vers la queue de la colonne, un jeune homme, poussant des cris de détresse, succombait dans une lutte désespérée.

Soit qu'il eût fait un faux pas – et tout alors était interprété à crime – soit qu'il eût laissé échapper quelque parole imprudente ou qu'il eût voulu à toute force se joindre à la colonne déjà complète et dont on l'aurait écarté, il reçut un coup de baïonnette. Ce coup servit de signal, il fut percé et balafré de vingt coups de baïonnette et de tranchant de sabre. La voix agonisante criait : Au secours ! À l'assassin !

Je dus à une méprise, comme on va le voir, de passer pour mort dans le caveau et de là dans les casemates auprès de ceux qui m'avaient connu. J'avais retrouvé prisonnier le citoyen Arr…, dont j'avais fait connaissance au comité électoral de la rue Albony, pour l'élection des Onze, un mois avant. La voix de ce jeune homme lui sembla être la mienne. Il se le persuada. Il m'appela à haute voix par mon nom, de l'accent désespéré d'un homme qui ne peut donner que le secours impuissant de la pitié.

Lui-même, depuis, me l'a raconté, et lorsque pour la première fois il me rencontra, je lui fis l'effet d'une apparition surnaturelle.

C'est que tout l'avait confirmé dans cette conviction. Le corps du pauvre jeune homme expirant avait été rejeté dans le caveau où, un moment après, il avait rendu le dernier soupir. Lorsque le citoyen Arr… put s'en approcher, il ne trouva plus, au pied d'un mur, qu'un cadavre accroupi sur les genoux, la tête sur la poitrine et les bras pendants. Sa taille lui parut être la mienne, les cheveux semblables et également longs, la redingote de même couleur. Le visage, qui seul pouvait le détromper, se trouvant horriblement taillé, ne permettait plus d'en distinguer ni les traits, ni l'expression. Il en crut ces preuves insuffisantes qui le trompèrent sur l'identité de la victime et non point sur la réalité du malheur !

VII. La place du Carrousel

Lugubres appréhensions. – Une recommandation à double entente. – Entretien avec le commandant. – Sentiments généreux. – La colonne en marche. – Les lampions. – Catastrophe. – Je suis blessé. – Mort du commandant. – Étendue du sinistre. – Acharnement des gardes nationaux. – Retraite d'une partie de la colonne. – Éparpillement des blessés et des prisonniers. – L'extermination. – Un exploit de la chasse aux flambeaux. – Je m'éloigne du champ de carnage. – Une patrouille, le mot d'ordre, le mot de ralliement. – L'élève du Val-de-Grâce. – Méprise des gardes nationaux. – Menaces. – Je suis garrotté. – Une prosopopée. – Le caveau des Tuileries. – Échos de la fusillade. – Piège meurtrier. – Exaspération des gardes. – Nouvelles victimes. – Occupation des postes par la ligne. – Les blessés dans le poste. – Conciliabule de mort. – Nos maîtres nous condamnent aux gardes mobiles. – Marche vers le Palais-National. – Rencontre de deux patrouilles.

Cette nouvelle catastrophe n'est pas la moins sanglante du mois de juin, et c'est la plus déplorable. Elle survint après la bataille comme un surcroît de malheur, ajoutant des victimes à des victimes, du sang à du sang. Les circonstances en sont peu connues, les causes non expliquées et elles ne le seront probablement jamais. Il y a dans ce sinistre quelque chose de ténébreux comme l'heure qui le vit naître.

Depuis un moment la colonne stationnait dans la cour. On nous comptait. Les gardes nationaux formant l'escorte nous entouraient. Leur air était morne, recueilli et solennel. Nos esprits prévenus en furent frappés ; nous y vîmes un mauvais augure. C'est à ce point que plusieurs d'entre nous, levant sur leurs gardes des yeux presque suppliants, leur disaient avec une certaine naïveté :

– Vous n'allez pas nous fusiller, n'est-ce pas ?

Ces mots restaient sans réponse. Quelques officiers, parlant en général, renouvelèrent l'éternelle recommandation : « Ne bougeons pas – pas un cri, pas un mot, pas un geste, sinon… ! »

Les faits que j'ai déjà relatés ont souvent pris comme on l'a vu, et la plupart de ceux qui me restent à raconter prendront souvent encore un caractère personnel. J'ai voulu le leur conserver, afin de fournir, en tout ce qui me concerne, un témoignage sûr.

Notre officier du caveau qui présidait à toutes ces opérations s'approcha du chef de bataillon qui commandait l'escorte. Je me trouvais à côté de lui, étant moi-même à la tête de la colonne des prisonniers.

– Voilà, commandant, dit-il en me frappant sur l'épaule, un jeune homme qui s'est très bien employé dans le caveau ; *je vous le recommande.*

À dire le vrai, je me sentis interdit. Je me méfiais de la recommandation, et ne savais trop dans quel sens interpréter les derniers mots.

Je vis, un moment après, que j'avais poussé trop loin la méfiance. L'officier s'étant retiré, le chef de bataillon me regarda d'un air qui n'annonçait aucune prévention défavorable. Il lia même avec moi une courte conversation qui n'a d'autre importance, dans mes souvenirs, que celle d'avoir précédé de quelques minutes seulement un événement fatal pour lui, pour moi et pour beaucoup d'autres. Ce fut son dernier entretien avant de mourir. Un capitaine que j'avais à gauche leva quelquefois la tête, comme un homme qui écoute, mais il n'ouvrit pas la bouche. De ces trois hommes, qui l'eût cru ? seul je devais rester vivant, mais non point sain et sauf.

Le commandant fit passer dans sa main gauche son épée nue et me présenta sa droite recouverte d'un gant de fil. Je la serrai avec chaleur.

– Quelle odeur vous exhalez ! me dit-il.

– Ah ! mon Dieu ! vous m'en faites souvenir.

– Comment ! vous ne le sentez pas ?

– Nous ne le sentons plus. Ces gaz infects, dont nos habits sont imprégnés, nous les avons respirés deux jours.

– Quelle est votre profession ?

– Je suis venu à Paris terminer mes études.

– Vous êtes donc de la province ?

– Oui, commandant, des Bouches-du-Rhône.

– C'est bien loin. Peut-être avez-vous tous vos parents encore.

– Oui, tous. Mon père et ma mère.

Il comprit que ce souvenir ne pouvait qu'augmenter mes peines, par la pensée des mille douleurs que j'allais causer à mes parents.

– Ayez bon espoir, ajouta-t-il, rassurez-vous. C'est fini, maintenant. Où nous vous menons, vous serez mieux.

– Vous le voyez, je suis calme.

Après une courte pause, il reprit :

– Quels malheurs ! Nos ennemis, voyez-vous, s'en frottent les mains, et nous, nous en gémissons tous.

– Ah ! si ce sang avait été versé pour reconstituer la Pologne, l'autocrate serait ébranlé sur son trône.

Je ne sais ce qui m'inspira cette subite réponse. Je compris aussitôt, et j'en demeure aujourd'hui persuadé, que je n'avais pas bien répondu à sa pensée. Je lui parlais des ennemis du dehors. C'est aux ennemis de la

République qu'il faisait allusion, aux monarchiens de toute espèce, heureux de voir, dans cette guerre fratricide, des républicains s'exterminer entre eux.

C'était le commandant du bataillon de Cambrai. À ce que j'ai su depuis, un républicain. Sa mort, qui approchait, ajouta un argument à ses généreuses paroles.

Il adressa aussi quelques questions à plusieurs prisonniers qui se trouvaient à sa portée. Tous les préparatifs achevés, il sortit des rangs, fit une rapide revue, recommanda aux prisonniers de se donner réciproquement le bras, pour mettre plus de solidarité, et empêcher qu'une tentative individuelle ne compromît le salut de tous. Cela fait, il commanda la marche. La colonne s'ébranla.

Quatre cents hommes armés et robustes en conduisaient deux cent vingt, sans armes, exténués. Les gardes nationaux formaient tout autour une triple haie. Nous faisions le pas de six pouces, qui permet, comme on sait, de s'emboîter de telle sorte qu'il n'existe dans les files, d'homme à homme, aucun intervalle, la poitrine de l'un portant contre les épaules de l'autre, et les bras, à droite et à gauche, pressés et emprisonnés comme dans un rassemblement compact.

Nous passions ainsi, à pas de tortue, de la cour sur les quais, pour revenir sur la place du Carrousel par un autre guichet. La grande grille de la cour d'honneur, qui se trouvait fermée, nous avait forcés à ce détour. Nous coupâmes la place du Carrousel en écharpe dans la direction de la rue de Rohan.

Des milliers de lampions flamboyaient aux corniches et sur les entablements : c'était triste ! des lampions après tant de funérailles !

Les Romains, qui ne furent jamais que des embryons de républicains, ne pardonnèrent pourtant pas à César de s'être décerné les honneurs du triomphe pour une guerre civile.

L'impitoyable réalité allait créer, en présence de cette fête mensongère, un funèbre contraste. Les lampions, de joyeuse mémoire, ne projetèrent bientôt plus sur la place transformée en abattoir que de sinistres lueurs. Les derniers reflets de leurs flammes vacillantes se réfléchirent dans des flaques de sang tiède encore. Sur cet autel paré pour une hécatombe humaine, le plus insignifiant des luminaires brûla, solennel, comme les cierges funéraires qui veillent au chevet des morts.

Nous marchions. Toutes les bouches étaient silencieuses ; on n'entendait que le bruit lent, régulier des pas ; le battement des gibernes, le frottement des buffleteries ; en un mot, tous ces sons vagues qui sortent d'une troupe d'hommes en marche, et qui se suivent, se touchent, se serrent étroitement.

Rien qui fit prévoir l'heure fatale ; elle avait sonné !

Un coup de fusil éclate, un coup unique...

La colonne obliquait du Phare à l'hôtel de Nantes qui se dresse sur la place comme une tour isolée. La catastrophe nous cloua là.

Le commandant cria d'une voix brève : Halte !

Je connaissais la contagion de la poudre. Il est des hommes entre les mains desquels un fusil est une barre rougie ; cela les brûle. On a tiré, il faut qu'ils tirent, n'importe où, n'importe comment. Je frémis.

– Quel malheur ! murmurai-je involontairement.

– Chut ! fit un officier.

Deux, trois, quatre... dix coups de fusil détonèrent sans intervalle appréciable.

– Apprêtez armes ! – genou, terre !

Je vis les gardes nationaux mettre un genou en terre, et quatre cents fusils s'armèrent à la fois.

Tout cela, on le pense bien, s'était passé d'une manière quasi simultanée. On n'eût pas compté dix battements de montre.

La dernière moitié de la colonne s'embrasa instantanément. C'est du moins ce qu'il me parut, car la masse se trouvait derrière moi et je n'ai pas pu juger par mes yeux si ce premier feu de peloton est parti de la colonne ou a été dirigé sur elle : les mille échos de la place rendent la confusion très facile.

J'avais suivi tous les mouvements des gardes, calquant les miens sur les leurs. J'avais donc vivement fléchi le genou droit en entraînant avec moi deux prisonniers, mes voisins.

Notre genou avait à peine effleuré le sol qu'une décharge terrible, venue de face, éclata comme une machine infernale. L'ouragan s'abattit sur nous.

La tête de la colonne fut balayée. Quelques cris faibles se firent entendre. Plusieurs se renversèrent lourdement, silencieusement. Ils étaient morts en même temps que frappés.

Les blessés, les vivants se débandèrent à travers les morts et les mourants. Ce fut un sauve-qui-peut. Une grêle de balles pleuvait toujours. Moi-même, je tombai, la face contre terre. Comme tant d'autres, j'étais atteint.

Ma blessure était à la tête, mais je ne sentais pas de douleur locale. J'étais en proie à des sensations inconnues. Les oreilles remplies d'un sifflement aigu et constant ; les yeux éblouis par une flamme ardente, fugitive, renaissante ; les tempes travaillées par mille élancements. En cet état, chaque seconde a une valeur inappréciable ; mes forces s'échappaient comme un liquide d'un vase percé.

Au milieu de cette révolution intérieure, je m'appartenais encore. J'entendis une voix saccadée, mais forte et naturelle, crier :

– À moi, à moi, un brave !

Je reconnus la voix du commandant… Il s'éloignait. Ayant l'oreille contre terre, j'entendis très bien ses pas lourds et le grincement de son épée traînant sur le pavé. Par suite de ses blessures ou par précaution, il devait marcher courbé vers le sol.

Il répéta quelques fois le même appel :

– À moi, à moi, un brave !

Après quoi je n'entendis plus rien de ce côté. Telles sont les dernières paroles qu'il nous jeta comme une sorte d'adieu. On m'a assuré, et les journaux ont répété que ce chef de bataillon était resté sur la place.

Je l'ai dit : chaque seconde emportait ma vie. Je défaillais peu à peu. Je sentis encore mes compagnons dégager leurs bras des miens, nous étions tombés les bras enlacés ; je connus par leurs gémissements qu'ils avaient été touchés. Quel fut leur sort, je l'ignore.

Progressivement, je ne sentais plus, je n'entendais plus. Mes sens m'abandonnaient. Me regardant comme à mon heure dernière, j'embrassai dans une rapide pensée – quoi de plus large, de plus rapide que la pensée ? – tout ce qu'on a de cher ici-bas : parents, proches, amis, convictions sacrées : je les enveloppai dans un même adieu, et je perdis connaissance.

Je ne sais combien de temps dura mon évanouissement. Quand je revins à moi, la fusillade n'avait pas cessé. Je renonce à peindre les sensations d'un homme tombé en défaillance avec la conviction qu'il est tué et revenant à la vie. C'est une véritable résurrection.

Par un mouvement spontané, je me dressai sur mes genoux. Au même instant, je fus rappelé au sentiment de ma situation par le bruit de la fusillade. Je me recouchai aussitôt. À coup sûr, j'avais été remarqué dans mes mouvements.

Plusieurs balles passèrent sur moi en sifflant. On eût dit qu'elles volaient au ras du sol, tant elles sifflaient énergiquement à mon oreille. Dans le silence de la nuit, ces vibrations se prolongeaient comme celles d'un diapason. À qui n'a pas entendu siffler les balles, rien ne saurait en donner une idée précise ;

c'est terrible et, en même temps, harmonieux.

Pour étancher le sang de ma blessure, je dénouai ma cravate. J'attendis. Et quand les coups de feu ne partirent qu'à de très rares intervalles, je crus prudent de fuir ce champ de carnage qui serait bientôt visité, et de me dérober à la vengeance ou à l'aveugle fureur des survenants. Le premier homme que je reconnus, à mon côté gauche, fut le capitaine dont j'ai parlé ; je le palpai : il était mort.

Je commençai à ne plus rien comprendre. Quand j'étais tombé blessé et que j'avais entendu la fusillade sévir toujours, j'avais cru à la trahison et au massacre de nous tous. En retrouvant des gardes nationaux étendus morts, mes doutes revinrent.

Comment expliquer tout cela ?

Des balles étaient allées se perdre au-delà de la grille, vers le Louvre, du côté de la rue de Rohan, tout autour enfin. Des gardes nationaux étaient postés dans ces différents endroits. Visités par les balles, ils se crurent attaqués et ripostèrent. Alors, de tous côtés, comme de la circonférence au centre, convergèrent sur nous des milliers de balles.

Cette masse noire d'hommes, que les réverbères de la place n'éclairaient que trop, devint le point de mire général. Dans la cour des Tuileries, des gardes, protégés derrière le mur d'appui qui supporte la grille, firent en tirailleurs un feu très meurtrier.

Dans la rue de Richelieu, quelques compagnies de la garde nationale de Rouen occupaient un poste au théâtre de la République (ex-Théâtre-Français). Ils sortirent aux premières détonations, se rangèrent incontinent en bataille dans la rue, et exécutèrent, dans la direction du Carrousel, divers feux de peloton qui balayaient forcément sur leur passage la rue de Rohan. Mais là bivaquaient d'autres compagnies. Elles n'échappèrent à la destruction qu'en se couchant à plat ventre.

Au Palais-National[1], les gardes marines, commodément retranchés, nourrissaient un feu acharné. Pendant quelques minutes, ils jetèrent au vent, sans cause ni raison, force balles, force poudre. Une forte patrouille, débouchant par une rue latérale, tomba dans cette zone, eut dix-huit hommes atteints, riposta et se dispersa. Il va sans dire que les prisonniers étaient tenus pour responsables de toutes ces maladresses.

La lutte s'envenima à mesure que de nouvelles victimes succombèrent. Les mêmes ténèbres qui favorisaient ces quiproquos les rendaient moins dangereux. Ils se fussent exterminés.

Notre colonne, tronçonnée par la fusillade, en partie succomba, en partie s'éparpilla. La queue pourtant resta compacte, continua d'englober un bon nombre de prisonniers dans ses rangs et, obliquant à gauche, alla s'abriter derrière l'Arc de Triomphe [du Carrousel]. Cette conduite des gardes nationaux sous le feu est celle de vrais soldats.

De l'Arc de Triomphe à la grille, il n'y a que quelques mètres. Les gardes furent reconnus. On leur ouvrit les portes et le groupe entier, prisonniers et escorte, repassa dans la cour. Là eut lieu, sans combat, une grande détonation dont on ne parle qu'avec mystère, car nul ne sait combien d'hommes ont pu disparaître dans ce coup de tonnerre.

L'alarme, d'un autre côté, se propageait et volait de poste en poste. Le centre de Paris fut en émoi. Les aides de camp sautèrent sur leurs chevaux et n'arrivèrent pas trop tôt pour prévenir de nouveaux malheurs.

---

1. Le Palais-National est le nom dont les révolutionnaires de février 1848 rebaptisèrent le Palais-Royal quand ils s'emparèrent de ce lieu qui était propriété de la famille d'Orléans, et où Louis-Philippe, après les journées de Juillet 1830, avait reçu le titre de roi des Français. Devenu bien national en 1848, le Palais-National accueillit sous la Seconde République l'état-major des gardes nationale et mobile.

En attendant, les morts sont là : il ne reste plus qu'à les enlever. Les blessés se traînent ; on va les lier. Les survivants se sont enfuis ; mais on les rattrapera. La crise est passée. Tout n'est pas fini. Place à la vengeance !

Des prisonniers qui avaient pu fuir, bien peu durent se sauver. Quelques-uns, obéissant à l'instinct de défense personnelle qui pousse toujours des hommes de cœur, essayèrent de se mêler à la lutte. Ils s'emparèrent des fusils à côté des morts, et même en disputèrent aux vivants. Vains efforts qui ne pouvaient mettre en leur possession qu'une arme impuissante. Où étaient les munitions ?

Presque tous gagnèrent le large, ou coururent se cacher dans le vaste enclos planté d'arbres qu'embrasse l'angle méridional du vieux Louvre. Ils montèrent sur ces arbres et y passèrent la nuit. Le jour venu, on leur fit la chasse ; des fenêtres des alentours on tira sur eux. Je ne pense pas que celui qui m'a donné ces détails en compte beaucoup qui aient eu la même chance que lui.

Au reste, on n'attendit pas le soleil pour traquer les fugitifs. Les gardes nationaux sortirent avec des lanternes, visitèrent *le champ du sang*, pour recueillir les morts, et pour en faire de nouveaux.

Tout fut fouillé par la baïonnette : la rue, la place du Doyenné et ce noir pâté de maisons qui déshonorait encore à cette époque l'enceinte de tant de chefs-d'œuvre d'architecture[1]. On se fit ouvrir toutes les

---

1. Il existait un lacis de vieilles maisons et rues étroites, dont faisait partie la rue du Doyenné, place du Carrousel, dans l'enceinte même du Louvres. Beaucoup moins négatif que Pardigon, Gérard de Nerval qui s'y installe en 1834, non loin de Théophile Gauthier et d'Arsène Houssaye, dépeint avec joie ce centre de la Bohême littéraire (« La rue Doyenné », *Petits châteaux de Bohême*). C'est à la disparition dans les années 1850 de ce vieux quartier, démoli par l'agrandissement du Louvres voulu par Napoléon III, que Baudelaire pense dans *Le Cygne* comme il traverse « le nouveau Carrousel » : « Le vieux Paris n'est plus (la forme d'une ville change plus vite, hélas ! que le cœur d'un mortel). »

portes. Les mêmes perquisitions se continuèrent dans l'inextricable réseau de rues, non moins vieilles que sales et tortueuses, qui mènent à la rue Saint-Honoré, à la place du Palais-National et à la place de l'Oratoire.

On fit des recherches sur les quais, sur les berges de la Seine, sous les arches des ponts, partout. Prisonniers tant méprisés, tant exécrés ! Hommes de rebut, dont les vies sans valeur sont versées à tout hasard dans l'océan de la destruction, comme une liqueur abjecte dans le courant des fleuves, que de peines ne s'est-on pas obstinément et volontairement imposées pour se rapprocher de vous ! Ardente, implacable poursuite ! C'est à faire croire au plus précieux des trésors, trésor de vengeance, en effet...

Voici un incident de cette chasse aux flambeaux.

Un prisonnier s'était blotti dans un angle rentrant. Il espérait se dérober dans cette cachette, qu'il jugeait introuvable sans doute, parce qu'il y était seul et qu'il avait besoin de le croire, mais où il devait être découvert pour peu que l'on cherchât. Bientôt il entendit les pas des chercheurs, leurs menaces de mort ; il vit jaillir sur le sol et contre les murailles les rayons changeants de leurs lanternes, et lorsque se projetèrent jusque devant lui les ombres fantastiques des gardes nationaux chevauchant sur ces lueurs tremblotantes, sa tête assaillie par mille peurs ne résista plus. Il s'élança de son gîte en criant :

– Tenez, tuez-moi tout de suite. Que ce ne soit pas long !

Et, dans le silence de la surprise, il leur répéta avec une folle fureur :

– Mais tuez-moi donc ! oh ! mon Dieu ! tuez-moi... tuez-moi...

Et il fut tué, non par tous, mais par quelques-uns. Le témoin de ce drame, qui me l'a redit, éprouva un tel saisissement qu'il en fut indisposé les jours suivants, et comme hébété durant cette nuit.

Où aller ? Chercher mon salut dans la fuite ? Mais qui me garantit des forces pour cinq minutes encore ? Fuir, c'est appeler la poursuite, et dans ces circonstances, être poursuivi, c'est être atteint ; être atteint, c'est la mort.

Ma résolution était prise. Je croyais aux droits sacrés du blessé, je pensais que ce que le droit des gens assure aux prisonniers de guerre, le droit de nationalité, le titre de concitoyen, me l'assuraient aussi. L'espérance est la force des faibles, la liberté des reclus, la santé des malades. Elle veille au cœur de l'homme comme une lampe éternelle. Mon espoir à moi, c'était qu'en échange de trois jours d'insomnie, de privations, de terreur, d'agonie lente, l'état de siège m'accorderait un matelas d'ambulance et quelques onces de charpie.

J'obtins tout cela. Mais si, à cette heure, on m'avait dit à quel prix, après quelles épreuves et quelle longue attente, oh ! sans doute, j'aurais repoussé ce dur marché ; j'aurais imploré un dénouement prompt, immédiat.

J'avais donc résolu de me présenter à un poste, et c'est dans cette intention que je m'étais levé. Il ne me restait rien pour comprimer ma blessure et empêcher le sang de ruisseler sur ma poitrine. Ma cravate imbibée ne pouvait plus servir à cette fin ; elle distillait elle-même, comme un filtre, le sang par gouttelettes.

Je me penchai alors vers mon capitaine mort ; je soulevai un pan de sa tunique, et j'en retirai un mouchoir blanc, assurément très fin, puisqu'il attira l'attention des gardes nationaux du poste où je tombai.

Je fis quelques pas. Titubant sur mes genoux, j'hésitais, je vacillais. Il me parut que mes jambes pesaient comme du plomb et ployaient comme un roseau. Sous mes pas, je ne sentais point le pavé, mais une espèce de cendre mouvante qui me défendait de prendre pied. Le sens du toucher n'avait pas encore reparu aux extrémités engourdies.

J'étais arrivé derrière l'hôtel de Nantes, me dirigeant vers le rayon de lumière qui brillait des fenêtres du poste à l'aile nord des Tuileries, lorsqu'une sentinelle me coucha en joue avec l'interpellation sacramentelle : Qui vive !

Je rejetai une gorgée de sang, et d'une voix sourde qui ressemblait plus à un murmure qu'à une parole articulée, je répondis :

– Blessé ! blessé !

– Couche-toi, ou je te brûle.

À l'instant je me conformai à sa volonté et, comme j'entendis deux patrouilles s'aborder, je compris pourquoi la sentinelle, à son poste, m'avait commandé l'immobilité.

Tout se passa comme d'usage.

– Qui vive ?

– Patrouille !

– Avance qui a l'ordre !

– *Aristote !*

– *Arles !*

Ah ! combien je maudis alors, même en dehors de toute autre considération, la blessure qui m'empêchait de mettre à profit cette précieuse découverte.

– Aristote ! Arles ! me disais-je, le mot d'ordre ! le mot de ralliement ! Mais c'est la clef d'or de l'état de siège, c'est aussi la clef des champs !

Les patrouilles se séparèrent sans que leur attention se fût portée de mon côté. Un corps de plus, un corps de moins sur la chaussée, qui s'arrêtait à ces détails ?

Je repris mon itinéraire, en appuyant sur la gauche vers le poste illuminé. Au moment de lever le pied sur les quelques marches de la porte d'entrée, je fus accosté par une personne.

– Qui êtes-vous ? me dit-elle aussitôt.

Je compris ce que cela voulait dire : êtes-vous garde

national ? êtes-vous prisonnier ?

Je lui répondis :

– Menez-moi à l'ambulance, je souffre.

Puis, examinant mon interlocuteur, je le reconnus à son uniforme et à son collet brodé et doré pour un aide-major du Val-de-Grâce.

– C'est un homme des Écoles, me dis-je, il y a là du cœur ; c'est un chirurgien, il est investi d'un caractère sacré. Je me sentis à mon aise.

– Frère, m'écriai-je de ma voix la plus intelligible, je suis aussi étudiant. Vous ne me laisserez pas là. Menez-moi à l'ambulance.

En même temps, j'allongeai vers lui les mains pour lui prendre le bras.

– Non, non, vous avez les mains couvertes de sang, c'est moi qui vous tiendrai par le bras. Montons au poste, nous allons voir.

Ce fut pour moi une lueur d'espoir. L'espoir, je l'ai dit, est un baume qui se glisse au cœur du souffrant par la plus mince ouverture.

À mon entrée, ce fut un cri d'horreur. J'avais la poitrine découverte, le cou nu, les cheveux en désordre et agglutinés, la face entamée, du sang partout. À ma vue, la sympathie et la répulsion se disputaient le premier sentiment.

Comme j'étais conduit par le chirurgien, on me prit apparemment pour un garde national qu'il aurait accueilli. On s'approcha de moi avec empressement ; mais à ma chaussure, au bas de mon pantalon pollué par la boue du caveau, on reconnut un prisonnier.

La sollicitude fit place à la rudesse, à la menace. Ils s'enivraient en parlant :

– Ah ! le misérable ! Voyez-vous, il voulait se faire passer pour un garde national !

Ils s'en prenaient à un autre de leur méprise (selon l'habitude des gens qui se trompent) et me prêtaient de la sorte un mensonge qu'ils n'avaient pas le bon sens de reconnaître, dans ma position, aussi dangereux qu'absurde.

– Vengeance! vengeance! Le sang ne se paye qu'avec du sang.

Ces mots se sont douloureusement gravés dans ma mémoire. Des menaces contre un blessé, un infirme... Évidemment, j'avais eu l'âme trop candide. Horrible désillusion!

Quelques-uns pourtant se taisaient. Ils n'approuvaient pas cette inhumanité, et n'osaient la combattre. Si leurs sentiments étaient bons, ils étaient trop faibles. N'est-ce pas là le cas de la majorité des hommes? Qui nous délivrera de cette abstention égoïste qui ne fait pas le mal, qui ne le provoque pas, qui le condamne même, et qui le laisse faire?

Je m'attendais à tout. Ne pouvant me trouver dans une situation plus critique, je n'espérais plus qu'en mon étoile. Ce n'est pas tout à fait le désespoir.

– Mon nom, mon adresse, ma profession, je vous les donne. Attendez. Vous devez avoir des fils, pensez à eux. Peut-être ne serez-vous pas toujours les maîtres?

– Que dites-vous? Voyons, répétez: qui êtes-vous? que faites-vous? d'où êtes-vous? qui connaissez-vous? où demeurez-vous? et mille questions analogues.

J'étais interrogé; je me tins sauvé pour le moment. Je le devais à l'élève du Val-de-Grâce. Il tenta plus encore, il voulut m'ouvrir les ambulances: ses efforts furent déjoués. Il était dit que cette nuit se remplirait, comme un mélodrame des boulevards, d'incidents et de surprises fabuleusement agencés.

– Attendons, avaient-ils dit. Et, par mesure de précaution, ils me liaient les mains derrière le dos et m'étendaient sur la paille qui jonchait le poste. Non que je m'en plaigne. Cette couche était pour nous celle d'un sybarite; depuis longtemps j'y aspirais. Mais je ne pouvais, de mes mains garrottées, faire écouler le sang qui se caillait autour de mes lèvres. Personne n'avait des yeux pour voir cela. Je m'avisai de renverser ma tête sur le côté, afin que, par un des coins de la bouche, le sang s'épanchât plus facilement.

Le lendemain et les jours suivants, divers journaux empruntaient aux inspirations de l'esprit de parti des explications impossibles. Les plus sages se bornaient à dénombrer les morts et les blessés.

On put lire dans le *National* :

« Voici le nombre des blessures ou des morts occasionnées par cet accident dans les différents corps : garde nationale : blessés, 47 ; morts, 6. État-major et adjudants du palais : tués, 5. Prisonniers, blessés : 19 ; tués, 48. »

Pour la première fois peut-être, les journaux avaient réduit, loin de les exagérer, les proportions d'un fait. Ce qui est surtout vrai dans cet exposé, c'est l'état proportionnel. En thèse générale, plus on a de morts, plus on a de blessés ; or, les prisonniers ont huit fois plus de morts que les gardes nationaux, et deux fois moins de blessés ! Qui m'expliquera cette anomalie ? Le hasard ne serait-il plus aveugle ?

Si, à cette heure, par hypothèse, s'étaient rencontrés sur ce théâtre quelques représentants de nos armées – des soldats d'Afrique, vainqueurs de Mostaganem ou de Mazagran ; d'intrépides volontaires de la République ; des débris de ces bataillons qui escaladèrent les Alpes, expulsèrent de l'Italie l'Autrichien âpre à la curée, franchirent les mers, et revinrent des déserts brûlants d'Égypte triompher à Smolensk, sous d'autres latitudes, des éléments conjurés de la nature, et des ressources combinées de l'art – tous ces hommes, religieux conservateurs de la tradition militaire, comptant, sur un aussi étroit espace, tant de cadavres étendus :

– Voilà, se seraient-ils écriés, des braves qui se sont dignement comportés. Si l'attaque a été héroïque, la défense a dû être acharnée. Sans doute, ils ont emporté cette aile des Tuileries!

Quelqu'un se serait trouvé là pour répondre: «Que parlez-vous d'attaque et de défense? D'un côté se trouvaient, en nombre double, des hommes disciplinés, armés, valides, munitionnés; de l'autre, des prisonniers sans armes, sans forces, sans chefs.

– Que voulez-vous dire? Plus d'une fois, nous avons combattu contre un nombre double d'ennemis. Il est vrai que nous avions nos armes et nos chefs.

– Toutes les armes, je le répète, se trouvaient d'un seul côté.

– Alors, nous ne comprenons pas...»

Les échos de la fusillade allèrent dans le fond du caveau arracher les prisonniers à leur apathique indifférence. La terreur de l'inconnu les domina de nouveau. Pourquoi ces coups de feu? Est-ce l'insurrection qui se réveille? Sont-ce leurs compagnons d'infortune que l'on fusille? L'un est bien improbable et l'autre bien affreux! Que croire? qu'espérer? que craindre?

Qui ne voit d'ici la situation perplexe de ces malheureux, tour à tour bercés d'une illusion au-devant de laquelle l'excès de leurs maux les faisait voler, et tourmentés par des craintes que l'expérience leur prouvait n'être que trop fondées?

Les cris: Alerte! aux armes! étaient arrivés à leurs oreilles. Des coups de feu avaient éclaté dans différentes parties du jardin des Tuileries; les sentinelles avaient fui. Plus de gardes aux soupiraux, plus de gardes à la grille. Le sentiment qui leur commanda de rester immobiles fut une inspiration de salut. Une démonstration quelconque eût dicté leur arrêt de mort.

Les provocations ne leur manquèrent pas. Des pièges assez grossiers furent mis en œuvre.

– Sortez, leur avait-on dit, sortez, vous êtes libres.

Et la grille avait roulé béante sur ses gonds.

La même appréhension qui les avait d'abord contenus, les retint de nouveau. Ils avaient compris que la prison leur était un asile.

Peu à peu, les sentinelles revinrent à leurs postes et les différentes issues furent occupées comme auparavant. Mais par suite de l'événement du Carrousel, le mal avait empiré. Les âmes s'étaient rouvertes à de féroces suggestions. Le moment de la pitié était passé. Elle s'était noyée dans l'ivresse qui suit les situations extrêmes.

Aussi, cette nuit fut-elle la plus affreuse. Toutes ces circonstances, on le pense bien, loin de calmer les fous, les avaient surexcités et multipliés : les dangers croissaient pour tout le monde en raison directe de cette déplorable progression. C'est dire que la nuit ne s'écoula pas sans que de nouvelles victimes fussent frappées. Seulement, on ne prit plus la peine de faire disparaître ces tristes trophées.

Un fou s'était dirigé vers une lucarne, un prisonnier s'élança sur lui pour le retenir. Le fou fut tué roide, le prisonnier fut blessé à l'épaule, et le cadavre laissé gisant le jour entier.

Un autre, au fond du caveau, s'engagea dans l'escalier, pratiqué dans l'épaisseur du monument, qui s'élève vers le milieu de la terrasse du Bord de l'eau et qui y donne accès. À l'instant, sur les marches de cet escalier, s'abattit un homme qui avait cessé de vivre. Il resta là, simulacre de la mort qui veillait sur le seuil de ce caveau, comme l'antique fiction des poètes sous le vestibule de l'enfer.

On tira aussi par la grille, dans la longueur du caveau. Ce n'était plus là tirer au hasard, mais à coup sûr. Le souterrain suivait une pente douce en venant vers la grille ; à un point de sa course, la balle devait nécessairement rencontrer un groupe de prisonniers.

De temps en temps, on entendait une voix crier par

les soupiraux : « Gare les mains ! gare les têtes ! » Un coup de fusil accompagnait cet ironique avertissement. Le coup portait contre la voûte ou la paroi, et les ricochets distribuaient çà et là quelques blessures. C'était là manière de passer le temps.

Des choses vraiment fantastiques furent accomplies ou tentées. Dans la journée du mardi, on descendit une pièce de canon qu'on braqua à l'entrée du caveau. Elle n'y resta pas longtemps, c'est vrai. Quelques hommes de cœur firent cesser cette parade non moins odieuse que ridicule !

Cet état se prolongea assez pour qu'on soit surpris que la nature de l'homme ait pu supporter aussi longtemps, sans être vaincue, de si grands maux. Il est un terme à tout.

Vers le soir, un officier rentra dans le caveau (probablement l'officier dont j'ai déjà parlé). Il annonça aux prisonniers que les gardes nationaux de la banlieue cédaient la place aux soldats de la ligne.

C'est à eux qu'ils étaient désormais confiés. Cet homme, assurément d'une grande âme, ne regarda pas comme indigne de lui de recevoir les démonstrations de reconnaissance et les poignées de main d'hommes mis au ban de la société, et dont la vue – j'en sais quelque chose – n'était saluée que par des anathèmes et des malédictions.

Le jour même, le 51ᵉ de ligne (sauf erreur) occupa les postes. Ces hommes à la tenue martiale, au dévouement sans bornes à la consigne, incarnation sévère de l'obéissance – ces hommes à la figure pâle et froide, mais sans haine, avaient en eux plus d'humanité qu'on ne l'eût pensé d'abord.

Loin d'envoyer la mort par ces terribles soupiraux, ils envoyèrent de leur pain à des centaines d'affamés à qui l'appétit était revenu en même temps que l'espoir.

On leur fit aussi une litière avec de la paille. Ces hommes, dont la condition avait été abaissée au-dessous de celle des animaux, allaient donc jouir des mêmes traitements, disons mieux, des mêmes privilèges, et dormir enfin sur du fumier !

Ils virent venir ainsi le jeudi. Ce jour-là, on fit prendre à chacun d'eux un petit verre d'eau-de-vie. Depuis la veille, on leur distribuait de l'eau vinaigrée, afin qu'on ne fût pas réduit à les transporter dans les forts, et qu'ils pussent s'y traîner eux-mêmes. Plus tard, les chemins de fer devaient se charger de rapprocher les distances, et ne leur faire faire qu'un pas des casemates aux pontons.

Dans le poste où j'étais couché, plusieurs blessés furent successivement ramenés. On les étendait pêle-mêle. Il y en avait d'affreusement mutilés. Un d'eux, à côté de moi, exprimait des gémissements douloureux, coupés d'exclamations déchirantes.

Il fallait que ses souffrances fussent bien vives, ou ses forces bien faibles, pour qu'il en donnât de pareils témoignages. J'en oubliai presque ma propre douleur et, par un mouvement spontané, j'essayai de me tourner de son côté en lui adressant la parole comme pour le consoler. Mais on me repoussa violemment :

– Oh ! les brigands ! ils se parlent ! ils s'entendent !

Je ne compris pas alors, et je ne comprends pas mieux aujourd'hui ce qui avait pu motiver ces paroles. Nous, blessés ; nous, les mains liées ; nous, moribonds, nous conspirions ! nous nous entendions ! Sur quoi ? Il ne m'en fut pas moins démontré que pour être si féroce, il fallait d'abord être stupide.

Mon élève du Val-de-Grâce remplissait consciencieusement son devoir. Il visitait tour à tour chaque blessé, examinant leurs blessures, et leur palpant tout le corps pour s'assurer qu'ils n'avaient pas d'autres balles, et peut-être, d'après ordonnance, pour se convaincre que nous n'étions détenteurs d'aucune arme.

À chaque instant, de nouvelles patrouilles se succédaient, et à chaque instant aussi le danger renaissait pour nous. Tel avait échappé une fois, deux fois, qui n'échappait pas à la troisième, selon que son air, sa tournure, déplaisait à nos visiteurs, ou qu'un garde national se trouvait plus emporté et hors de lui-même. D'ailleurs, ne suffit-il pas d'un homme sur cent, sur mille, pour commettre une lâcheté?

Le moment vint où il fallut définitivement statuer sur notre sort. Qu'allait-on faire de nous?

Étrange conciliabule! Je ne puis pourtant pas effacer de ma mémoire, qui l'a gardé, le souvenir des motions sauvages qui furent faites à notre sujet par ceux que le hasard des combats avait rendus maîtres de nos destinées, et qui, à coup sûr, n'avaient pas été les plus intrépides de nos assaillants!

J'attendais. Chose singulière! j'étais plus calme, plus résigné, vingt fois, que s'il ne se fût pas agi de moi, et que j'eusse été sain et sauf. Mais, depuis que la mort avait étendu une de ses mains sur ma personne, je m'étais habitué à me regarder comme sa proie.

Rien n'est plus vrai – et j'ai déjà eu occasion de le faire remarquer – qu'il n'est peut-être pas donné de circonstance dans laquelle, à côté des plus mauvaises passions, ne se soit manifesté quelqu'un des plus nobles attributs de notre être. Au milieu d'un concert d'exterminateurs, un capitaine fit entendre d'une voix ferme, imposante, des paroles d'humanité.

Rien de plus louable que cette conduite et ce langage, à pareille heure; ils impliquent le courage d'initiative, le plus rare de tous, et la victoire sur l'entraînement, presque toujours irrésistible, du milieu où l'on se trouve.

Il résulta des efforts de ce capitaine que les gardes nationaux consentirent à ne point se défaire de nous sur place, et à nous conduire eux-mêmes dans les caveaux du Palais-National, nous livrant aux gardes mobiles, et se confiant à leurs instincts vindicatifs.

Cette sentence retentissait à nos oreilles d'une façon bien significative :

– Ah ! monstres ! vous nous avez assassinés, vous avez assassiné les mobiles, eh bien ! on va vous jeter dans les caveaux, à la discrétion des mobiles !

Le chirurgien avait essayé quelques paroles d'intercession :

– Ce sont des hommes, des blessés, messieurs ; soyons de sang-froid.

– Eux, des hommes ! non, ce sont des assassins !

On nous avait sortis du poste. Cette scène se passait sur la chaussée. Nous nous mîmes en marche, escortés par la patrouille. L'élève du Val-de-Grâce m'avait relevé et me tenait bienveillamment par le bras. Nous n'étions pas au milieu de la rue de Rohan que notre patrouille en rencontra une autre.

On s'arrêta. J'avais passé du repos au mouvement, et de la position horizontale à la verticale ; ce changement produisit dans tout l'organisme un tel contrecoup, que je me sentis noyé dans de rapides éblouissements. Mes genoux se dérobaient sous moi. Mon guide me lâcha et je retombai évanoui.

Cet évanouissement fut court. En revenant à moi, je me vis entre les jambes des gardes nationaux debout qui formaient la patrouille.

On échangeait quelques explications avec les hommes de l'autre peloton.

De part et d'autre on s'interrogeait.

– Vous avez des morts ?

– Non, pas nous. D'autres en ont. Il y en a beaucoup.

– On parle d'un commandant ?…

– Il n'est pas seul… Il a deux balles dans la tête. On l'a recueilli au château.

J'écoutais cet entretien avec crainte. Il ne pouvait que réveiller des sentiments de vengeance mal endormis. Ce fut donc avec satisfaction que je vis donner l'ordre de reformer les rangs.

J'avais la joue collée contre le pavé, j'en éprouvai une délicieuse fraîcheur. Je commençais à subir les atteintes d'une soif brûlante. Un garde national, ayant tourné vers moi ses regards et s'apercevant que j'avais les yeux ouverts et que je ne remuais pas :

– Tiens, dit-il, je crois qu'il fait le mort, celui-là. En même temps, il me crossait l'épaule avec son pied.

– Non pas, fit l'élève, il n'est que blessé.

Ils ajoutèrent quelques mots entre eux.

– Relevez-moi, murmurai-je, je suis lié...

On m'aida à me relever et, au bout de quelques pas, nous entrions dans le Palais-National.

VIII. Le Palais-National

Le commissaire de police. – À l'ambulance ! – Ce que cela voulait dire. – Brutalité des gardes mobiles. – Ils me précipitent dans le caveau. – L'indignation et le désespoir me mettent hors de moi. – Recherche impuissante de la mort. – L'intérieur du caveau. – Un prisonnier qui veut se pendre. – Le père d'un mobile. – État de mon esprit. – Préparatifs suprêmes en vue d'une mort prompte et sans faiblesse. – Fausse alerte. – Le dévot. – Le supplice de la soif. – Quelques gouttes d'eau. – Pansement. – Escroquerie des mobiles. – Leurs atroces ricanements. – L'esprit français. – Un blessé en état de folie. – Prostration. – Léthargie. – Rêve. – Les mobiles emplissent le caveau de fumée. – Réveil.

Il me faudrait, pour ce qui me reste à raconter, la plume avec laquelle Dante Alighieri a décrit les neuf cercles de son Enfer : je pourrais alors faire revivre toutes les horreurs d'une situation que nous aurions volontiers échangée contre vingt fusillades comme celle du Carrousel.

Nous avons enfin laissé derrière nous cette place fatale rougie de notre sang. Quand le jour fut venu, bien des passants purent ne se douter de rien, car une épaisse couche de sable était étendue au large, pour effacer aussitôt de la surface du sol ce qui ne s'effacera pas aussi vite de nos souvenirs. Cependant, pour un observateur, le voile indiscret laissait percer, de place en place, des taches sombres. Pour peu qu'avec le pied on balayât la poussière, on distinguait des teintes rougeâtres, bleuâtres, noirâtres, toutes ces dégradations de couleur qu'affecte, au contact de l'air, le liquide sorti de nos veines. Elles apparurent longtemps avec cette ténacité, cette persistance, qui frappaient si fort nos pères crédules et leur faisaient dire que le sang, sur la dalle, forme une tache indélébile qui rajeunit périodiquement et saigne à chaque anniversaire.

En pénétrant dans les corridors du Palais-National, je laissai au hasard aller mes réflexions. J'avais devant moi deux perspectives : l'ambulance et le caveau. Pourquoi tourmenter mon imagination à devancer les faits ? J'attendais la fin pour reconnaître qui l'emporterait, du mauvais ou du bon génie. Le bon génie, on le sait, c'était mon élève du Val-de-Grâce ; le mauvais était partout.

Il m'introduisit dans une salle très bien éclairée ; plusieurs personnes étaient rangées derrière une table couverte de papiers. C'était le bureau du commissaire. Je constatai que mon apparition avait fait naître cette double sensation d'horreur et de pitié dont j'ai parlé.

Je subis une sorte d'interrogatoire. On prit mon nom, mon domicile, ma profession. Le commissaire voulait évidemment s'assurer si j'étais ou si je n'étais pas étranger à l'insurrection. Tout ce qui pouvait d'abord militer en ma faveur devenait une charge écrasante dans le cas où je serais un meneur.

Déjà, dans le poste du Carrousel, j'avais entendu faire une supposition semblable, sans pouvoir croire, néanmoins, que le propos pût m'être appliqué. En effet, j'entendis ces mots :

– Voyez-vous, il a du sang-froid, une figure intelligente, c'est un chef : il faut *le soigner*.

Je ne pouvais avoir, à cette heure, ni une figure intelligente ni une figure stupide, j'avais une plaie affreuse. Je le pensai, cela me rassura.

Je répondis au commissaire aussi bien que me le permettait ma voûte palatine fracassée, et j'en appelai à son humanité.

Il eut un moment d'hésitation, après lequel, déployant son bras droit et indiquant de cette façon une direction voulue, il dit :

– Menez-le à l'ambulance.

Deux hommes me prirent chacun par un bras au-dessus du coude, et m'emmenèrent.

Nous avions parcouru plusieurs couloirs, lorsque nous rencontrâmes, dans un nouveau corridor étroit, un groupe de quelques mobiles auprès d'une porte à notre droite.

– Où menez-vous celui-là ?

– À l'ambulance, répondirent mes guides.

– Celui-là à l'ambulance !

– Oui, répliquai-je, et par l'ordre du commissaire.

– Allons donc ! pas possible ! voyez sa mine ! Bon pour le caveau ! On te fera ton compte, va !

À cette barbare ironie, je sentis bouillonner tout ce qui me restait de sang ; j'étais muet et frémissant de fureur. Sans perdre de temps, ils s'emparèrent de moi et m'enlevèrent à mes guides qui ne me défendirent pas du tout. La trahison était manifeste.

Je tournai sur eux un regard plein de mépris, comme sur des lâches qu'ils étaient. Je me mis à lutter, tout garrotté, de mes faibles forces, et je me rejetai vivement en arrière, contre le mur opposé à la porte qu'ils venaient d'ouvrir devant moi.

– Ah ! mon b..., tu fais de la résistance, toi ! s'écrièrent les sbires ; tiens, file donc !

À ces mots, ils me précipitèrent dans l'ouverture de la porte. Entraîné par cet élan, je dégringolai une douzaine de marches rapides, chose incompréhensible! sans m'abattre, sans trébucher! Cette chance ne le cède en rien à celle qui avait empêché d'être mortelle une balle lancée en pleine figure. Si j'étais tombé, mes mains étant liées derrière le dos, il est évident que je m'ouvrais le crâne.

Je retombai donc, debout, sur le carré; une sentinelle l'occupait. Deux portes existaient: à droite et à gauche. On m'ouvrit la porte à droite, on me poussa en avant, avec la même brutalité, et la porte refermée, je me retrouvai dans les ténèbres.

Des hommes s'empressèrent autour de moi, m'adressant des paroles amicales. Leurs mains délièrent les miennes. J'étais avec des compagnons d'infortune, c'était une première consolation: les maux partagés s'endurent plus facilement; j'avais les mains libres, c'était une seconde consolation. La liberté des mouvements est si douce, si précieuse, la plus précieuse, à coup sûr, après la liberté entière!

J'admire ici les voies du sort. Si j'avais eu, un moment auparavant, les mains libres, c'était fait de moi... Commandé par l'indignation, la colère, le désespoir, je n'aurais jamais pu maîtriser mes mouvements.

Loin de là, j'avais vainement tenté de dégager mes poignets pour résister, pour lutter, pour saisir à la gorge quelqu'un de ces misérables, à moitié ivres de sang et de vin, et qui assouvissaient sur des blessés, deux jours après la bataille, leur soif de vampires... La mesure était comble!

Tant d'atrocité avait triomphé de ma longanimité et déchaîné la fougue de mon caractère. J'étais soulevé par le raffinement de cruauté que l'on mettait à nous faire attendre une mort promise et qu'on saurait bien nous donner: mort que nous savions certaine, et nous pouvions, nous devions la croire telle.

Insensé celui d'entre nous qui aurait compté sur un contrordre, pour être sauvé, comme nous fûmes sauvés, cette nuit-là; sauvés, j'entends, jusqu'au matin!

J'ignore ce qui advint après aux autres prisonniers, et j'ai grande crainte de n'avoir que trop à me féliciter de ce que le hasard sépara ma destinée de leur destinée, mon chemin de leur chemin.

Aussi la tempête soulevée en moi m'agitait-elle violemment. Si j'avais eu ma voix et mes forces, je me serais fait sabrer. C'est faiblesse, j'en conviens. Je méprisais la mort, je la bravais, je l'invoquais ; elle ne vint pas à mon appel.

Je ne tardai pas à revenir à des sentiments plus calmes, et je pus, dès lors, étudier de sang-froid la situation pour en tirer le meilleur parti possible. Nous étions une trentaine dans ce caveau. La moitié étaient blessés plus ou moins grièvement, les autres n'avaient rien.

À cette heure suprême et sur le point de recevoir la mort, les caractères se révèlent dans leur nudité. Le masque est tombé ; l'homme est resté seul, dans sa simplicité, dans sa nature.

Je remarquai tout d'abord que ceux qui n'étaient pas blessés conservaient un espoir que les blessés avaient perdu. Cela se conçoit. Notre vie était entamée, nous savions comment on commence à mourir, et nous ne nous étonnions que d'une chose, c'est que tout ne fût pas encore fini.

Il nous arrivait, par la porte grossière et mal jointe, quelques rayons d'une vague lumière qui nous permettait, après un court séjour, de nous reconnaître et de nous diriger. C'était le jour qu'il fallait pour un tel spectacle. Un artiste, un romancier, n'eussent pas rencontré une plus heureuse combinaison.

Plusieurs étaient assis çà et là ; d'autres debout, immobiles ; d'autres, retirés dans les angles et penchés vers le mur, se tenaient également immobiles. Ils ressemblaient à ces statues à moitié brisées, descendues de leurs piédestaux, et qu'on relègue contre un mur dans la partie obscure et infréquentée du jardin.

Cet ordre matériel n'empêchait pas un certain bruit et une certaine confusion. Des sanglots se faisaient entendre, c'étaient les faibles ; parfois aussi des menaces, c'étaient les exaspérés ; des soupirs, c'étaient les résignés ; des cris, des hurlements, c'étaient les souffrants, les fous blessés.

Rien de plus varié, de plus multiple que ces manifestations de la pensée, de la douleur, de la crainte, de la colère. Il en fut un qui se mit à réciter ses prières avec une grande ferveur.

À cette heure solennelle, dans l'attente de la mort, on l'écouta un instant avec un recueillement, un silence profonds. Mais aucun de nous n'était de force à suivre ce pénitent. Son zèle, c'est-à-dire sa terreur, ne se ralentit pas ; il débita, la nuit durant, ses patenôtres avec une componction et une monotonie intarissables. Ce pauvre homme nous donna un triste échantillon du courage inspiré par la dévotion.

Un autre jouait un rôle plus sombre. Il rôdait dans le caveau comme une bête fauve prise au piège. Il cherchait, le malheureux, un moyen de se pendre. Tout en faisant cette recherche, il tordait avec désespoir, autour de son cou, une espèce de lien qu'il s'était fabriqué. Dans ces demi-ténèbres, il lui arrivait de heurter sur son passage quelque blessé accroupi, et alors un cri partait sous l'aiguillon de la douleur. Moi-même j'en fus heurté. Ce qu'il désirait, il l'obtint : le lendemain, on le trouva pendu !

Que d'horribles choses encore ! Un prisonnier s'étendit par terre, presque nonchalamment, la tête appuyée sur son coude. Il jetait aux mobiles d'énergiques apostrophes. Je n'ai jamais entendu de voix plus mâle, de poitrine plus vibrante, de tons plus larges.

– Moi, s'écriait-il, j'ai un fils dans la mobile. C'est mon fils qui doit me tuer ; le monstre ! Ça lui revient. Entends-tu, assassin, là-bas ?

Il ne s'exprimait pas autrement. La sentinelle, à qui s'adressait ce terrible appel, semblait fléchir sous l'anathème, mais elle n'en répondait pas moins :

– Attends donc, attends ! Ça ne te manquera pas !

Ou bien, exaspérée de se voir mise au défi, elle ébranlait la porte avec le canon de son fusil :

– Encore un mot, et je tire. Il vous faut du plomb, vous en aurez.

J'assistais à ce spectacle en observateur attentif. Jamais mes facultés intellectuelles ne furent en plus grande activité. Compréhension, jugement, comparaison, tout fonctionnait, et aujourd'hui, après dix mois, mes sensations, mes souvenirs sont aussi neufs, aussi entiers que s'ils dataient d'hier*. Dans cette enveloppe mortelle, prête à se dissoudre, quelque chose de vital, d'inattaqué, bouillonnait comme une lave ardente, et se mouvait, d'autant plus prompt, d'autant plus dégagé d'entraves.

Ce n'est pas que je n'aie compté des moments d'inertie et d'affaissement. Un instant après mon entrée dans cette cave, je ressentis une telle prostration de forces et de si singuliers symptômes, que je crus que ma vie s'en allait peu à peu avec mon sang, et je m'estimai heureux d'obtenir par cette voie une mort douce. Je me réfugiai dans un angle pour y être en repos et hors d'atteinte de mes compagnons.

Mais je ne tardai pas à reconnaître que l'hémorragie seule avait entraîné à sa suite cette somnolence, et que j'avais eu tort d'espérer mourir de ma blessure.

Je réfléchis alors que j'aurais un bien plus grand tort de rester dans cet isolement, qui me ferait découvrir parmi les derniers par les mobiles, en m'expo-

---

* Publié pour la première fois dans la *Vraie République*, à Paris en mai 1849 [Note de Pardigon].

sant à endurer mille cruautés. Il n'était pas probable qu'on nous achèverait dans ce réduit à coups de fusil, mais bien à l'arme blanche, par le sabre et la baïonnette : perspective qui me faisait regretter de ne pas m'être offert aux balles du Carrousel, dans un lâche amour pour la vie, dont je m'accusais et que j'expiais en ce moment.

Que le lecteur se substitue par la pensée, si cela lui est possible, en mon lieu et place, et il verra combien sont naturels et vrais les sentiments que j'exprime.

Je cherchai un moyen d'abréger, le cas échéant, cette mort dans ce qu'elle a de plus affreux. Je vins m'asseoir en face de la porte, de façon que la horde qui viendrait nous achever devrait nécessairement me passer sur le corps comme une trombe, et me broyer sur son passage. Je n'aurais guère ainsi le temps ni de faiblir, ni de souffrir.

J'avais aussi à cœur de mourir debout. Cette pensée m'était venue je ne sais comment, mais elle prit aussitôt sur moi un grand empire. Je me mis sur-le-champ à essayer mes forces, en me relevant sur mes genoux, puis sur mes pieds. Je m'assurais par là qu'elles ne me feraient point défaut quand je les mettrais en réquisition.

Ces essais me coûtèrent les plus grands efforts, et je fus heureux d'avoir réussi, bien qu'à chacun de mes mouvements, il me semblât qu'on m'appliquait sur les yeux un bandeau chaud, lumineux, étincelant par mille points ; que ma tête fût en proie à cette sorte d'entraînement vertigineux qu'éprouverait un homme sur une locomotive lancée à toute vitesse en face d'un abîme.

C'est ainsi que chacun de nous, selon ses forces intellectuelles et physiques, attendait l'heure fatale.

Nous avions atteint cette période du désespoir qui n'est plus la faiblesse en démence qui s'épouvante, se torture, se consume en vains efforts ; mais cette conviction froide, profonde, suprême : que tout étant perdu sans retour, rien n'est plus à faire ni à tenter. Les mouvements de l'âme sont paralysés dans cette effroyable conviction, comme le sont les mouvements du corps dans une camisole de fer.

Un bruit sourd et croissant vint frapper nos oreilles. C'était un bruit de pas, de voix, d'armes, au-dessus de nous. Les gardes-marine rentraient (25ᵉ bataillon de la garde mobile). Nous suivions leur marche. Ils avaient enfilé les corridors et avaient pénétré dans quelque salle. Les crosses de leurs fusils retentirent sur les carreaux.

– Les voilà ! Ils sont réunis, ils délibèrent, se dirent entre eux plusieurs prisonniers. Cela va se décider.

Ce fut la pensée de tout le monde ; la même préoccupation amena le même silence. Autant qu'un autre, j'étais attentif. Je me tenais tout prêt à exécuter ma petite manœuvre. Dans l'attente générale, on distinguait les mouvements de la respiration, tantôt hâtés, tantôt retenus.

Seul, l'infatigable diseur d'oraisons redoubla de ferveur et de volubilité. Sa voix filait comme un murmure indiscontinu. Un certain temps s'était écoulé, et personne n'avait paru.

Cette circonstance fit renaître notre anxiété. Un parti pris a cela de bon qu'il donne du calme et du repos. Nous avions le nôtre : si nous en sortions pour nous égarer à la suite de quelque fausse lueur d'espoir, faisions-nous autre chose que nous préparer de nouvelles déceptions ? C'est une chose si atroce que de se rendre, pour la centième fois, le jouet des autres et de soi-même.

Un bruit de pas nous annonça l'approche de quelques hommes ; ils ouvrirent la porte du corridor et descendirent l'escalier. Notre froide résignation nous restait encore. Ce quart d'heure n'ajoutait rien à la situation, nous étions prêts pour le sacrifice et nous n'avions qu'à nous féliciter de notre obstination à le prévoir et à l'attendre !

Toutes réflexions faites en pure perte. Ce n'était rien. On relevait la sentinelle.

Je me persuadai que, puisqu'on renonçait à nous égorger à cette heure, alors que les têtes sont encore échauffées, les cœurs altérés de vengeance, c'était parce qu'un ordre venu de haut lieu le voulait ainsi, ou qu'on n'avait pas trouvé convenable de nous achever dans le réduit que nous occupions et d'y entasser des cadavres qu'il faudrait enlever.

Ajournement, rien de plus. On n'enferme pas, liés dans une cave et sans les panser, des blessés qu'on veut sauver. Ce délai barbare dénotait tout au plus une impitoyable indifférence. Nous le comprenions de cette manière, et ces réflexions n'étaient pas de nature à nous faire aimer la vie.

Quoi qu'il en soit, une soif brûlante, dont j'avais ressenti, depuis plus d'une heure, les premières ardeurs, sévissait si énergique et si intense, qu'elle m'enlevait, elle seule, à tout autre sentiment.

Tous les blessés éprouvaient les mêmes symptômes. Ce ne fut bientôt qu'une voix pour demander de l'eau !... de l'eau !... de l'eau !... Les refus de la sentinelle et ses menaces nous touchaient peu. Notre exigence croissait avec nos déchirements douloureux. Nous n'aurions certes pas tardé, – ceux qui en avaient la force, – d'assaillir la porte, et d'y poser nettement la question : de l'eau ou la mort !

On nous en promit. L'effet seul de cette promesse nous calma, nous étions désaltérés par anticipation. Mais il n'eût pas fallu nous faire trop attendre. L'eau arriva. Le bidon circula de mains en mains. Je n'étais pas sans crainte de le voir vider avant de le tenir. Nos gardes pouvaient fort bien se tenir pour quittes envers nous, après cette première concession.

Quel est l'homme qui a jamais porté à sa bouche la

liqueur la plus exquise avec autant de délices que je saisis le vaisseau de fer-blanc qui me versait de l'eau, non pas de l'eau, je me trompe, mais un amer liquide, partie sang, partie eau ? Je sentais tomber dans ma poitrine la boisson fraîche et mes poumons s'épanouir. Une force nouvelle me régénérait.

Je m'en humectai la tête, la face, le cou, le corps. J'en fis ruisseler les ondes sur la poitrine. Ma chemise et mes habits trempés se collaient à mon corps comme un suaire fortifiant.

Quand je quittai le bidon, je n'y laissai plus que quelques verres d'un noir breuvage, et moi-même, à chaque gorgée, j'avais bu de mon sang avec l'eau qui lui servait de véhicule.

Je dois donner en quelques mots, pour l'intelligence de ce récit, l'explication de ma blessure. La balle, venue de face, m'avait atteint au milieu même de la figure, au-dessus des narines, et juste dans la partie inférieure des os propres du nez. Elle avait de là pénétré en avant, à travers la voûte palatine entrouverte et l'os maxillaire supérieur. La partie de cet os qui correspond aux deux incisives et à la canine du côté gauche a été emportée, ainsi que ces trois dents. La balle s'est abattue sur l'avant-dernière molaire de la mâchoire inférieure, et cette dent a été broyée dans son alvéole, jusqu'au collet, sans que les dents qui la touchent aient reçu la moindre atteinte. La langue, à cet endroit, n'a subi d'autre altération qu'une légère déchirure, comme quelqu'un qui se serait mordu par inadvertance.

Les lèvres, les cartilages des narines, la cloison intérieure étaient sauvegardés. Il n'est pas possible, le problème étant donné de faire passer une balle à travers la figure avec fracture d'os, d'opérer le trajet d'une manière plus inoffensive.

Si, au lieu de m'agenouiller sur ma jambe droite, j'étais resté debout, je recevais la balle dans la poitrine ; plus incliné, elle m'eût perforé le crâne. Convenons, avec Pascal, que la vie de l'homme tient souvent à la valeur d'un grain de sable.

En attendant qu'avec le jour notre sort nous fût à nouveau signifié, favorable ou funeste, chacun de nous s'appliqua à panser ses plaies de son mieux. Pour ma part, je déchirai les soies et les doublures de ma redingote, j'en confectionnai un triple bandeau que j'appliquai sur ma blessure, en le ramenant vers les tempes et les oreilles. Le sang figé me servit d'attache et le fixa comme un ciment solide. Cette bande, apposée sur ma plaie comme un masque noir, en déguisait l'horreur et prévenait tout contact dangereux.

Ceux qui, plus heureux, se trouvaient sains et saufs, essayaient vainement d'apitoyer la sentinelle sur leur sort. Ils demandaient pour eux quelque moyen de subsistance, ne fût-ce que du tabac pour mettre sous la dent et tromper la nature.

– Avez-vous de l'argent ?

– Nous allons voir, attendez.

Ils se mirent à se cotiser et recueillirent une petite somme. Chacun faisait avec empressement le détail de ce qu'il demandait : du pain, du fromage, du tabac.

Je ne comprenais rien à cette comédie, car j'étais loin de partager la confiance aveugle de mes compagnons affamés. On fit glisser la monnaie sous le seuil de la porte, et à certains rires et chuchotements de l'autre côté de la porte, je fus convaincu que c'était une indigne spéculation sur les besoins d'hommes assez malheureux pour fonder quelque espérance sur l'humanité de nos gardes. Un homme qui se noie porte une main avide sur le plus mince fétu de paille, et croit pouvoir être sauvé.

– Cela sera-t-il bientôt prêt ? réitéraient les prisonniers avec insistance.

– Un moment, attendez donc, que diable !

Un moment après, comme on leur rappelait la promesse faite, ils nous répondaient avec insolence et en ricanant :

– Vous n'avez besoin de rien, taisez-vous donc. Vous sentez la poudre, mes amis, vous sentez la poudre !

Ces indignités, qui nous étaient sans cesse offertes comme de nouvelles coupes d'amertume, ne permettaient pas à nos esprits de se rasseoir dans le calme et la sécurité.

Pour plusieurs, le moment des larmes était venu. Les pleurs soulagent. Heureux ceux qui peuvent en verser ! Des pères de famille invoquent la pitié pour leurs femmes, pour leurs enfants ; ils les nomment, il les appellent, comme s'ils pouvaient en être entendus.

– O mon Dieu ! mon Dieu ! ma femme ! mon enfant !... Qui vous nourrira ?

Ces mots, entrecoupés de sanglots, étaient entendus des mobiles, non seulement dans le corridor, mais dans la cour, par les soupiraux. Ces jeunes bourreaux de leurs frères, qui se préparaient de leurs mains une pleine moisson de remords, se portèrent au plus haut degré d'avilissement, en insultant d'une manière impitoyable des sentiments aussi nobles.

– Ha ! ha ! les braves ! vous êtes comme ça maintenant ! Vous ne faisiez pas ainsi quand vous nous assassiniez. Assez, assez ! ça nous ennuie. Hohé ! hé !...

Il est un côté de l'esprit français qui ne peut manquer de se faire jour quelles que soient les circonstances. C'est un mélange de comique à la façon d'Aristophane, de sarcastique comme Voltaire, de sérieux et de grave comme Rousseau. Plusieurs fois déjà, à la caserne des Grès, à l'Abbaye, je l'avais remarqué, mais je ne m'attendais pas à le retrouver dans cette antichambre de la mort.

– Ah ! j'aimerais pourtant mieux être à la barrière de la Glacière ! s'écria quelqu'un.

– Dame ! Cela ne s'avale pas comme une chopine !

– Faut-il que j'aie peu de chance ! J'étais en train

de *m'esbigner*[1], v'lan, je reçois mon billet de parterre.

La balle qui l'avait abattu, c'était son *billet de parterre*. Quelle singulière métaphore !

Ils continuèrent un moment leur conversation pleine d'originalité et semée de traits et de saillies parfois spirituelles, bien que le sel ne fût pas du plus pur atticisme. Il va sans dire qu'ils plaisantèrent le marmotteur de prières, qui n'en tint compte et continua de se gagner le paradis.

Rien n'est donc plus vrai, les extrêmes se touchent. Mais ce n'est pas au milieu de moribonds que l'esprit pouvait longtemps se distraire et se dérober au sentiment des faits existants.

Par un soupirail, long et étroit comme une meurtrière, pratiqué horizontalement vers le haut du plafond, des mobiles jouaient une comédie de mauvais goût ; ils passaient tout au long les canons de leurs fusils, et en s'accompagnant de propos révoltants, ils les secouaient et les promenaient alternativement d'un bout à l'autre, comme Polichinelle fait de son bâton.

Toutes ces brutalités nous trouvaient d'une indifférence parfaite. Nous avions payé notre apprentissage.

Un blessé qui plusieurs fois avait jeté le trouble parmi nous et provoqué la colère des gardes, recommença dans la nuit, avec une force plus grande, ses cris, ses plaintes et ses gémissements.

C'est inutilement qu'on s'empressait autour de lui pour le faire taire et le calmer. À ses paroles décousues, à ses prétentions excentriques, on était assuré que son esprit n'était pas moins rudement endommagé que son corps.

Notre sentinelle voulut bien nous prévenir qu'il nous

---

1. Argot : filer en douce.

était accordé une minute pour rétablir le silence, sans quoi on ferait feu.

– Nous n'y pouvons rien, c'est un fou. Faites-le sortir, nous vous en prions, répétaient à l'envi tous ceux qui voyaient avec crainte reparaître des dangers auxquels ils avaient jusque-là échappé.

Chose à laquelle personne peut-être ne s'attendait (car c'était montrer pour nous tous de la sollicitude), on fit sortir le pauvre fou qu'on enferma seul dans un autre caveau. Son sort, on va le voir, fut bien malheureux.

Je reconnus, à n'en pas douter, le blessé du poste du Carrousel, dont j'ai fait mention, et qui donnait des marques d'une si vive douleur.

Nous devions nous rejoindre et nous quitter encore, à l'ambulance d'abord, puis à l'hospice, où eut lieu une dernière et éternelle séparation.

C'était un des fous sortis avec nous du caveau des Tuileries. À la fusillade du Carrousel, une prudence instinctive l'avait fait se coucher la face contre terre. L'effroi l'avait enchaîné à cette place ; il n'en bougea plus. Quand survinrent les patrouilles qui visitèrent les lieux, il fut retrouvé là. Un peu de réflexion lui eût conseillé de se sauver, mais il était fou. Ce premier malheur devait en amener un autre.

Ce que j'avais alors prévu, au moment de ma fuite, arriva. Ce qui tomba sous la main fut massacré. La pauvre victime reçut, dans les flancs et dans les reins, dix-sept coups de baïonnette ! Pas un n'était mortel, mais la plaie totale devait engendrer la mort. Il avait été soigneusement et cruellement *lardé* à de petites profondeurs.

La mort fut lente à venir. Le 27 août, à sept heures et demie du matin, il succomba à des blessures reçues le 27 juin, à une heure après minuit. Plus de soixante jours d'agonie ! L'hospice est pour le blessé ce qu'est le port au naufragé ; l'un et l'autre, souvent, n'arrivent là que pour s'y perdre. La science de M. Velpeau[1], les soins et la présence, chaque jour, d'une femme ou d'une mère devaient échouer. Les pointes d'acier lui avaient sourdement inoculé la mort aux flancs.

Nous étions bien avant dans la nuit. Une torpeur invincible gagna tous mes membres, un léthargique sommeil marchait à sa suite. Je me laissai aller à cet assoupissement, effet de l'hémorragie, sans me préoccuper s'il aurait un réveil.

L'imagination se substituait, de minute en minute, à la réflexion. D'abord, j'examinai la conduite du commissaire qui m'avait livré aux mobiles, tout en disant hypocritement : « Menez-le à l'ambulance » et accompagnant ces mots d'un geste qui en précisait la signification.

Je me pris ensuite à considérer ma malheureuse destinée. Mourir à vingt-deux ans, et d'une manière si pitoyable ! Il est « *des morts si glorieuses et si belles !* » Mais l'inéluctable fatalité s'impose. Il faut la subir. Le choix n'est plus possible. Quand la mort glorieuse du combat vous est refusée, cette mort qui est presque une consolation alors qu'un ami, d'un œil sombre, reçoit de vos mains défaillantes le fusil qui doit vous venger, il convient de recevoir de sang-froid la mort ignominieuse qui vous est offerte, et de prouver ainsi qu'on eût mérité mieux.

Ma léthargie allait croissant et, le cerveau légèrement échauffé par un commencement de fièvre traumatique, mes pensées volèrent sur des ailes d'or. Le sommeil vint : un doux rêve s'empara de moi, m'enleva par enchantement à mes douleurs et à ma prison, et me transporta aux lieux de ma naissance. Tant il

---

1. Alfred Velpeau (1795-1867),
chirurgien parisien, qui inventa
le bandage du même nom.

est vrai que nos premières sensations du jeune âge survivent les dernières !

Ce rêve, formé moitié des souvenirs du passé, moitié des jeux fantasques de l'imagination, me fit passer heureusement le reste de la nuit, et je ne trouve pas qu'il fût acheté trop cher par la désillusion du réveil et par l'invasion tyrannique de la réalité sur un bonheur éphémère.

J'avais tout revu : mes parents, mes amis, sous le ciel qui les abrite. J'avais parcouru, comme nous le faisions dans nos joyeuses excursions des vacances, les collines, les ravins de cette Provence, aride souvent, mais parfumée, comme l'Arabie, de plantes aromatiques, d'hysope, de lavande, de thym épinglé d'épis.

Bizarres jeux de la nature, qui sème d'oasis les déserts, et de taches le ciel azuré ! qui jette en rêve, au mourant, des fleurs, des forces et du soleil, et livre, sur sa couche molle, aux tortures du cauchemar, l'homme repu et fortuné !

Pendant que je vivais dans ce monde imaginaire, un nouveau genre de torture fut inventé contre nous et mis à exécution. La cave s'emplit d'une épaisse fumée. On avait allumé, contre les soupiraux, des feux de paille et de chiffons mouillés.

Je ne sais ce qui motiva cette persécution, ni ce qui y mit un terme, ni jusqu'à quel point mes collègues eurent à en souffrir. Mon sommeil n'en fut pas interrompu, peut-être même n'en devint-il que plus lourd. Ce que j'affirme, sur le témoignage de mes compagnons, c'est que la tentative a eu lieu, bien qu'il ne s'en soit pas suivi d'asphyxie. Résultat qui peut être attribué à quelque loi de physique ou à l'intervention d'un officier.

Lorsque je sortis de mon sommeil, une lueur mate argentait l'ouverture étroite du soupirail, et les fissures de la porte ne nous laissaient plus entrevoir la lumière des lampes du corridor. Depuis plusieurs heures, le soleil avait surgi à l'horizon, et rien qui nous donnât à penser qu'on allait s'occuper de nous.

Nous craignions d'être oubliés. Nos gardes furent interrogés sur ce point. On nous répondit que dans peu nous serions extraits des caveaux. En effet, après un délai d'à peu près une heure, un homme tenant une liste nous appela, de cinq en cinq, par nos noms. Tout cela nous donnait à penser ; mais l'incertitude est le plus grand des maux, et nous étions avides d'une solution. Nous retrouvâmes des forces pour répondre à cet appel.

IX. L'ambulance

Les souffrances ont-elles une limite ? – Sortie du caveau. – Nous sommes cruellement garrottés. – Tableau de la cour du Palais. – Situation critique. – La nécessité me fait prendre une résolution dernière. – Souffrances et chute d'un blessé. – J'importune nos gardes. – On désespère de nous emmener et on nous envoie à l'ambulance. – Intérieur de l'ambulance. – Je réussis à me faire couper les cordes. – La fièvre de mon compagnon. – Les gardes-marine. – Humanité d'un chirurgien de la garde nationale. – Le caporal Chazot. – Deux lettres. – La nuit à l'ambulance ; contraste. – Arrivée de deux amis. – Je suis ramené dans ma chambre. – L'état de siège ne laisse point échapper sa proie. – Une escorte honorable. – Retour à l'ambulance.

Peut-on dire, d'une manière absolue, qu'il est pour les souffrances de l'homme une certaine limite qui, une fois atteinte, ne saurait être dépassée ? Je ne le crois pas. Toutes les fois que nous nous étions trouvés à la veille d'un changement, nous avions entrevu une amélioration à notre sort, un adoucissement à nos maux, parce que nous croyions chaque fois avoir atteint la limite extrême, et chaque fois aussi l'inverse avait été vrai.

D'abord, on nous mène aux Tuileries ; jusque-là nos prisons avaient été assez peu commodes pour que nous eussions quelque motif de contentement à les laisser derrière nous. Déception ! Dans un caveau fétide et étroit, c'est l'asphyxie qui nous attend !

On nous tire de là, et l'horizon de s'embellir. Qu'arrive-t-il ? On nous fusille, on nous traque !

J'échappe à la fusillade, je cours au poste. M'accueille-t-on ?

On menace, on ajourne, on me voue à la mort, on me lie.

On me promet l'ambulance ; on me jette dans les caves.

Voilà qu'on nous ouvre enfin les portes de ce séjour. Cette fois, du moins, notre sort ne saurait être pire ! Qui le sait ?

Arrivés au haut de l'escalier, on s'empare de nous, on nous entraîne, on nous secoue. Comme des masses inertes, nous obéissons à ces impulsions, car nos membres n'ont plus de mouvements qui leur soient propres, et nous n'ignorons pas que nous ne sommes plus des hommes, mais des choses ; plus des citoyens, mais des vaincus ; plus des frères, mais des insurgés, c'est-à-dire un être sans nom, inconnu jusqu'à ce jour, au plein pouvoir de l'état de siège et à l'entière discrétion des milliers de baïonnettes qui en relèvent.

Mes mains, que je tenais sur mes lèvres pour en essuyer le sang, on me les rabat durement ; du même coup, on me les ramène derrière le dos, et on les lie avec des cordes de chanvre de la grosseur du doigt d'un enfant.

Si parmi les cruautés il en est d'horribles, ce sont surtout celles qui ne sont motivées par rien, gratuites, sans cause, sans portée. Essence et métaphysique de la cruauté ; être cruel pour être cruel, comme on fait de l'art pour l'art !

Qu'on lie les bras à celui dont les mains libres pourraient être redoutables, on le comprend ; mais enlever à des blessés, dont la faiblesse réclame l'aide d'autrui, les dernières ressources dont ils disposent !

La corde pénétra dans les chairs. Alourdi comme je l'étais, je me croyais insensible à la douleur ; je n'en sentis pas moins aux poignets une douleur aiguë et des élancements précipités. Lorsqu'on coupa le lien, un gonflement circulaire et la peau bleuie par l'épanchement du sang attestèrent la violence de cette brutale compression.

Ce n'est pas tout : d'un nouveau bout de corde, on étrangla nos bras au-dessus des coudes, les rapprochant l'un contre l'autre. De cette façon, les avant-bras rentrèrent dans une position parallèle anormale, les jointures se tendirent, les humérus se touchèrent presque bout à bout, les muscles se fatiguèrent. Ce fut une source nouvelle et féconde d'intolérables souffrances.

Un moment, j'eus l'espoir qu'on allait nous garrotter semblablement les pieds et les jambes, pour nous jeter sur des chariots, comme les bestiaux qu'on mène à l'abattoir.

Il n'en fut pas ainsi : nous devions, fantômes humains, nous mouvoir et nous traîner nous-mêmes, et consumer dans ces efforts ce qui nous restait de forces et de vie.

Ainsi liés, on nous poussa dans une cour ; je ne saurais dire laquelle. Elle n'était pas de grandes dimensions. En face était une grille et latéralement des portiques.

Je défie tout homme qui n'a pas eu sous les yeux un spectacle analogue à celui que nous présentions, de s'en faire jamais une idée précise, complète.

La cour regorgeait d'hommes en armes. Les figures n'avaient pas cessé d'être sinistres, les traces de poudre n'étaient pas encore effacées. Les veilles, la fatigue, le combat, l'exaltation, l'ivresse avaient marqué d'un sceau satanique toutes ces figures humaines. Des gardes mobiles, marines, républicains, des gardiens de Paris, bizarrement fusionnés et la plupart en uniformes incomplets, constituaient autour de nous une escorte formidable.

Quelque chose, dans cet ensemble, était de nature à frapper l'esprit : c'étaient les figures juvéniles, imberbes, d'un grand nombre de gardes-marine. Leurs traits n'étaient pas toujours dénués d'une certaine douceur et formaient, avec le rôle terrible que remplissaient ces jeunes hommes, un éclatant contraste.

Aussi, à côté de ceux qui avaient la bouche fournie d'invectives et les yeux menaçants, s'en trouvaient d'autres dont la bouche était muette, les yeux voilés, et la face assombrie d'un véritable sentiment de tristesse et d'affliction.

Un soleil de juin dardait ses rayons ardents et tombait à plomb sur nos têtes nues. Je me courbais sous ce rayonnement comme sous une pluie de feu. Blessé à la tête, ce séjour m'était fatal. Il rendait imminent, d'un moment à l'autre, un transport au cerveau. J'aurais été foudroyé par une congestion cérébrale, je ne me serais certes pas plaint.

Nous n'étions pas informés des desseins qu'on avait sur nous. À chaque transition, il nous fallait donc recommencer à lutter avec nos doutes, comme Sisyphe avec son rocher.

J'essayai, comme d'habitude, d'expliquer la situation, en travaillant à résoudre les problèmes qu'elle suscite.

– On nous garrotte, nous blessés, à quel propos ?

– On nous conduit, où donc ?

– Ce n'est pas à l'ambulance. Il y en a une dans le Palais. On ne va pas chercher loin ce qui est près.

– On ne nous mène pas non plus en prison ; nous en sortons, on nous y eût laissés. La place ne faisait pas défaut.

– C'est encore moins à l'hospice ; plusieurs d'entre

nous sont intacts. Ils n'ont que faire de l'hospice. Et puis, on ne nous eût pas liés comme des malfaiteurs.

– Où nous mène-t-on ?

– On nous mène à la mort, une bonne fois pour toutes ! me dis-je en moi-même.

(On nous menait à l'École militaire, au Champ-de-Mars…)

À l'instant, mon parti fut pris d'une façon irrévocable.

Mourir pour mourir, autant succomber ici. On pourra me transporter, mais je n'userai pas, dans un semblable voyage, un reste de forces qui devra être épuisé, durant le trajet, et me laisser à mi-chemin.

C'est à peu près ainsi que dans mon esprit se formula ma pensée. Mais pour me ménager quelques chances de salut, ce n'est pas de la même manière que je crus devoir d'abord la présenter à nos gardes.

Je jetai les yeux çà et là, cherchant quelqu'un dont l'air moins hostile fût un encouragement. Je m'adressai à plusieurs. Je vis bien que, par crainte de se laisser persuader, quelques-uns ne voulaient pas m'entendre. Ils détournaient la tête ou bien ils me disaient :

– Taisez-vous, restez là. Vous ne devez pas bouger, vous ne devez pas parler.

J'étais résolu à jouer ma vie sur ce coup de dé. J'insistais. Je montrais mes bras liés, le sang coagulé autour de mes lèvres. Ce n'était plus, comme dans les premières heures, un sang rouge et abondant ; c'était un liquide rouge-jaune, une matière séreuse, ayant un certain degré de viscosité, et s'accumulant peu à peu au lieu de couler. Ma situation était vraiment déplorable et faite pour inspirer le mépris de la vie.

D'un moment à l'autre, l'ouverture de la bouche était obstruée, la respiration rendue difficile, impossible. Il me fallait, dans cet état, essuyer mes lèvres sur l'épaule d'un voisin, dont je maculais les habits, et pour lequel cette manœuvre n'avait rien d'agréable. Elle me répugnait à moi-même et m'irritait.

Mon exaspération grandissait par toutes ces raisons ; j'allais d'un rang à un autre, sans me soucier des menaces qu'on m'adressait, si je continuais à changer de place et à essayer, comme j'en faisais constamment la tentative, de dégager mes mains des nœuds qui les enserraient.

Par mesure de précaution, je suppose, et pour m'éloigner du péril, un officier donna l'ordre de me ranger à la queue de la colonne qui se grossissait de nouveaux prisonniers qu'on amenait liés.

Un, entre autres, était soutenu par deux hommes ; il était lié comme nous tous. Il ne fut pas plutôt abandonné à ses propres forces qu'il roula à terre. C'est un de ces tableaux que l'imagination ne saurait inventer.

Sa figure portait l'empreinte de toutes les douleurs. Elle offrait cette pâleur qui devance la mort et sent le cadavre, mais plus affreuse cent fois que la pâleur mate et froide du corps qui a cessé de vivre et de souffrir.

Il se débattait et se tordait, perdant peu à peu connaissance. Tous les témoins n'étaient pas faits pour comprendre cette scène. L'un d'eux se mit à dire :

– Relevez-moi donc ça. Vous ne voyez pas qu'il joue la comédie ?

À ces paroles, ma surprise fut telle que je me tournai vers celui qui venait de parler, pour voir s'il n'était pas fou, ivre, ou mauvais plaisant. Il parlait sérieusement, je veux dire impitoyablement.

On releva le blessé, et, une fois dressé sur ses jambes, on le laissa aller. Il retomba en poussant une espèce de râle ou de murmure intraduisible ; ses dents claquaient, ses membres tremblaient de fièvre et de douleur.

Il rejetait tout le poids de son corps d'un seul côté et

s'efforçait de tenir une jambe en l'air. Il avait une balle dans l'épaule, et une autre dans le talon. Il ne pouvait donc se tenir ni debout ni couché. Comment pouvait-il résister à de si poignantes douleurs ? Il n'était pas évanoui, il ne s'appartenait pas non plus tout entier. Il était, d'une manière permanente, dans cette crise qui précède la défaillance et qui constitue un état indéfinissable entre la vie et la mort.

– Apportez un verre d'eau, dit un lieutenant de gardes-marine.

On apporta un verre d'eau ; on lui en fit avaler une partie, on lui en jeta le restant à la face pour le revivifier. Il ouvrit plusieurs fois de grands yeux blancs et immobiles, se convulsionna de nouveau sous la dent de la douleur et le frisson de la fièvre. On tâcha vainement de le faire tenir sur ses pieds : il fallait le laisser là, l'emporter ou l'achever.

Moi aussi, j'avais demandé un verre d'eau, avec instance, avec importunité. Car, je l'ai dit, ma tête s'enflammait au soleil, mes jambes flageolaient, j'avais soif d'eau pour me rafraîchir et la bouche et les poumons, et, si je puis m'exprimer ainsi, soif de la terre, pour m'étendre, me reposer. Mais je n'osais le faire, crainte d'être piqué par les baïonnettes et de perdre prématurément toute chance de salut. Je demandais toujours : « L'ambulance ! Un verre d'eau ! » et je voyais qu'à cette réclamation le capitaine tournait la tête d'un côté, de l'autre, semblait attendre, s'interroger, hésiter.

Je sentais qu'une solution, de quelque nature qu'elle pût être, n'avait pas encore été donnée. Il était donc raisonnable d'attendre, pour me livrer à l'acte de désespoir que je méditais, que toute voie me fût fermée et que la colonne eût reçu l'ordre de se mettre en marche. Alors, mais alors seulement, je me serais jeté par terre.

Dans cette attente, et précisément au moment de partir, le capitaine, désespérant à son tour de pouvoir nous emmener, ordonna de nous conduire à l'ambulance.

Sur-le-champ, le blessé fut relevé, je fus moi-même saisi par deux hommes ; nous revînmes sur nos pas.

À mon tour de douter.

À l'ambulance ! me disais-je, mais ce n'est pas possible ! J'ai mal entendu, c'est le caveau qu'on aura voulu dire.

Je ne peindrai pas mon anxiété. D'un côté, j'avais le droit de ne pas croire ; de l'autre, j'étais fondé à espérer. Le capitaine n'avait-il pas dit : À l'ambulance ! Les capitaines et les commissaires se seraient donc entendus ? Ne faut-il pas, en dernière analyse, que toute chose ait une fin ?

Je vis que nous nous détournions de notre première route ; que nous entrions dans un vestibule, puis dans une grande salle, toujours au rez-de-chaussée. Çà et là étaient étendus des matelas sans draps, tachés de sang ; des monceaux de charpie, des verres, des fioles sur des tables ; quelques gardes-marine causaient ensemble, et s'approchaient en nous voyant venir ; quelques femmes dans l'embrasure des fenêtres préparaient des emplâtres, des bandeaux, et tournaient vers nous la tête à notre arrivée, mais sans plus s'émouvoir. Ce n'était pas un spectacle nouveau.

Nous étions à l'ambulance !

Ce n'était pas précisément une ambulance, car il n'y avait ni lits, ni service chirurgical, mais une salle de repos, de premiers soins. Telle qu'elle était, elle comblait tous nos vœux.

En nous voyant isolés du reste de nos compagnons, notre satisfaction personnelle ne put imposer silence au sentiment de fraternelle solidarité dont un malheur commun nous avait animés. Jusque-là, nous avions été ballottés ensemble, et nous avions vu, d'heure en heure, nos rangs s'éclaircir comme des passagers perdus sur les brisants d'une mauvaise côte. Depuis un moment, nous ne courions plus les mêmes bordées. Puisse leur étoile avoir été aussi favorable que la nôtre !

J'ai cru devoir exprimer ce sentiment d'adieu et de regret, car, jusqu'à ce jour, je n'ai point reçu de leurs nouvelles. Si, du moins, ils étaient sur les pontons ! Les ondes qui bercent leurs prisons flottantes ne sont point infranchissables comme celles du Styx ; nous pourrions les revoir un jour !

Le matelas sur lequel nous étions étendus était le premier que nos membres eussent touché depuis plus de quatre fois vingt-quatre heures ; un jour encore et une nuit s'écoulèrent avant qu'il me fût possible de changer de linge et de me déchausser.

Je fus surpris de voir qu'on ne s'apprêtait ni à nous panser, ni à nous délier. À quoi bon une ambulance si on nous y laisse comme en prison ? Ne serions-nous là qu'en entrepôt ? Ce furent mes premières réflexions, mais je persistai à croire que ce nouveau local changeait notre condition et me permettait d'invoquer des droits qui nous étaient attribués par notre présence dans la salle.

Je m'agitais beaucoup sur ma couche. La position horizontale et le poids du corps rendaient les tiraillements plus intenses dans mes bras.

Un homme, en habit de ville, parut dans la salle. C'était le commissaire de la section du Palais-National ; pour moi, qui ne rêvais que chirurgien, je le pris pour tel. Il promena tout autour de lui des regards froids, jeta pareillement les yeux sur nous, et passa outre. Je l'appelai : il haussa les épaules. Inspiré par une vive indignation, je l'apostrophai à peu près en ces termes :

– Comment, monsieur, vous nous laissez les bras liés, et vous ne nous pansez pas ! Que faites-vous des droits que vous donne votre ministère ? Où sont les devoirs qu'il vous impose ? Autant vaut le cachot !

Renvoyez-nous d'ici.

Il s'arrêta tout à coup. Ces paroles le surprenaient venant d'un être informe, sali de sang et de boue : il ne s'y attendait pas.

Cette scène – et je dis ceci sans ambitieuse comparaison – était de nature à lui rappeler l'*experimentum faciamus in anima vili*.

Je vis que j'avais fait impression ; je réitérai. Il se rapprocha vivement : – Que voulez-vous dire ? répliqua-t-il.

– Ne voyez-vous point, répondis-je, que ma blessure demande que j'aie les mains libres ? Est-ce pour me donner le triste privilège de rouler sur un matelas ma face sanglante qu'on m'aurait envoyé à l'ambulance ?

Les jeunes gardes-marine, témoins de cet incident, donnaient des signes de sympathie et de surprise tout à la fois.

L'interlocuteur s'approcha d'une table, y prit une paire de ciseaux, et revint couper les cordes aux coudes et aux poignets.

Cette courte opération terminée – Voilà, dit-il ; et faites attention ! Si vous remuez, on vous fusille.

À quoi je répondis avec un peu d'ironie :

– Ne craignez rien, monsieur, j'ai déjà eu plus d'une occasion dont je n'ai pas profité.

Un garde fut appelé ; on lui communiqua la consigne, et il reçut ordre de se placer au pied de mon matelas. Je le vis ouvrir sa cartouchière, en retirer une capsule, amorcer son fusil et commencer tranquillement sa faction.

Le blessé auquel je devais peut-être d'être à l'ambulance était à côté de moi, sous la même garde.

C'était un pauvre habitant de la rue Mouffetard, marchand des quatre-saisons. Il avait un grand cœur. Il ne sortit pas de sa bouche une parole qui dénotât une âme lâche. Il donnait plutôt dans l'excès contraire qui rendait son ton agressif et provocateur. Il ne s'ar-

rêtait guère aux précautions oratoires ; on lui repro-
chait même d'avoir laissé échapper des propos tels
que celui-ci :

– Faites attention, canailles, si vous me manquez,
je ne vous manquerai pas.

Il était consumé par la fièvre, en proie au délire qui
l'accompagne. Son exaspération l'avait poussé dans
une voie qui l'éloignait de toute sympathie. On ne lui
coupa pas ses liens. J'essayai quelques mots en sa
faveur ; on me répondit de m'en tenir là dans mon
propre intérêt, attendu que, sans rien gagner de son
côté, j'y pouvais perdre du mien.

Il était difficile de rester auprès de nous sans s'intéresser un peu à notre sort. Au bout de quelques
instants, les gardes qui étaient dans la salle avaient
changé de figure, comme un acteur habile qui change
de rôle.

– Comment se fait-il, leur dis-je alors, qu'on nous
traite comme des brigands, précisément parce que
nous sommes blessés et mutilés, ce qui ne devrait
que faire naître un sentiment tout contraire ?

Et les jeunes gardes-marine, d'une voix basse, tombaient d'accord avec moi, ou donnaient pour réponse :

– Ah ! monsieur, voyez-vous, tout le monde ne pense
point comme vous. Il y en a...

Au sujet de l'insurrection, leur opinion était toute
faite et je n'avais pas les loisirs d'une controverse.

– Nous jugera-t-on au moins ? demandai-je.

À ces mots, la sentinelle, qui avait pris part à la
conversation, resta muette, et les autres l'imitèrent.

– Vous craignez peut-être de m'effrayer. Parlez-moi
donc franchement.

Toujours même réserve. L'un d'entre eux me fit
enfin un signe de tête négatif, avec un grand air de
compassion, et après avoir jeté dans la salle un coup
d'œil précautionneux.

Je me tins pour informé.

Ils me firent passer en abondance des chiffons de toile et de la charpie que j'introduisais dans ma bouche ; ils me firent boire de l'eau citronnée qui me remit l'esprit et le cœur. Ils me présentèrent un seau plein d'eau, et je pus, à mon aise, me laver et me rafraîchir.

Un chirurgien de la garde nationale, en uniforme, s'approcha de moi, en compagnie du premier citoyen qui m'avait coupé les cordes. À leur approche, je me soulevai à demi. Comme l'un d'eux avait à la main une baïonnette, ils s'imaginèrent que j'étais mû par un sentiment d'effroi, et ils jetèrent l'arme de côté. Cette attention, en pareilles circonstances, est digne de remarque.

Ce chirurgien me traita avec une grande générosité. Je vis avec autant de plaisir que, sans être aussi sympathique envers mon compagnon, il usa d'humanité.

Je ne tairai pas ce que j'ai appris depuis avec contentement, que ce chirurgien était un républicain, un démocrate des plus sincères, des plus dévoués.

Il me fit un premier pansement provisoire dont je fus beaucoup soulagé. Quatorze heures écoulées depuis le moment de la blessure m'avaient enseigné à en connaître le prix.

Il me quitta en me recommandant le sang-froid et l'espérance : après de pareils procédés, je ne pouvais qu'avoir l'un et l'autre.

Un garde-marine, un caporal, très aimé et très estimé de ses camarades pour son caractère et pour sa bravoure (il avait été blessé dans l'insurrection), me demanda si je ne connaissais pas quelques personnes auprès desquelles je pourrais me recommander. Je répondis affirmativement.

Il s'éloigna, et quelques minutes après il reparut, tenant en main de l'encre, une plume et du papier.

Le jeune caporal m'adressa la parole : il avait l'esprit très net, et, comme je l'ai dit, un courage à l'épreuve qui s'alliait, c'est la coutume, à une grande humanité. Pendant sa courte absence, ses camarades m'en avaient parlé avec enthousiasme. Il était blessé, il serait infailliblement porté pour la croix… la croix de la guerre civile !

Ce n'était pas pour de telles fins que la nature avait déposé en lui le germe de si précieuses facultés. Combien il eût été plus glorieux, plus doux pour lui, plus honorable pour la France, d'avoir gagné cette même croix dans une guerre d'indépendance et de liberté, gloire qui reste à conquérir tant qu'il y aura des tyrans à détrôner, des opprimés à défendre, des peuples à émanciper ! Manquent-ils ?

Il me donna lecture de la lettre suivante qu'il venait d'écrire, en me demandant si cela me convenait ainsi :

Paris, 27 juin 1848.

Monsieur,

Je vous écris pour une chose bien triste. Un de vos amis, le nommé P***, natif des Bouches-du-Rhône, a été arrêté vendredi, comme insurgé, dans le faubourg Saint-Jacques, et conduit aux Tuileries. Dans l'échauffourée qui a eu lieu hier, il a été blessé grièvement. Il demande instamment que vous vouliez venir le réclamer. C'est un service que vous lui rendrez, ainsi qu'à sa famille. Il est à l'ambulance du Palais-National. Ne pouvant vous écrire lui-même, c'est un blessé qui a heureusement encore les mains libres qui vous écrit, et c'est au nom de l'humanité.

Chazot,
Caporal à la 5e compagnie garde-marine.

Je lui pressai la main en signe de reconnaissance ; et il s'éloigna pour son service.

Les sentinelles qui nous gardaient étaient relevées d'heure en heure. Par un procédé plein de prévenance, la sentinelle qui se trouvait remplacée nous recommandait en quelques mots à la nouvelle venue, et la disposait en notre faveur.

J'admirais cette manière d'agir. Je me demandais même, par moments, si ce n'était pas un vain songe, un jeu de mon imagination. C'était par trop en contradiction avec ce que j'avais jusque-là vu et souffert, et ce n'est pas sans peine qu'à travers la fièvre qui m'agitait, je me ramenais au sentiment pur et simple de la réalité.

Je laisse aux physiologues le soin d'expliquer comment, après cinq jours de privations, d'insomnie, de tortures de toute espèce, après une grande perte de sang, et alors que je n'avais pris d'autre aliment que quelques bouchées de pain, il me restait assez de force pour me mouvoir et pour raisonner. Il est vrai que la fièvre m'inspirait et me soutenait.

C'est à ce point que je m'accoudai sur mon matelas, relevant ma tête à demi, et considérant ce qui se passait dans la salle.

– Recouchez-vous, me dit la sentinelle, ne vous donnez pas des airs trop vigoureux. On pourrait bien vous faire filer.

Je tins l'avis pour bon à suivre et je l'exécutai ponctuellement.

Les heures s'écoulaient ainsi. Je pensai qu'une première lettre pouvait s'égarer, le destinataire être absent. Dans les cas douteux, il faut toujours ranger de son côté le plus de chances possible. Je jugeai nécessaire d'écrire une seconde lettre et j'en parlai à mon gardien, lequel fit signe à un de ses camarades qui consentit à me rendre ce service. Sous ma dictée, il écrivit la lettre suivante dont l'original m'est revenu ainsi que l'autographe du caporal :

Monsieur J***[1],

Je vous envoie cette lettre par un commissionnaire, afin que vous puissiez me rendre, le plus tôt possible, l'important service que je réclame de vous.

J'ai été fait prisonnier vendredi dans la nuit, et depuis je roule de prison en prison. On nous transférait hier des Tuileries dans une nouvelle prison, quand un sinistre affreux ensanglantait la place du Carrousel. Gardes nationaux et prisonniers sont tombés pêle-mêle.

Je suis blessé moi-même, et si vous ne veniez me réclamer, il m'arriverait malheureusement pis encore. J'aurai en vous une caution honorable qui me garantira.

Veuillez vous transporter, dès ce reçu, si c'est possible, à l'ambulance du Palais-National. En tout cas, ne perdez pas de temps, je vous en prie ; le retard serait funeste. Je vous le demande pour moi, mais surtout pour ma famille. Je vous attends avec impatience, et j'ai l'honneur de vous saluer, persuadé que vous me fournirez bientôt l'occasion de vous témoigner ma reconnaissance.

Mardi 27 juin, cinq heures du soir.
Ambulance du Palais-National.

Le garde-marine me tendit la feuille pour me la faire signer. Je ne réussis qu'à souiller la blancheur du papier de quelques caractères illisibles et de quelques traces de sang. Par le fait, j'avais signé.

---

1. Il s'agit vraisemblablement de Jauffret, un ami de son père auquel il a été recommandé (voir annexe n° 2).

Dès lors j'attendis avec espoir. Quelle que précaire que fût notre position, elle n'était pas des plus défavorables. La nuit survint sans que personne se fût montré ; je n'avais pas encore le droit d'être inquiet. Je m'abandonnai à un demi-sommeil qui m'était doublement agréable, et par la douceur qui lui était propre, et par la comparaison avec la nuit horrible que j'avais passée la veille dans les caveaux.

La lumière du gaz dans les globes dépolis, abondante et douce à la fois, formait un heureux contraste avec les ténèbres qui nous avaient rarement quittés. C'est une chose certaine que la lumière est pour le malade, dans un certain degré, une incessante distraction.

Le lendemain, mercredi 28, arriva ; j'attendais avec anxiété l'effet de mes deux lettres, car la matinée était fort avancée.

Dans ces circonstances, on introduisit un blessé qui jetait de grands cris et que je reconnus à l'instant pour le fou qu'on avait fait sortir, dans l'avant-dernière nuit, du caveau où nous nous trouvions.

On l'avait séquestré, on l'avait même oublié, et il dut sans doute à la violence de ses cris de ne pas être absolument délaissé. Quelles n'ont pas dû être néanmoins les douleurs d'un homme abandonné ainsi, sans pansements, sans soins aucuns, seul, dans l'obscurité, du lundi au mercredi !

Ses reins, criblés de coups de baïonnette, ne formaient qu'une plaie. Le moindre mouvement, le moindre attouchement le faisaient frissonner et gémir. On le coucha tout auprès de nous.

Nous étions au milieu de la journée et je me disais intérieurement que j'avais compté sans les entraves de l'état de siège, lorsque je fus tiré de mes doutes par une voix connue. C'était Henri S***, un ami de collège. Il ne me reconnaissait plus ; il sentait le besoin, pour constater mon identité, de me voir répondre à son appel. Mais alors il éprouva un tel serrement de cœur qu'il ne put retenir ses sanglots. Le docteur qui nous avait pansés le tira à l'écart. Il craignait pour moi les suites d'une semblable émotion, si je venais à la partager.

Lorsqu'ils reparurent, ils avaient avec eux le citoyen J. J. G***[1], un second de mes amis.

On me fit entendre que ma sortie ne serait peut-être pas impossible. Et, en effet, sur les instantes prières de mes amis et avec l'appui du docteur, le commissaire me délivra un laissez-passer. Un gardien de Paris me fut adjoint pour aplanir les difficultés, et une demi-heure après, une *lutécienne* m'avait ramené dans ma chambre.

Lorsque j'avais passé dans la cour pour monter dans la voiture avec l'aide de mes amis, les gardes-marine, qui l'occupaient en grand nombre, avaient murmuré, ce qui n'était pas d'un bon augure.

Le monstre fait de bronze, de fer, de plomb, d'acier, qu'on appelle *état de siége*, qui couvait Paris sous ses noires ailes et le tordait dans ses griffes, ce monstre s'acharne volontiers sur sa proie. Il ne connaît point de trop petite victime.

La conduite du commissaire, en cette circonstance, fut plus tard l'objet d'une enquête. Il s'agissait de savoir s'il y avait eu corruption. Là où un homme s'était montré humain, le sabre défiant le soupçonnait vendu.

J'étais donc installé dans ma chambre, couché dans mon lit, entouré d'amis, assisté d'un élève du Val-de-Grâce qui demeurait dans le même hôtel (le Val-de-Grâce devait être ma providence !), lorsque la porte s'ouvrit subitement et d'une manière, pour ainsi dire,

---

1. Vraisemblablement il s'agit de Granet, le « compatriote » et ami qui vit dans le même hôtel que lui, et qui témoigne en sa faveur.

spontanée. Nos visiteurs, précédés du maître d'hôtel, avaient grimpé l'escalier à pas de loup.

Un officier apparut, les pistolets en avant. Les rayons
de la lampe firent briller, dans les profondeurs de
l'escalier, des canons de fusil et des baïonnettes ; l'*état
de siége*, – toujours lui ! – veillait à ma porte. Il reven-
diquait son bien.

Dès le début, le lieutenant le prit sur un ton, je ne
dirai pas impérieux, mais grossier. On eût dit d'un
homme qui m'allait tirer hors du lit par les pieds.

Sur les observations qui lui furent faites par les personnes présentes, il s'aperçut qu'il avait fait fausse
route en essayant de l'intimidation, et il se contenta
d'invoquer la consigne en ces termes :

– Je n'y puis rien, messieurs, on me commande,
j'obéis. Mon rôle ne va pas plus loin.

Tout cela n'était pas rassurant, mais c'était raisonnable.

Sur les instances de mes amis qui me montraient
moribond et fiévreux, il s'approcha du lit pour constater mon état et il n'accomplit pas cet acte si simple, si
peu dangereux, sans avoir les mains sur ses pistolets.

Ce détail, ce n'est pas moi qui l'ai remarqué, on me
l'a appris. Il donne une idée, ainsi que cette brutale
intervention, des préjugés qui pesaient sur nous. Un
insurgé ! Jamais trop de précautions contre ces bêtes
féroces ! J'en riais bien un peu en moi-même ; car, en
vérité, je ne me sentais pas si malin, mais ce n'en est
pas moins un fait déplorable par les suites sanglantes
auxquelles il a trop souvent servi de prétexte.

Mes amis ne cessaient point d'insister auprès de
l'officier. J'étais compétent sur la matière ; j'avais
compris qu'il ne me restait rien de mieux à faire que
de donner preuve de bonne volonté. Le militaire ne
pouvait ni ne devait se laisser fléchir. L'amitié seule,
aveugle en cela, pouvait espérer le contraire.

Je fis seulement la prière, eu égard à ma faiblesse,

qu'on envoyât prendre un brancard à l'hospice du Val-de-Grâce qui n'était pas distant de ma rue de plus de cinq minutes. Deux hommes furent envoyés. Pendant ce temps, on m'aida à me rhabiller et, le brancard venu, quatre hommes me hissèrent sur leurs épaules. Tout cela leur fournit une bonne occasion de maugréer. Ils ne s'attendaient guère à ce surcroît de corvée.

Mes amis obtinrent de m'accompagner jusqu'au Palais-National, précaution que je jugeai indispensable, ne voulant pas être redescendu dans les caveaux. L'élève-chirurgien revêtit son uniforme et se joignit à l'escorte. Son intercession, plus que toute autre, devait être efficace au besoin.

Plus de deux heures furent employées à franchir l'espace qui sépare le Luxembourg du Palais-National, tant les patrouilles et les postes étaient multipliés.

L'officier avait avec lui huit hommes de son arme, et huit gardiens de Paris, en tout seize hommes ; ajoutez à cela mes amis, j'avais une escorte fort honorable.

Aussi, en voyant passer ce convoi, les postes sur notre route présentaient les armes. Ils demandaient ensuite avec intérêt quel était ce blessé : si c'était un garde national, un soldat de la ligne ; un simple garde, un capitaine, un colonel, que sais-je ? Et comme on leur répondait : c'est un insurgé ! ils faisaient sur eux-mêmes un soubresaut involontaire où se peignait tout leur regret d'avoir présenté les armes, et tout leur étonnement de ce que l'on me consacrait tant de solennité et de garanties.

Je fus ramené dans la salle que j'avais occupée dans la journée et replacé sur le même matelas.

Cahoté par la voiture d'abord, secoué plus tard par les coups de *vantoir* qu'imprime au brancard le mouvement uniforme de quatre hommes marchant au pas, j'étais agité et échauffé par la fièvre plus violemment que je ne l'avais encore été.

En me quittant, mes amis avaient promis de venir me revoir. Ils ne me retrouvèrent pas là. Dans la matinée du jeudi 29, on nous aida à monter jusqu'à la vraie ambulance, qui était au premier étage dans une des salles que nous avions occupées, après février, avec le Comité révolutionnaire et le Club des clubs[1]. Singulier rapprochement ! On nous avait à peine déshabillés et couchés qu'un nouvel ordre arriva. Notre condition était définitivement réglée, et la voix qui parlait lança ces mots dans la salle : À la Charité[2] !

---

1. C'est en mars 1848 que les clubs essayent de s'organiser et de s'unir pour préparer la grande échéance électorale d'avril 1848.
2. L'hôpital de la Charité est fondé en 1601 par les frères Saint-Jean-de-Dieu, il s'installe définitivement à son emplacement en 1608 et s'ouvre sous le nom de Saint-Jean-Baptiste de la Charité. Il se situait à l'intérieur du périmètre circonscrit par la rue Jacob, la rue des Saint-Pères, la rue Saint-Benoît, et la rue Taranne. Il est longtemps le deuxième hôpital de Paris après l'Hôtel-Dieu. À sa démolition en 1935 succède l'édification de la nouvelle École pratique de médecine de la Faculté de Paris.

X. L'hospice de la Charité

Départ et trajet. – Une salle d'hospice. – Douce impression sur nos esprits de la présence des élèves et des infirmiers. – Indélicatesse des gardes nationaux. – Belle conduite de M. Roux à l'Hôtel-Dieu. – Le n°7 ; son histoire en quelques mots. – Enlèvement de plusieurs blessés pour Saint-Lazare. – Agonie et mort du n°4 de la salle Saint-Jean-de-Dieu. – La toilette d'un lit d'hospice. – Descente à la salle Sainte-Vierge. – Notre position considérablement améliorée nous laisse le regret et le chagrin de savoir nos frères plus malheureux dans les casemates. – Le dernier numéro du Peuple constituant. *Le n°42. – Le n°41. – Le n°40 bis. – Le n°41 bis. – La mère, l'étudiant et l'aumônier.*

À peine ces mots avaient été prononcés : À la Charité ! que des hommes se groupèrent autour de nos pliants. Ils avaient apporté pour chacun de nous une de ces civières destinées au transport des malades. C'est un carré long, en planches, coupé obliquement en forme de plan incliné vers l'extrémité supérieure où doit reposer la tête. Une toile, soutenue par des cerceaux, forme au-dessus une espèce de tente, et le fond est recouvert d'un matelas.

Les femmes de l'ambulance nous enveloppèrent, sans nous habiller, avec une couverture, et nous firent glisser doucement dans cette espèce de boîte. La toile ramenée sur nos têtes et fixée par des épingles nous déroba à tous les regards et nous protégea pendant le trajet contre le contact de l'air et l'invasion d'une trop vive lumière.

Au bout d'un certain temps, nous arrivions à la Charité. Quand on nous eut découverts pour nous aliter, le spectacle qui s'offrit à nos yeux fut celui d'une salle d'hospice. Un parquet rouge, reluisant ; des murs ternes ; des lits à rideaux blancs et perpendiculaires ; çà et là, autour de leurs lits, quelques infirmes essayant leurs forces. Des femmes vêtues de bleu et de blanc, bizarrement coiffées, le front ceint d'un bandeau et balançant pour la plupart à leur ceinture un bruyant trousseau de clefs, nous regardaient avec une expression toute particulière, mélange de pitié et de curiosité, car nous étions pour elles des hôtes extraordinaires, bien que sans doute elles n'eussent pas perdu le souvenir des blessés de février. C'étaient les sœurs de charité.

C'est une étrange chose qu'un hospice ! C'est un lieu de douleur, c'est une enceinte peuplée par les maladies, la misère, les tourments aigus, l'insomnie, tous ces monstres que les anciens plaçaient à l'entrée de leur Tartare ; c'est aussi un asile, un refuge, un abri contre le dénûment de l'indigence, et contre l'égoïsme des heureux. Hégésippe Moreau[1], à l'hôpital, envoyait son adresse à ses rares amis. Il avait enfin un domicile.

Paris livre chaque année à la terre, où tout retourne, 30 000 cadavres. Sur ce nombre, 12 000 sont fournis par les hôpitaux. Plus d'un tiers ! Sur huit hommes qui se rencontrent, trois devront mourir à l'hospice !

Des sentinelles étaient disposées, de distance en

---

1. Hégésippe Moreau (1810-1838), journaliste et poète maudit avant l'heure. Orphelin de père et de mère, décédés tous deux du mal de la tuberculose, lui-même meurt de ce mal à 28 ans à l'hospice de la Charité où Pardigon fait sa convalescence, quelques semaines seulement après qu'il ait commencé à être reconnu, et ce après une vie alternant labeur ennuyeux et bohême miséreuse.

distance, dans toute l'étendue du long parallélogramme qu'occupaient cinquante ou soixante lits.

Ces gardes veillaient, jour et nuit, sur tous nos mouvements. Ils empêchaient que les malades ne se communiquassent leurs craintes ou leurs espérances. Si parfois, inspirée par la fièvre ou arrachée par la douleur, quelque syllabe, quelque parole confuse s'échappait de nos lèvres, nos gardes, dans leur zèle aveugle, criaient : silence ! à des hommes qui ne pouvaient les entendre, ni les comprendre.

Comment peindre l'impression que produisirent d'abord sur nous les soins obligeants, les paroles calmes, les allocutions encourageantes des infirmiers et des hommes de service ? La voix de ces mercenaires nous parut douce et affectueuse, comme celle d'un père, d'une mère, d'une sœur.

Lorsque les jeunes élèves en médecine s'approchèrent de nos lits, faisant les apprêts d'un pansement aussi soigneux et intelligent dans ses détails que salutaire dans ses effets, il nous sembla encore que nous étions protégés par eux, comme par un bouclier invincible, contre les fantômes menaçants que nos imaginations malades ne cessaient d'entrevoir et d'évoquer.

Nous étions incessamment visités par des groupes de gardes nationaux qui, avant de partir pour leurs départements, étaient curieux de voir de près ce que pouvait être un insurgé. Plusieurs fois ils nous donnèrent une pauvre idée de leur bravoure et de leur délicatesse. À leur entrée dans la salle, ils dégainaient hardiment et faisaient sonner le parquet sous les talons de leurs bottes, circulant ainsi le sabre nu.

Ces airs de matamores choquaient tout le monde. Les infirmiers s'en indignèrent, et l'un d'eux eut la hardiesse de faire entendre à ces héros qu'à l'hôpital on a l'habitude de ne voir reluire d'autre acier que celui du chirurgien.

Quelques-uns de nos visiteurs, m'ayant pris, je ne

sais pourquoi, pour un garde national blessé, s'étaient penchés vers mon oreille, et m'avaient fait, en guise de consolation, de secrètes confidences dont l'horreur me révoltait. Si ces récits n'étaient pas dictés par une atroce forfanterie, tout ce dont j'avais été témoin ou victime se trouvait dépassé.

On nous avait d'abord déposés dans la salle Saint-Ferdinand où j'occupais le n° 9 ; quelques jours après, on nous transporta un étage au-dessus, dans la salle Saint-Jean-de-Dieu. Pour éviter désormais toute méprise ou pour faciliter la surveillance, on fixa au lit un écriteau qui portait en grosses lettres bâtardes : *Blessé de juin.*

Notre nouveau local nous était spécialement consacré ; nous n'étions là que des insurgés : je ne veux pas dire que nous étions maltraités, il s'en faut de beaucoup. Généralement, les chirurgiens des divers hôpitaux ont fait preuve d'indépendance et de générosité. La noble réponse de M. Roux, à l'Hôtel-Dieu (le fait est authentique), ne doit pas être oubliée. Comme M. Armand Marrast[1] lui demandait combien on comptait dans les salles de défenseurs de l'ordre et d'insurgés, l'interpellé répondit par ces simples paroles :

– Pardon, monsieur, je ne saurais vous le dire ; je ne connais ici que des blessés et des malades.

Un malheur commun rapproche et unit. Au bout de huit jours nous nous plaignions et nous nous aimions les uns les autres. Notre destinée pourtant n'était pas de rester longtemps ensemble.

Le n° 7 était un jeune homme de dix-neuf ans ; il avait le bras gauche amputé près de l'épaule. D'une humeur gaie et indépendante, ce malheur n'avait pu

---

1. Armand Marrast (1801-1852), directeur de l'un des fleurons de la presse d'opposition libérale sous la monarchie de Juillet, le *National*, il devient en février 1848 membre du gouvernement provisoire, il est ensuite nommé maire de Paris et élu à l'Assemblée. Il s'associe entièrement à la répression menée contre les insurgés.

changer son heureux caractère.

Il nous égayait tous, autant du moins que cela est possible pour des hommes dont les vies et les libertés sont en question. Après avoir été blessé, il avait fui dans une de ces rues tortueuses qui avoisinent le Louvre inachevé. Il frappa inutilement à plusieurs portes, cherchant un asile et des secours.

Une porte enfin s'ouvrit, le jeune homme souleva de sa main droite son bras gauche brisé et pendant, comme une branche d'arbre qui ne tient plus que par l'écorce.

À cette vue, la bonne femme qui l'avait reçu laissa couler des larmes abondantes, et lui prodigua tous les soins empressés, mais insuffisants, que lui conseillait sa belle âme. Le lendemain, le besoin d'un chirurgien étant devenu impérieux, il fut conduit à l'ambulance du Palais-National, d'où il fut dirigé, avec nous, à l'hôpital de la Charité.

Le n° 4 était de nous tous le plus grièvement atteint. Il avait reçu un coup de feu dans le haut de la poitrine ; la balle avait traversé le poumon gauche, elle ne put être retirée qu'après une opération aussi mauvaise que le mal. La blessure fut reconnue mortelle dès l'abord, mais ce sont de ces secrets que les chirurgiens gardent pour eux. Le malade ne devina rien, et quand la crise commença, le délire vint.

J'ai peu connu d'hommes aussi vigoureux que ce blessé. Son corps robuste lutta plus de huit jours contre les envahissements de la mort. Plusieurs fois, sa plaie se rouvrit pour donner passage à un large ruisseau de sang. Il vécut tant qu'il lui en resta quelques gouttes dans les veines, comme une lampe brûle et éclaire jusqu'à ce que la dernière goutte d'huile ait été aspirée par la capillarité de la mèche et consumée dans le foyer.

Dans ces circonstances, on vint nous annoncer que tous ceux qui pourraient supporter le transport allaient être conduits à Saint-Lazare[1].

Le n° 1, le n° 3 (c'était moi), le n° 4, furent seuls épargnés. Ce qu'il y avait d'inconnu dans la nouvelle condition qui allait leur être faite les effrayait. Plusieurs versèrent des pleurs et ne voulurent pas se lever, bien que, peut-être, ils le pussent. Il fallut les emporter. Seul, le n° 7 conserva cette égalité d'humeur qui nous l'avait rendu si cher, et qui lui aura été bien utile à lui-même pour traverser les nouvelles épreuves qui l'attendaient.

C'est ainsi que je restai seul avec le n° 1, car le n° 4 agonisait lentement et douloureusement. Le délire qui l'agitait déjà et qui le menait dans la tombe, pour ainsi dire, les yeux bandés, lui enleva sans doute le sentiment de ses souffrances, et, comme un puissant enchanteur, l'endormit dans la mort.

Il vomissait les flots de sang qui s'épanchaient dans sa poitrine, rejetait ses couvertures, et, dans ses mouvements convulsifs, se soulevait sur sa couche, tout prêt à s'en échapper comme un homme ingambe et vigoureux.

Dans la soirée, sa respiration devint plus brève et plus hâtée, le râle plus bruyant; sa poitrine, qui se soulevait comme celle d'un homme pantelant, rendait un bruit sourd, analogue au clapotement d'un liquide dans un vase clos.

Il me souvient de ses dernières paroles, ainsi que de tous les détails de ce tableau si navrant: *Ma veste! ma veste!* répéta-t-il quelquefois, avec cet instinct du mourant qui étend la main vers ce qu'il possède et qui sent venir le moment où tout va lui échapper. Ensuite, il prononça ces mots dont il serait inutile de rechercher la signification, et qui probablement se rapportaient au dernier rêve qui le berçait encore à cette heure. *Donnez, que je chante! que je chante!*

---

1. Prison parisienne.

L'infirmier se tenait à son chevet, abreuvant sa gorge enflammée avec de l'eau de gomme, surveillant les transports, et suivant d'un œil expérimenté la marche progressive de la mort sur cet être qu'un faible restant de vie semblait vouloir lui disputer.

L'infirmier s'éloigna du lit. Il n'avait plus à empêcher que les derniers tressaillements ne rejetassent le cadavre sur le parquet. La mort était venue. Le pansement glissa comme feuille morte sur un tronc ; un flot de sang noir et corrompu fit éruption.

Le cadavre fut enlevé sans retard ; sa présence corrompait l'air de la salle, et, comme toujours, de la mort s'engendrait la mort.

On fit disparaître également les draps et les alèses maculés. On souleva, l'un après l'autre, les matelas foulés dans les convulsions.

La sœur qui était survenue vers la fin de cette scène, qui avait tiré les rideaux et renfermé le mort dans sa blanche alcôve, qui s'était ensuite agenouillée au pied du lit, tenant dans les mains un scapulaire à tête de mort, et récitant à demi-voix les prières qu'on récite en pareille circonstance ; la sœur, qui avait scrupuleusement accompli ces pieuses cérémonies, avec la candeur d'un croyant, ou l'exactitude, la précision d'une machine, attendant ainsi que les hommes de peine vinssent enlever les restes mortels de celui dont elle recommandait l'âme à Dieu, n'eut pas plutôt vu s'éloigner la boîte fatale qu'elle s'éloigna elle-même et reparut, un moment après, aidée d'une lingère, enleva les draps, comme je l'ai dit, souleva les matelas, et plaça sur l'étroite étagère pratiquée au chevet du lit un réchaud plein d'alcool, donnant une flamme bleuâtre et répandant tout autour une pâle lueur et une odeur spiritueuse.

Lorsque la combustion eut dévoré tout l'alcool que contenait le récipient ; c'est-à-dire, après que la flamme diminuée et vacillante eut parcouru, d'un point à l'autre, l'étroite circonférence, sautillant, s'affaissant, se relevant comme pourchassée par un souffle ennemi – image fidèle de l'agonie de notre infortuné compagnon ! – lorsque, faute d'aliment, une dernière lueur rouge et blanche, rayonnante comme un éclair, se fut séparée de la soucoupe et évanouie dans l'espace, la sœur revint avec ses aides, enveloppa de draps blancs les matelas carrément disposés les uns sur les autres, jeta sur le lit une couverture également fraîche et blanche, habilla de neuf les oreillers soigneusement secoués, chassa avec une large brosse la poussière des rideaux, promena un chiffon sur l'armoire et sur l'étagère, et, ces opérations une fois terminées, le n° 4, éclatant de blancheur, frais et souriant comme le lit d'une jeune fille, était prêt à recevoir un nouveau malade, à absorber ses derniers soupirs, et à renaître au besoin de ses cendres, comme le fabuleux phénix, pour jouer indéfiniment ce rôle où l'homme n'apparaît que comme accessoire, obligé qu'il est de s'identifier avec le numéro du lit qui le reçoit.

Telle est la mission d'un lit d'hospice !

Nous ne pouvions guère, à nous deux, le n° 1 et le n° 5, accaparer une salle entière et rester isolés. Le lendemain matin, nos infirmiers nous prévinrent que nous allions redescendre un étage, et occuper définitivement la salle Sainte-Vierge.

Le n° 1 ne pouvait pas marcher ; il avait eu le bas-ventre ou pour mieux dire l'arcade du pubis effleurée d'une balle, et du même coup la cuisse droite percée d'outre en outre. Le fémur était intact. Un robuste infirmier le prit à bras-le-corps, sans le blesser, en homme fait à la manœuvre, et l'emporta comme un enfant.

J'avais repris quelques forces, après plusieurs jours de prostration complète. J'étais heureux de faire à pied ce petit trajet ; on jeta sur mes épaules une lourde capote gris-vert, au dos de laquelle ressortait le numéro du lit grossièrement brodé avec du fil blanc ; un aide me prêta son bras, et, de cette façon, j'arrivai dans la salle Sainte-Vierge, où je devais attendre d'être dirigé sur les pontons, si je ne parvenais, toutefois, à me faire rendre à la liberté.

Tout le monde ne connaît pas l'intérieur d'un hôpital – et par intérieur je n'entends pas ici l'état administratif de l'établissement, ni les stères de bois qui s'y brûlent, ni les kilogrammes de bœuf qui s'y consomment, ni les hectolitres de tisane qui s'y absorbent ; j'entends parler de l'état moral, de la vie intime, des relations plus ou moins fraternelles de ses pauvres hôtes entre eux. Ce récit, si incomplet qu'il soit, pourra en donner un aperçu à tous ceux qui ont le bonheur de ne pas être mieux renseignés par leur expérience.

J'étais, ai-je dit, en voie de guérison. Les paupières qui, après une plaie contuse à la tête, comme la mienne, s'infiltrent et s'ecchymosent, se dégorgeaient et l'inflammation tombait d'elle-même peu à peu. Les lèvres redevenaient souples et d'épaisseur naturelle, la langue flexible et dégagée, et si les dents n'étaient pas encore raffermies, du moins elles ne suintaient plus le sang par les gencives.

Tous les symptômes alarmants avaient disparu. Le transport au cerveau, qu'on avait regardé comme imminent dès les premiers jours, n'était nullement à craindre. Tout souffrants que nous étions, notre condition était préférable à celle des prisonniers des casemates ; non que je fasse allusion au bien-être matériel – ces considérations n'arrivaient qu'en seconde ligne. Je veux parler des satisfactions d'un ordre supérieur, celles de l'esprit et du cœur.

Nos frères, parqués dans les forts, ne pouvaient qu'avec des difficultés inouïes entrevoir à la hâte des pères, des sœurs, des femmes, des enfants que leur captivité laissait parfois sans ressources ; nous pouvions, nous, chaque jour, serrer la main à tous nos amis, nos proches, nos parents, recueillir de leur bouche des paroles de consolation et d'encouragement, et jouir de tous ces petits soins, de ces petits secours d'une main amie, si doux à rendre et à recevoir, et qui allègent de si grands maux.

Nous avions des livres, des plumes, du papier, de l'encre, et nous lisions les journaux ! En vérité, une pensée me troublait au milieu de ces jouissances, car enfin, parmi ces 12 000 proscrits dont la condition était la même, au fond, nous étions, par le fait, d'heureux privilégiés ; il est vrai que ce privilège était, par chacun de nous, payé comptant, au prix du sang !

Je n'oublierai jamais le jour – j'étais encore à la salle Saint-Jean-de-Dieu – où, à la visite du matin, un étudiant me mit dans les mains un numéro du *Peuple constituant*, encadré d'un large filet noir.

Je jetai sur le journal des yeux avides ; je me demandai de quel nouveau deuil on venait d'arborer le crêpe, comme si je n'avais pas dû me souvenir que la République agonisait sous le sabre !

La plume qui écrivit les *Paroles d'un croyant* saluait en quelques lignes, d'un adieu solennel, les libertés républicaines, ensevelies dans un linceul sanglant, et enterrées, sous quelques poignées de chaux vive, avec des milliers de cadavres, dans la fosse du prolétaire. La voix biblique du Jérémie des temps modernes jetait en frémissant ces paroles éternellement répétées par la bouche de tous les tyrans : *Silence au pauvre*[1] !

---

1. Le 11 juillet 1848, Lamennais annonce dans son journal, le *Peuple constituant*, qu'en raison du rétablissement du « cautionnement » de la presse, son journal est « suspendu forcément ». « Le *Peuple constituant* a commencé avec la république ; il finit avec la république.

Car ce que nous voyons, ce n'est pas, certes, la république, ce n'est même rien qui ait un nom. Il faut aujourd'hui de l'or, beaucoup d'or pour jouir du droit de parler : nous ne sommes pas assez riches. Silence aux pauvres ! »

Ce fut le premier éclair qui illumina les ténèbres amoncelées par le vent de la calomnie et le souffle d'aveugles haines sur les insurgés de juin!

Le n° 42 n'était autre que le fou du Palais-National, le blessé du poste du Carrousel, dont j'étais enfin rapproché pour toujours, à savoir jusqu'à son heure dernière.

C'était un homme de petite taille, au teint brun, aux traits saillants, aux sourcils épais, à la barbe noire, abondante et inculte depuis sa captivité. Il était d'humeur taciturne, car il ne parlait pas plus à sa femme et à sa sœur qui venaient chaque jour, à l'heure de la visite, lui apporter le journal et renouveler ses petites provisions, qu'il ne nous parlait à nous-mêmes. Je ne sais si c'était un effet de la maladie, ou une manière d'être inhérente à sa nature. Architecte de profession, son éducation n'était pas négligée. Il consacrait beaucoup de temps à la lecture, et pas une minute à la conversation; il ne desserrait les dents que pour se plaindre ou pour se faire servir.

Le 41, au contraire (l'ex-n° 1 de la salle Saint-Jean-de-Dieu), causait volontiers et longtemps. C'était un Breton; il en avait les défauts et les qualités: difficile à manier, au point d'avoir du grabuge avec son panseur, d'un caractère assez loyal pour ne s'en aliéner ni l'affection ni l'estime.

Il avait du courage moral, mais il n'endurait pas aussi stoïquement que je l'aurais cru d'abord la douleur physique. Quelques coups de bistouri que nécessita le traitement de sa blessure lui arrachèrent des cris perçants semblables à ceux d'une femme. Il était d'un tempérament nerveux, et calmait ses douleurs en fumant beaucoup.

Indépendamment de son esprit naturel, qui était assez piquant, il avait acquis une certaine instruction qui rendait ses entretiens plus agréables. Il avait été, si je ne me trompe, agent voyer, ou tâcheron dans les chemins de fer.

L'affluence des blessés de juin avait expulsé de leurs lits des hommes atteints de maladies chroniques, de sorte qu'il avait fallu disposer en supplément des lits improvisés qui formaient, après les numéros types, des *bis* et des *ter*.

Le 40 *bis* était un jeune homme de 13 ans, convalescent du reste et sur le point de sortir. Actif, laborieux, serviable, il était bien vu de nous tous. Il se plaisait beaucoup à lire, peu scrupuleux en matière de littérature, et nous faisait ensuite le récit naïf de ses historiettes. Ceux qui ne connaissent pas les longs ennuis et les lentes douleurs d'un homme alité se figureront difficilement quel charme nous éprouvions à l'écouter. Il calligraphiait de petites étiquettes pour la *mère*, ce qui le mettait dans ses bonnes grâces, et pouvait lui rapporter, outre la maigre aubaine de quelques tapes sur la joue, un demi-doigt de lait ou de vin de plus dans la distribution quotidienne.

La *mère*, on le sait, est celle qui gouverne la pitance et la boisson; c'est elle qui, malgré l'ordonnance du docteur et la surveillance de l'interne, saura vous affamer un convalescent bien rationné, si elle le voit d'un mauvais œil, et affliger d'une indigestion un pauvre malade à la diète, si elle lui *veut du bien*.

Ces femmes aiment à gouvernailler; elles aiment les natures obséquieuses et souples, les câlins et les dévots. Elles flairent un bon malade pour lui décocher l'aumônier, et sont en guerre ouverte avec l'étudiant qui l'écarte. Généralement, un aumônier n'a rien de plus gai à conter à un égrotant qu'on travaille à guérir avec toutes les peines du monde que de se préparer à la mort, etc. L'esprit du malade est frappé, il a moins de confiance dans les soins qu'on lui donne, ou il la perd tout à fait; il prend comme à regret ce qui peut le sauver, les symptômes s'aggravent, le moral s'en va, et l'élève, qui au pansement du matin ne retrouve plus le même homme de la veille, se dit : « L'abbé a passé par là. » Rarement, il se trompe.

Le 40 *bis* était un homme jeune encore, maigrelet, pâle et débile comme un malade alité depuis tantôt une vingtaine de mois, et ayant devant lui en perspective un laps de temps non moins considérable à passer dans les draps, et cela pour une tumeur au genou. Bien plus entravé dans ses mouvements que s'il avait eu la jambe amputée, cette immobilité forcée le faisait souvent rentrer en lui-même. Alors, tout en branlant la tête et en fixant sur sa rotule, sous les cent plis d'une longue bande, un chaud cataplasme de farine de lin, il se demandait à demi-voix si ce n'était pas là, comme on dit vulgairement, *un emplâtre sur une jambe de bois*, et si, partant de ce principe, il ne vaudrait pas mieux remplacer au plus tôt ce membre parasite, lourd fardeau de chair et d'os, par un appendice en bois de chêne.

Sauf la teinte un peu sombre et l'humeur légèrement morose dont la maladie, en le minant, avait empreint son caractère, son esprit était mûr, observateur et railleur.

Il avait vu passer les blessés de février, choyés et fêtés, mais qu'il avait trouvés, lui, un peu exigeants et glorieux. Il était, au reste, d'une opinion peu avancée, et de divers caractères de son modérantisme républicain, j'ai conclu qu'il était orléaniste.

Au bout de quinze jours, nous étions connus et familiers les uns aux autres comme, en temps ordinaire, après une longue fréquentation.

Chacun à son tour pour *tuer le temps*, dut raconter une part de ses aventures. Le narrateur se renfermait alors dans une discrète réserve, au point de vue de l'action et de la politique, non je suppose par défiance envers ses compagnons d'infortune, mais en considération de certaines oreilles qui peuvent écouter partout, bien que nous fussions entre nous, et

que, débarrassés des gardes nationaux, on ne nous
eût pas encore fait surveiller par un gardien de Paris.

XI. La salle Sainte-Vierge

Un blessé napoléonien. – L'infirmier. – Le n°39. – Le n°44. – Jours des grandes visites. – Esprit de la salle et des visiteurs. – Un soldat de la ligne décoré. – Un garde national décoré. – Fausse manœuvre du garde national. – Mesures de précaution prises par le directeur contre les convalescents. – Mort du n°42. – Ma mise en liberté. – Le 13 juin et le 24 juin. – Deux articles du programme de la révolution future: droit au travail, solidarité des peuples.

Nous ne quitterons pas cette bonne et hospitalière salle sans dire un dernier mot de ses hôtes. Il y en avait de différents caractères. Les uns appartenaient ou passaient pour avoir appartenu à l'insurrection, c'était nous. Les autres, au contraire, étaient des gardes nationaux, des soldats de la ligne, des gardes républicains blessés de l'autre côté des barricades. Une troisième catégorie comprenait, comme on l'a vu, les malades ordinaires de l'hospice.

J'occupais le n°38; mon voisin de droite, le 37, était un Auvergnat, jeune homme de 25 ans, remarquable pour la douceur de son caractère et une grande fermeté dans les souffrances, nullement ostentatoire.

Il avait reçu une balle dans le pied gauche, entre le cou-de-pied et la naissance des orteils. Le projectile restait au milieu des os fracturés.

Rien de moins républicain que ce pauvre garçon.

Mais, par exemple, il aimait *Napouléoun*. Que de fois m'en parla-t-il avec une confiante illusion et un certain enthousiasme vraiment dignes d'un meilleur objet ! C'était un insurgé bonapartiste.

Il n'était pas sournois, mais parlait peu, et dans ce cas presque exclusivement avec moi. Lorsque son pied lui accordait quelque trêve, il s'abandonnait à un petit chantonnement monotone, strident, exécuté la bouche fermée, et figurant le bourdonnement du taon dans une chambre close. On ne lui permettait pas toujours cette innocente distraction. C'était suffisant pour mettre en insurrection la moitié de la salle. Dans le calme plat de ces jours uniformes, on profitait de la moindre occasion pour créer un incident.

Pour cette raison, l'infirmier nous était infiniment précieux. Nous lui devons tous une large dose de reconnaissance pour les fous rires qu'il nous a parfois valus ; car on rit à l'hospice, même quand les pontons ou, qui pis est, les salles de dissection vous attendent.

Henri (c'est le nom de l'infirmier) était un ancien soldat d'Afrique, nullement dépourvu d'originalité ni de bon cœur, ce qui vaut mieux. Il avait le front chauve, bien qu'à peine d'un âge mûr, et, nouveau Caton, il apprenait à lire dans un livre de messe que la *mère* lui avait fourni. Ce n'était pour lui qu'une manière de tuer le temps. Pendant deux mois que je l'ai vu, je n'ai pas constaté l'ombre d'un progrès.

Il cirait le parquet deux fois par jour. À intervalles réglés, il s'arrêtait pour prendre haleine, le pied sur la brosse et les mains sur le balai. C'est alors qu'il essayait d'amuser tout le monde, aux dépens de quelques-uns. L'Auvergnat n'était pas épargné. On lui ouvrait sur Madagascar (on parlait alors de déportation) une perspective aussi lointaine que désagréable. L'effet était produit lorsqu'on lui avait arraché quelques naïves exclamations auvergnates comme chacun en connaît.

Un mois durant, nous nous sommes égayés avec cette idée de déportation. Il n'y a pas de pays au monde dans lequel nous n'ayons voyagé, sans sortir de nos draps ; pas de coq-à-l'âne que nous n'ayons fait à ce sujet. On ne se donnait plus de rendez-vous qu'en Cochinchine ou au cap de Bonne-Espérance.

Cette insouciance et ce parti pris, moitié réels, moitié feints, sont caractéristiques de notre peuple.

Le 59 avait un coup de baïonnette dans l'œil, et, sous le sein gauche, un coup de feu qui, en l'effleurant, lui avait dénudé plusieurs côtes. Si la barbe faisait le socialiste, il n'y en eût pas eu au-dessus de lui. Le fait est qu'il n'était rien, si ce n'est une faible tête qui perdit tout son lest dans ces terribles journées, et qui, je crois, ne s'est jamais remise d'un pareil coup.

Il sortait des caves de l'Hôtel de Ville. Ils y avaient eu de l'eau jusqu'à la ceinture, sans préjudice de toutes les autres tortures que nous avions endurées dans le caveau des Tuileries.

Il fut apporté à l'hospice dans un complet délire, criant de réjouissantes extravagances ou d'épouvantables propos. La fièvre et la barbe aidant, il se fit dans l'hospice une réputation terrible qui le rendit pendant huit jours l'objet de la curiosité générale. C'est à lui qu'il faut attribuer ce mot d'un anthropophage ou d'un dilettante :

– Je demande des côtelettes de garde national ! Qu'on me serve des côtelettes de garde national !

Les élèves essayèrent, sur cette donnée, d'une foule d'observations physiologiques et phrénologiques, auxquelles le bonhomme répondit en faisant couper sa barbe.

Marchand de lacets dans la banlieue, aussi ignorant que le sont les paysans des environs de Paris, les plus ignorants et les plus madrés de tous, il en avait de moins la finesse, mais il possédait un insatiable goût de bavardage. Qu'il parlât ou qu'on lui parlât, ce lui était indifférent : il fallait parler. Le 41 et le 40 *bis*, qui s'amusaient de sa crédulité, lui débitaient à loisir des contes à dormir debout, dont le dénoûment était une mystification pour le naïf auditeur. Il ne s'en rebutait ni ne s'en fâchait.

Le 44 était une plus belle, une plus riche nature. C'est un de ceux qui ont gardé le plus complet silence, la réserve la plus sévère. Il avait été atteint d'une balle dans le genou de la façon la plus meurtrière. L'articulation brisée, la rotule déplacée, le tibia endommagé, et par suite de la fracture du genou, le fémur déjeté, telles en étaient les conséquences. Il avait reçu cette blessure dans la rue Mouffetard, et il était peintre en bâtiments.

Dès les premiers jours, l'amputation parut imminente ; on lui en parla. Il déclara vouloir garder sa jambe à tous risques et périls. Ce qu'il lui fallut de force d'âme pour persévérer dans cette résolution, tant ses douleurs furent atroces, son état, voisin de l'agonie, nul ne saurait l'exprimer. Et encore n'avait-il, pour le soutenir, d'autre espoir que de conserver une jambe soudée, ossifiée, tout d'une pièce.

Ses traits étaient beaux et d'une noble expression ; son front grand, d'une pureté de dessin rare ; son nez presque aquilin ; sa lèvre garnie d'une épaisse moustache, et le menton d'un bouquet de poils en forme de *royale*. Il se faisait raser très exactement. Quand une pâleur bleuâtre et une maigreur extrême eurent altéré cette figure, elle n'en fut que plus idéalisée.

À le voir ainsi, comme un marbre froid, couché sur le même flanc, la tête collée contre la même joue et légèrement rejetée en arrière, les yeux entr'ouverts, et seuls signifiant encore la vie et la pensée, on eût dit une belle et poignante personnification de la douleur de l'homme.

Tous les jours, à midi, ce tableau se complétait par la présence de sa femme, jeune fille du peuple et digne d'un tel mari. Chaque fois, elle apportait un frais bouquet d'œillets rouges. Les fleurs sont aimées du blessé qu'une lésion organique retient dans son lit, et dont la tête est restée libre, le cœur chaleureux. Elles remplacent pour lui l'air, le soleil, le mouvement, la nature absente.

Le dimanche et le jeudi, jours des grandes visites, la salle prenait un air de fête. Chaque lit se parait de fleurs nouvelles et se garnissait de visiteurs sympathiques. Il y avait moins de bruit que dans nos heures de solitude où perçaient des éclats de voix, mais un murmure, un bruissement confus, décelaient la présence d'un monde nouveau, consolateur et ami.

Les parents, les amis, en passant le seuil, prenaient quelque chose des douleurs aiguës du malade, et le malade partageait à son tour les tourments de leur anxieuse sollicitude. Deux éléments disjoints se rapprochaient, se comprenaient, et ne formaient plus qu'un seul être, dans lequel se réunissaient les souffrances de la chair et les déchirements du cœur.

Rien de chargé dans cette peinture. Notre laisser-aller et notre stoïcisme nous étaient un sentiment égoïste, un bouclier personnel, qui tombaient devant la douleur d'un ami, d'une mère, d'une femme, d'un fils, et ne nous aveuglaient pas plus sur nos devoirs que sur notre situation.

Il faut que le lecteur se reporte à cette époque. L'idée de ces mauvais jours va s'affaiblissant, parce que de jour en jour le passé recule, et que tout s'use dans la société, même l'*état de siège* et ses sombres attributs : les conseils de guerre, les casemates, les nocturnes convois pour le Havre, les arrêts sans appel des commissions militaires, les flancs cuivrés des pontons, tout, jusqu'au tranchant du sabre dont la victoire a jeté loin le fourreau.

Dans le centre de la salle dont nous occupions une extrémité, et dans laquelle nous formions une sorte d'extrême gauche, se trouvaient divers blessés qui n'attendaient que leur guérison.

L'un d'eux était un grenadier de la ligne, atteint d'une balle au-dessus du genou, dans le faubourg du Temple. Cet homme, dont je n'ai pas oublié le nom à cause de son fameux homonyme – il s'appelait Thiers – lequel a déjà vu passer pas mal de révolutions sans en remporter la moindre égratignure, cet homme, dis-je, ne nourrissait contre les insurgés aucune prévention, aucun ressentiment. Il jugeait simplement qu'ils avaient été dans leur rôle et lui dans le sien, tous également à bon droit.

La croix lui avait été promise, elle lui fut donnée. Je ne vis pas trace en lui du moindre chauvinisme. Tout cela me surprit beaucoup. Il reçut la visite de son colonel. Un grenadier, de son colonel ! C'est bien plus que du général, car les rapports sont plus étroits. Pour le soldat, cela va droit au cœur. Aussi fut-il triplement heureux ! orgueilleux ? changé ? *peu ni prou*. C'était une bonne nature.

Une de ses grandes préoccupations était de savoir où était passé son uniforme. Cette grave question en primait beaucoup d'autres dans son esprit. Il prouvait, comme deux et deux font quatre, que l'intendance était bien capable de prélever sur sa masse le montant d'un nouvel uniforme, comme si ce n'était pas malgré lui qu'on l'avait déshabillé ?

C'est là, soit dit en passant, un des effets de l'esprit d'administration, d'ordre, de série, de discipline pointilleuse et procédurière qui ont fini par subalterniser le moral du soldat, lequel, s'il n'est en campagne, se spécialise dans les casernes, devenant de moins en moins *homme*, de plus en plus *chose*.

Le n° 27, un blessé de la garde nationale, reçut aussi la croix de la Légion d'honneur. Cette distinction, si amoindrie qu'elle soit à cette heure, se trouvait fort au-dessus de son infime médiocrité. Il en était écrasé. Je n'ai pas choisi mon type, mais il ne pouvait m'en tomber sous la main un plus propre à s'accorder avec mes préventions.

C'était un garçon de 28 ans, mince, maigre et sec. Il n'était pas laid, mais sa figure et son air déplaisaient. Des traits tirés, un œil fatigant, toujours levé, les commissures des lèvres un peu plissées, la bouche pincée, la physionomie allongée dans son ensemble, un mélange de ton rogue et de voix métallique sur une note aiguë : tel était l'homme.

Il abusait de sa position, posait en maître, et nous étourdissait de son timbre éclatant. Ce brave avait toute l'allure d'un hâbleur à qui une bonne fortune avait poussé dans le gras de la cuisse une balle peu dangereuse.

Il espéra recruter le grenadier. Le grenadier lui demanda la permission de continuer sa partie de domino qu'il jouait, d'ordinaire, avec un mécanicien anglais amputé au poignet.

Dès qu'il put marcher, il s'approcha de notre zone d'un pas inégal et visiblement affecté ; il nous passa comme en revue, nous interrogeant d'un air qu'il croyait supérieur et qui n'était que ridicule, ou bien, il nous parlait avec un sans-gêne, une familiarité que nous repoussions. Il n'en fallait certes pas tant pour réveiller le chat qui dort ! Il trouva maille à partir avec le 41, le vert Breton. Pour ma part, je m'en serais longtemps voulu si je ne lui avais pas dit ce que je pensais, et de ses pareils, et de lui. Notre fanfaron cria beaucoup, d'autant plus qu'il était surpris et dérouté ; mais il ne revint pas à la charge.

Les commissions militaires fonctionnaient. Les journaux nous apportaient chaque jour la longue nomenclature des transportés. On n'avait pas encore statué sur nous. Si ma blessure a failli me coûter la vie, elle m'a valu la liberté ; car ce qui m'eût été impossible dans les casemates me fut facile à l'hospice. Je m'étayai sur le dévouement de quelques amis et sur les bonnes intentions de quelques représentants de la gauche qui intervinrent avant une plus ample instruction. Il convenait de se hâter. Si on avait le temps de rapprocher les faits qui m'étaient imputés, de mes petits faits et gestes depuis février – délégué du Comité révolutionnaire dans mon département, président de club à Paris, signataire de l'affiche électorale des onze candidats socialistes de juin – je me tenais pour perdu.

Depuis quelques semaines que nous étions convalescents, le directeur de l'hospice, pour sauvegarder sa responsabilité en cas d'évasion, avait requis l'emploi d'un gardien de Paris. La surveillance s'exerçait de jour et de nuit. C'étaient de fort bons républicains qui se comportèrent très honorablement. Ma blessure étant à la tête, je fus un des premiers à pouvoir me promener dans la salle, ce que le 41, qui en avait pour plusieurs mois de lit sans relâche, appelait déjà « courir comme un cerf ». Le directeur partageait évidemment son avis. Le gardien ne me cacha point que je lui étais recommandé, et me pria de l'avertir quand je voudrais descendre dans le jardin, afin qu'il pût m'accompagner. Son procédé ne manquait pas de courtoisie, ni celui du directeur d'une certaine défiance à mon endroit qui n'était pas sans fondement. Je rêvais en effet au moyen de me donner cette liberté qu'on s'empressait peu de me rendre, car nous touchions à la fin d'août, et j'avais à craindre qu'on ne m'envoyât aux forts comme convalescent.

C'est à ce moment que nous perdîmes le 42, dont nous ne croyions pas la mort si prochaine. La nuit du 27 au 28 lui fut une nuit cruelle. Nous la veillâmes avec lui, tant ses plaintes furent déchirantes. Au point du jour, la crise redouble. À la crise succède le calme. Vers huit heures du matin, il demande à boire, et puis

à manger. Une lingère lui fait avaler quelques cuille-
rées de potage. Tout à coup, il s'arrête, et regarde le
41 :

– Eh ! lui dit-il, retenez donc votre chapeau, il va
tomber. Tenez, il tombe.

De chapeau, il n'y en avait pas l'ombre. Le 41 cherchait le sens de cette hallucination dont le malade
n'avait pas encore donné d'exemple, lorsque nous
vîmes la bonne retirer vivement le bras, en jetant un
cri. Le 42 venait d'expirer sans convulsions. Seulement, par deux fois, il abaissa et releva avec force la
mâchoire inférieure, la bouche ouverte dans toute sa
grandeur. C'est de ce mouvement, semblable à celui
d'un animal qui va mordre, que la fille de service
avait été effrayée.

Une demi-heure après, un homme vint fixer au pied
de son lit un petit carré de papier blanc constatant
l'identité du décédé et l'heure du décès. C'est le passe-
port du cadavre.

Puis on fit la toilette du lit, puis encore, selon l'habitude, à midi vinrent la femme et la sœur du tré-
passé. Pauvres femmes ! elles s'étonnèrent
grandement de voir le lit vide et proprement refait :
elles soupçonnaient si peu la vérité !

Nous ne voulûmes rien leur dire, et nous les ren-
voyâmes au directeur. Elles s'éloignèrent sans qu'elles
parussent avoir deviné ; elles n'étaient pas au bout
de la salle que nous entendîmes deux sanglots. Elles
s'arrêtèrent en portant leurs mains vers la figure,
puis précipitèrent leurs pas. Elles ne retournèrent
point la tête.

Ceci se passait le 28. Le 29 août, jour pour jour deux
mois après mon entrée dans l'hospice, je reçus l'avis
que j'étais libre.

Ô grand médecin des opprimés, soleil de la liberté !
Dès ce jour je ne demandai plus de remède qu'à tes
rayons.

Et vous, compagnons d'infortune, phalange maudite dont j'ai quitté les rangs et non point déserté le drapeau, moins heureux l'année suivante, nous nous expatriâmes pour éviter Belle-Isle, sans qu'il nous ait été donné, au 13 juin, de sceller de notre sang le principe de la *solidarité des peuples*!

Mais n'importe, des devoirs sont créés à la révolution future, et par le 24 juin 1848, et par le 13 juin 1849. C'est la question sociale, à l'intérieur ; c'est la question politique, à l'extérieur ; ce sont les deux bouts par lesquels la Révolution dévidera son écheveau.

Point d'ambages, deux dates : juin 48 ! juin 49 !

Quand le drapeau rouge sera arboré, il ne lui sera point reproché d'avoir marché contre des frères en république, car il s'est levé contre le drapeau tricolore, et, pur de toute tache, pour l'affranchissement universel, il pourra faire le tour du monde.

Que les républicains italiens se souviennent que le parti, irresponsable des faits accomplis, a protesté en leur nom ; que le principe violé en eux a été sanctionné, à défaut du sang versé, par soixante et dix condamnations, trente détenus, quarante réfugiés ; que les divers éléments révolutionnaires ont fourni leur contingent : comités socialistes, représentation nationale, presse, garde nationale. Que n'a-t-on répété plus souvent que le 13 juin était dans les devoirs de la démocratie française ! Pourquoi affecter de vouloir jeter dans l'oubli un avorton de révolution, en disant : N'en parlons plus ?

Serait-ce parce que, à l'Assemblée, on n'a pas osé se souvenir de cet *appel aux armes*, une des plus belles paroles qui ont honoré cette pauvre tribune de la Législative, si richement pourvue d'opprobre et de défaillance ? Serait-ce parce que la presse libre et forte était restée sur le carreau, avec ses rédacteurs et son matériel ?

Et maintenant, pourquoi le peuple, dont la mémoire fidèle chante un hymne perpétuel au peuple polonais, et qui a mis sa première assemblée en déroute au cri de : Vive la Pologne ! pourquoi ce peuple, à propos de l'Italie, a-t-il laissé quelques milliers d'hommes s'évertuer à souffler l'insurrection, succomber dans leur isolement, et ne s'est-il pas levé, innombrable, avec ce bourdonnement qui tient la ville, avec cette affluence qui semble faire pousser un homme entre chaque paire de pavés, avec cet ébranlement indéfinissable qui trouble le soldat lui-même, et fait dire à tout le monde : une révolution est là ?

Pourquoi ?

Parce qu'il est une parole déjà vieille dans la tradition révolutionnaire, et pas encore apprise par la génération moderne :

Disons à l'Europe que si les cabinets engagent les rois dans une guerre contre les peuples, nous engagerons les peuples dans une guerre contre les rois ;

Parce que, d'un autre côté, ce sont les Cosaques qui ont eu raison des lanciers polonais, et que ce sont les chasseurs de Vincennes qui visaient les tirailleurs de Garibaldi ; parce que c'est le dôme des Invalides qui rendait visite à la coupole de Saint-Pierre du Vatican, et que ce sont les tours du Kremlin qui sont venues s'implanter sur les tours de Varsovie ; parce qu'en un mot, c'est le drapeau russe qui avait passé la Vistule, et le drapeau français qui flottait sur les bords du Tibre !

Chauvinisme.

Ne cherchons point de raisons subsidiaires, voilà la déterminante. Et la preuve, c'est qu'aujourd'hui, Rome républicaine, ramenée sous le joug du pape, ne compte point, dans la légende du prolétaire, comme le vieux souvenir des insurrections à peine libérales de la Pologne de 1830.

Et pourtant, ô sœur cadette de la République française ! il nous est doux d'être tombés avec toi dans la même poussière… cette poussière féconde dont la révolution pétrit des milliers de vengeurs !

FIN

Salut et fraternité
Vive la république.

Annexes

I. 30 juin 1848. Lettre de soutien signée par trois représentants du peuple

(marquis de Sauvaire-Barthélémy, Louis Astouin,
Gustave de Laboulie)
Arch. min. Guerre, A n° 9287.

Citoyen Directeur,

Le nommé Pardigon arrêté vendredi qui a été blessé à la suite d'une tentative d'évasion n'a pris aucune part à l'insurrection qui vient d'ensanglanter Paris. La plus forte curiosité et la plus blâmable étourderie ont toutes seules causé son arrestation et la blessure, mais il n'est coupable d'aucune participation avec l'émeute, nous en avons la certitude. Ce jeune-homme appartient à une fort honnête famille de Salon, petite ville du département que nous avons l'honneur de représenter à l'Assemblée nationale et nous croyons remplir un devoir en vous le recommandant et vous prions de vouloir bien user de toute votre influence pour le faire mettre en liberté, aussitôt que sa blessure le permettra.

II. 2 juillet 1848. Lettre de moralité d'un ami du père de Pardigon

E. Jauffret, sous-chef à la préfecture de police
Arch. min. Guerre, A n° 9287.

M. Pardigon m'a été adressé à son arrivée par son père qui avait épousé en premières noces une de mes tantes. C'est un jeune-homme intelligent, dont les études ont été bonnes, et qui a la réputation d'aimer le travail. Chaque fois que j'ai eu l'occasion de lui parler de son avenir, il m'a fait comprendre qu'il ne devait faire sa carrière que par lui-même, c'est-à-dire par son application et la persévérance dans le travail. Deux fois seulement j'ai eu à intervenir pour justifier son absence aux classes. Je n'ai jamais appris que sa moralité ait souffert quelque atteinte.

Quant à ses opinions politiques, je crois avoir remarqué un certain feu qui appartient plus à la jeunesse qu'a de mauvaises passions.

Une seule fois, depuis le 24 février, j'ai causé politique avec lui. Je lui ai parlé le langage de la raison. C'était à l'époque des Élections. Je lui disais que la République était un fait accompli, qu'il fallait la faire passer dans tous les esprits par la raison et l'influence des idées, et non l'imposer par la violence et la terreur. Je dois dire que M. Pardigon partageait mes convictions.

Voilà ce que j'atteste sur l'honneur.

III. 13 juillet 1848. Déposition de Pardigon auprès de Pierre Achille Marin, suppléant du juge de paix du Xᵉ arrondissement de Paris.
Arch. min. Guerre, A n° 9287.

« A répondu être Pardigol, François, âgé de 21 ans, étudiant né à Salons (B du R), demeurant à Paris, rue Royer-Collard 12.

Demande : où est-ce que vous avez été blessé ?

Réponse : Dans la nuit du 26 au 27 juin, sur la place du Carrousel.

D : Quand et pourquoi avez-vous été arrêté ?

R : Le vendredi 23, vers 10 h du soir, je descendais la rue Saint-Jacques {poussé par la curiosité}, et je voulais traverser une barricade qui la barrait près la rue des Grès. Voyant une sentinelle, je crus que c'était un insurgé, parce qu'il n'avait pas d'uniforme apparent. Je lui demandais le mot d'ordre s'il y en avait, afin de pouvoir ensuite revenir chez moi. Mais c'était un garde républicain, qui s'est mépris sur le but de ma question ; il m'a arrêté puis conduit au poste de la caserne des Grès, on m'a fouillé, et on n'a trouvé sur moi ni armes ni munitions. De là j'ai été conduit à la caserne de rue de Tournon, où l'on m'a confondu avec des insurgés pris les armes à la main. Ensuite, on est allé chez moi faire perquisition ; on y a trouvé que mon fusil de garde national qui était intact.

Après lecture l'inculpé a signé avec nous. »

IV. 4 mai 1849. Lettre inédite de Louis Marle fils à Pardigon
Pièce extraite du scellé Pardigon, Arch.nat., W 577.

Paris, 4 Mai 1849

Citoyen Pardigon,
Ce n'est point une lettre d'adulation que je vous écris, c'est tout simple-

ment pour féliciter la courageuse énergie que vous montrez en osant publier les cruels forfaits commis par la contre-Révolution en Juin ; oui, vous venez de compléter le travail ébauché par le cit. Meynard [*sic*], car lui il n'avait que cité des faits généraux, tandis que vous, vous avez dévoilé dans les plus minces détails les raffinements de cruautés inventés par nos bourreaux communs, car celui qui vous écrit a eu aussi à souffrir sa portion de tortures, il a été comme vous traîné de prison en prison de caves en caves, il a aussi été blessé moralement et physiquement.

Depuis longtemps je m'indignais de nous qu'il n'y ait pas un journaliste qui ose affronter le danger en publiant les crimes commis dans les lugubres journées de Juin – aujourd'hui, je me réjouis, je vois en vous ce que je cherchais, je vois en vous le jeune et intrépide républicain qui préfère braver les fureurs du parquet que de laisser sous silence ces machinations encore inconnues, courage citoyen, que votre infatigable zèle ne se refroidisse pas à la vue de la persécution, à la vue de l'attirail supplicier du triumvirat de conjurés – Barrot, Rouher, Falloux, car si vous succombez, d'autres vous remplaceront et la lumière délivrera les ténèbres – mieux encore la postérité saura venger tôt ou tard ceux qui se seront sacrifiés au profit de cette honorables cause.

Celui qui vous écrit ne vous connait pas, seulement il vous a vu quelquefois défendre la cause de la Révolution dans certains Clubs, particulièrement dans celui de l'Union – il vous a quelquefois serré la main lorsque vous descendiez de la tribune en signe d'encouragement car il faut bien l'avouer à cette époque la majorité n'était pas toujours du côté du droit et de la justice que vous défendiez avec tant d'acharnement – et dans cette hypothèse – le serrement de main d'un ami politique était un encouragement à la lutte.

Je termine en vous demandant pardon de la liberté qu'un prolétaire prend de vous écrire. Mais qu'importe on peut toujours rendre hommage à la vérité et à l'énergie.

Salut fraternel, Louis Marle fils, Rue de la Lune 33. »

V. 4 août 1849. Cabinet du préfet de police, Paris
Renseignements sur les 25 membres de la commission des 25
Arch. nat., W 585.

« Pardigon François, Claude, né à Salon (Bouches du Rhône) demeurant rue Royer-Collard 14. Délégué du XIe arrondissement au Comité socialiste, et membre de la commission des 25.

Dans une réunion électorale qui a eu lieu le 9 octobre 1848, rue d'Erfurth 1, Pardigon a fait sa profession de foi en ces termes : "J'étais derrière les barricades en Juin ; j'y ai été blessé, mais ma santé est rétablie et je ne suis point découragé".

Cet avis du reste coïncide avec un avis anonyme parvenu à la Préfecture de police qui signalait Pardigon comme un des principaux instigateurs de l'insurrection en juin 1848, habitué du club de *l'Union* et du *2 Mars*, et faisant partie du club de la rue Albouy (club des Droits de l'homme).

Il a été signalé en février 1849 comme entretenant des relations avec le maire de Cette[1], au moment où il a éclaté dans cette ville des troubles auxquels ce fonctionnaire n'était pas étranger.

Pardigon a écrit dans le journal *la République*, c'est un clubiste ardent et l'un des meneurs du parti anarchique.

Le 10 et le 11, il a couché chez lui. Le 12 il est rentré à son domicile, y a passé quelques instants, puis est monté en cabriolet. On n'a pu savoir où il est allé, mais on présume qu'il s'est rendu au siège des séances du comité central socialiste.

Ancien combattant de juin 1848, et ayant eu la mâchoire et le visage labourés par une balle, il fut renfermé avec ceux des insurgés que l'on prit les armes à la main, dans le caveau de la Terrasse des bords de l'eau. Il parvient à s'échapper. Il a publié en feuilletons signés de lui, dans *le Peuple* ou *la Vraie République*, l'histoire des journées de Juin et la relation de ses propres aventures.

Ses précédents, sa profonde blessure en plein visage, parlaient à l'imagination du Comité, il n'était pas sans influence et sans autorité, il prenait rarement la parole et se piquait de laconisme.

Il est vrai de dire qu'il ne pensait pas que le peuple fût prêt à prendre les armes ; en général, ses conclusions à ce sujet étaient celles-ci : en principe, l'insurrection est un devoir, mais il faut qu'elle soit opportune pour pouvoir aboutir ; or, et, et…

Il était fort partisan des choses et des sociétés secrètes, des menées mystérieuses et des conspirations à huis-clos.

Sa valeur littéraire ou politique est nulle. En mai, et lorsqu'il fut question d'organiser dans le sein du comité une commission secrète composée de 3 membres, chargée de parer à toutes les éventualités dans le cas de la dispersion du Comité, Pardigon fut désigné par l'élection un des triumvirs (expression que le comité adopta au grand déplaisir de Pardigon). »

---

1. Jusque dans les années 1930, l'actuelle ville de Sète est très fréquemment orthographiée « Cette ».

VI. 9 juillet 1858. Lettre de Ledru-Rollin à Georges N. Sanders, consul des États-Unis à Londres

Citée par Alvin R. Calman dans *Ledru-Rollin après 1848 et les proscrits français en Angleterre*, F. Rieders Cie Editeurs, 1921, p. 108-109.

My dear Sir.

I beg leave to recommend to you one of our best and most ancient companions of exile : Citizen Pardigon. He has been for a long time secretary of *La Société des Proscrits*. The duration of our exile has suggested to hid the idea of going to your wide and free New World in search of fortune. He is young, active, very intelligent, and thoroughly honest, worthy, in a word, to succeed, and sure to do so provided be somewhat patronized. Allow me to impress you wil the feeling that my recommendation is not a commonplace one, but of the most particular kind. I beg you therefore to do for him as I would do, were you to address some one warmly to me...

VII. 21 août 1859. Lettre inédite de Pardigon à Ledru-Rollin

BHVP, Papiers Ledru-Rollin, ms. 2016, Fol 205-206.

Richmond
Virginie
United States, Box 655

Cher citoyen Ledru Rollin,

Il vaut mieux tard que jamais, et mettant de côté toute fausse honte, je reconnais que ce n'est pas au bout de 14 mois que j'aurais dû vous écrire. Non point que j'attache à mes lettres plus d'importance qu'elles n'en ont, et que je suppose que vous ayez été très impatient d'en recevoir aucune de moi, mais parce que mon long silence ressemble beaucoup à un manque d'égards, presque même à de l'ingratitude envers un homme dont je n'ai qu'à me louer. Je n'ai point oublié la bonté avec laquelle vous m'avez donné une lettre pour votre ami George N. Sanders. Mr Sanders m'a très bien reçu et m'a à son tour recommandé à des amis en Virginie, où je me suis rendu. Je suis arrivé à New York en 58 au commencement de septembre, c'était déjà trop tard pour les écoles. Je suis allé en Virginie au milieu d'octobre, après un voyage à Philadelphie où j'ai été effrayé par les quakers, et craignant d'être enseveli vivant parmi ces morts déterrés, j'ai fui ; mais peut-être ai-je eu tort au point de vue de mes intérêts matériels. Personne ne devrait aller en Pensylvanie, à Philadelphie surtout, en débarquant d'Europe. Il faut une initiation, je sens que maintenant après une année de Virginie, je pourrais subir l'opération du quakerisme et survivre, mais peut-être que je me vante.

Dans mon isolement j'ai voulu appliquer le système homéopathique, je me suis surisolé, je me suis sevré de l'Europe. C'est à peu près je crois ce qu'il faut faire ici, ou retourner sur le champ. Il ne m'a pas fallu moins d'une amnistie pleine et entière pour me tirer de mon engourdissement. C'est l'acclimatement moral de ce pays-ci, on pourrait l'appeler abrutissement, et c'est que je ferai si vous voulez bien ne point vous offenser de cette liberté d'expression.

Vous allez rire en apprenant que je suis ici parmi les rédacteurs d'un journal américain. Il faut se résigner à le croire, je suis arrivé à écrire l'anglais ; je fais même des articles de deux colonnes tout d'une haleine. Je ne traduis pas ; j'écris directement en anglais et puis je revois. J'ai pensé que ce système valait mieux que d'écrire d'abord en français et me traduire ensuite. Les commencements ont été durs, et j'ai maintenant de la facilité par comparaison. Je ne traite bien entendu que les affaires étrangères. Je ne suis engagé que pour un article par semaine et on m'alloue pour cet article 5 dollars soit une livre. Mais j'en fais souvent deux, parfois trois, sans recevoir plus d'argent. Le « Richmond Enquirer » est l'organe du gouverneur Wise qui est aussi candidat pour la présidence en 1860. Son fils, un jeune homme de beaucoup de moyens et d'éducation en est le principal rédacteur politique. Je suis très bien vu de ces messieurs. La besogne scolaire ne va pas beaucoup. Les choses vont plus lentement ici, même et surtout les chemins de fer, qu'on ne croit en Europe, mais en revanche, d'une manière comme de l'autre, on se casse encore plus le cou qu'on ne croit. Ah ! pauvre France ! J'entends la France de nos pères, la France de la République où es-tu ? Otez du monde l'Europe, ou otez de l'Europe la France, et si vous êtes républicain, le monde ne sera pour vous qu'un grand marais de [...] [1]. C'est notre enseigne, nous logeons au marais de [...] [2].

Les journaux de New York plus explicites que la dépêche télégraphique m'apprennent que je suis, que nous sommes tous libres. Je vois qu'il est en même temps fait mention d'une lettre du cit. Louis Blanc qui ne conseille pas le retour. Quant à vous, je ne sais si je me trompe, mais il me semble que l'amnistie vous laisse un exilé car ils vous ont pincé dans un verdict du jury et recondamné à perpétuité pour attentat à sa très Sainte Majesté, il n'est pas impossible que sa Majesté distingue sa sacrée personne de la politique, il y a après tout de la différence pour lui. Donc votre retour n'est point en cause. Je ne dis pas non plus que Louis Blanc, Pyat et quelques autres devraient retourner, mais croyez-vous qu'il y a du mal à ce que nous autres nous retournions, nous menu-fretin. Je sais bien que c'est

---

1. « Mintumes » ? Le mot est illisible.
2. *Idem.*

aller se mettre dans la gueule du loup, mais quoi si l'un de ces menu-fretin finissait par se mettre en travers, cela pourrait se faire, je ne vois pas alors ce que le loup y gagnerait.

Je n'ai point la prétention d'exiger de vous une réponse, je ne la mérite peut-être même pas après ma belle conduite, mais enfin vous ne doutez point qu'un mot reçu de vous me ferait beaucoup de bien. Je me sens si isolé, spécialement à cette heure. Que désirez-vous que vos amis fassent? Vous direz qu'ils fassent ce qu'ils veulent, mais alors que font-ils? Où en est-on à Londres?

Quoiqu'il en soit je désire que cette lettre vous trouve en parfaite santé, je souhaite aussi de tout mon cœur que Mme Ledru-Rollin jouisse du même blessing comme disent les anglais, et je vous demande de me pardonner mon long et stupide silence. Maintenant le charme est rompu, je serai à la hauteur de mes devoirs, et si vous le voulez bien, honorez de quelques lignes votre vieux et dévoué compagnon d'exil.

F. Pardigon

Ilan Pappé,
Les démons de la Nakbah.

Anson Rabinbach,
*Le moteur humain. L'énergie,
la fatigue et les origines
de la modernité.*

Jacques Rancière,
Aux bords du politique.

Jacques Rancière,
*Le partage du sensible.
Esthétique et politique.*

Jacques Rancière,
Le destin des images.

Jacques Rancière,
La haine de la démocratie.

Textes rassemblés par J. Rancière
& A. Faure, *La parole ouvrière
1830-1851.*

Amnon Raz-Krakotzkin,
*Exil et souveraineté. Judaïsme,
sionisme et pensée binationale.*

Frédéric Regard,
*La force du féminin.
Sur trois essais de Virginia Woolf.*

Tanya Reinhart,
*Détruire la Palestine, ou comment
terminer la guerre de 1948.*

Tanya Reinhart,
*L'héritage de Sharon.
Détruire la Palestine, suite.*

Robespierre,
*Pour le bonheur et pour la liberté.
Discours choisis.*

Julie Roux, *Inévitablement
(après l'école).*

Gilles Sainati & Ulrich Schalchli,
La décadence sécuritaire

André Schiffrin,
L'édition sans éditeurs.

André Schiffrin,
*Le contrôle de la parole.
L'édition sans éditeurs, suite.*

Ella Shohat, *Le sionisme du point de
vue de ses victimes juives.
Les juifs orientaux en Israël.*

E.P. Thompson,
*Temps, discipline du travail
et capitalisme industriel.*

Tiqqun, *Théorie du Bloom.*

Enzo Traverso,
*La violence nazie,
une généalogie européenne.*

Enzo Traverso,
*Le passé : modes d'emploi.
Histoire, mémoire, politique.*

François-Xavier Vershave
& Philippe Hauser,
*Au mépris des peuples.
Le néocolonialisme franco-africain.*

Louis-René Villermé, *La mortalité
dans les divers quartiers de Paris.*

Sophie Wahnich,
*La liberté ou la mort.
Essai sur la Terreur et le terrorisme.*

Michel Warschawski,
*À tombeau ouvert.
La crise de la société israélienne.*

Michel Warschawski,
*La révolution sioniste est morte.
Voix israéliennes contre l'occupation,
1967-2007.*

Michel Warschawski,
*Programmer le désastre.
La politique israélienne à l'œuvre.*

Eyal Weizman,
*À travers les murs. L'architecture
de la nouvelle guerre urbaine.*

Collectif, *Le livre : que faire*

Cet ouvrage a été achevé
d'imprimer par l'Imprimerie Floch à Mayenne
en mai 2008.

Numéro d'impression : 71143
Dépôt légal : mai 2008.
Imprimé en France.